教育部人文社科研究项目“以‘UDS合作实践共同体’为孵化器，
促进教育学知识创生与实践转化的行动研究”（项目批准号：11YJA880134）成果

学校改进叙事丛书 / 主编 / 杨朝晖

在日常变革中追寻最好的教育

——北京市万泉小学绿色教育生态实践之路

景小霞 等◎著

北京师范大学出版集团
BEIJING NORMAL UNIVERSITY PUBLISHING GROUP
北京师范大学出版社

编 委 会

序　言

眼前的这套丛书是首都师范大学首都基础教育发展研究院依托与北京市、西城区、海淀区教委合作开展的“UDS项目”①，致力于促进现代学校改进与自主发展的实践成果。

在实践中，项目立足校本，倡导学校自主发展。他们从学校领导团队整体发展入手，自上而下启动变革；从学校发展计划入手，优化学校整体运行结构和发展过程；通过行动研究和“三微行动”（微改进、微研究与微创新）促进学校日常文化变革。在此过程中，大学项目团队以沉浸式校本支持的方式，融入学校，日常跟进，伴飞引领。同时，充分发挥UDS的合作优势，催生变革，实现了学校日常文化静悄悄的革命以及UDS合作实践共同体的共同发展。

纵观这一成果，我觉得有以下几个突出的特点。

第一，探索聚焦学校的日常文化变革和自主发展，具有前瞻性和深刻性。

长期以来，中国的基础教育改革总是停留在课程的加加减减、教材的修修改改以及教学技术的提升和模式的建构上。而该成果抓住日常生活转

① 编者注：从2010年开始，首都师范大学依托与西城区和海淀区合作开展的“UDS合作学校发展共同体建设”项目、与北京市教委合作开展的“基于UDS合作的学校自主发展行动计划”项目以及“基于UDS合作的学校自主发展与效能提升”项目，对现代学校改进与自主发展的变革之路进行了持续的探索。UDS代表三方构成的合作实践共同体。其中的U是指大学(University)；D指地区(District)，特指地方行政部门；S指学校(School)。为了方便，人们习惯将这些以UDS合作实践共同体为依托的项目统称为“UDS项目”。

型——这一现代现象最直观、最具特色的形态表现，对学校日常生活进行批判与重建，鲜明地提出“改进在日常”的学校改进理念，通过以“质疑、对话、反思”为特征的反思性学研文化的建立，聚焦习以为常，关注熟视无睹，重构与优化了学校师生日常生活空间和生活方式，从而将中国现代化所期待的文化转型任务落到了实处。因此，这一探索是非常具有前瞻性和深刻性的。

第二，这是一个非常务实的探索，成果具有可推广性。

这种务实不仅体现在“尊重规律，回归本真”指导思想上，更体现在“改进在日常”的操作性和适切性上——校校可以改进，人人可以改进，处处可以改进，时时可以改进。这不仅激发了教育工作者不断审视自我，寻求改变的向善愿望，更唤醒了每一个教育工作者自身的主体意识，激发了每一个行动主体的创新潜能和内在的行动力，实现在学校教育各个空间的微改进、微创新，从而为学生造就了新的文化成长环境。因此，这一成果具有很强的推广性，适合于所有学校的自我变革。

第三，探索符合时代发展的要求，体现了教育改革发展的方向。

新课程改革自实施以来，非常强调和重视学校的主体地位和主体能动性的发挥。在十八大的文件中，也明确提出了教育要进行整体综合改革，强调开展学校治理与协同创新。而该成果以整体、有机、复杂的思维方式，以UDS合作实践共同体为依托，从行政文化变革入手，聚焦于学校领导团队的整体建设，充分依靠组织的结构和系统，自上而下启动变革。通过“制定、执行、总结”三个环节的优化与创新，促使学校建立起自主发展的闭环机制，帮助学校形成从宏观到微观、从整体到局部的各个大小齿轮持续自主发展和运作的良好机制，从而很好地实现了发展的迭代螺旋式上升。这一发展经验符合当前学校治理中通过结构优化功能的思想，对学校进行深层的文化变革，体现了“深综改”的理念。

第四，促进了合作文化的新发展以及教育协同合作机制的新发展。

该成果在US合作的基础上，结合我国特有的国情，生成了新型的UDS合作文化与机制。S从被动的执行者、实践者，转化拓展为主动的发展者、行动研究的探索者；U从旁观的研究者、指导者，转化拓展为学校教育实践的介入者、支持者和行动研究者；D从项目的委托者、监督者、保障者，转化拓展为实践共同体的参与者、研究者和传播者，实现了US合作文化的新发展。

我认为这种合作共赢的结果在今天的中国教育界是非常难能可贵的，尤其是它实现了地方行政角色的拓展与改变。这样的实践成果也是不多见的。

第五，探索出了大学与中小学、教育理论与实践双向建构与创新发展的新路径。

从知识论的视角，该成果提出“以‘UDS合作实践共同体’为孵化器，促进教育学知识创生、转化与传播”的观点并付诸实践。这从一定程度上弥补了传统的“研究—开发—普及”的知识生产模式的局限，建构了促进知识创生与实践转化的新机制，实现了对教育理论与实践的双向建构与创新，为繁荣我国的教育学发展，构建有生命力的教育学做出了贡献。

总之，这是一项非常好的实践研究成果，有很多可圈可点之处，值得大力推广与践行。

我也祝愿UDS合作事业在新的教育改革背景下有更大的发展和更多的创新！

国家教育咨询委员会委员

联合国教科文组织协会世界联合会荣誉主席

2016年，立春

总编序

致力于改变，改变静悄悄

——探索现代学校改进与自主发展的变革之路

一、变革如此之艰

正如香港学者郑燕祥所言，“这是一个激变的世代，个人求发展社会求进步，浩浩荡荡成了世界的潮流，差不多每样事物都在变化之中，教育的转变也在所难免”。[①] 的确，面对如此变化的世界，教育必须做出应对与改变。当前，我国的基础教育课程改革已经进入第八轮。然而，不管怎样改革，其背后都在围绕“教育应该培养什么样的人”——这一个核心问题展开。培养能够适应现代社会发展需求的一代“新人”成为时代对教育的呼唤与要求。

其实，早在五四时期，梁启超就提出了塑造“新民”的理想，他希望国民应具有自治、自尊、自信、自强、自立、进取、冒险、坚毅、尚武等西方现代精神。陈独秀也敬告“青年”，要成为自主而非奴隶的，进步而非保守的，进取而非退隐的……“新青年”。然而，一个世纪过去了，我们国家早已进入到现代化发展阶段，但是培养“现代新人”的文化使命还远远没有完成，教育改革的任务依然艰巨，国家基础教育课程改革至今还跋涉在“深水区”[②]中。

叶澜教授曾这样来描述基础教育改革之艰难。她说，已有的教学理论传统之长，深入实践主根之深，形成的硬壳之坚，传习的可接受性之强，都使今日教学改革面临着强劲的真实“对手”。教学改革要改变的不仅是传统的教学理论，还要改变千百万教师的观念，改变他们每天都在进行着的、习以为

---

① 郑燕祥．教育范式转变：效能保证[M]．上海：上海教育出版社，2006.

② 人民教育出版社和中国教育学会于2013年10月18～19日在上海举办的“第三届基础教育课程改革与发展论坛”，其主题为“深水区：基础教育课程改革必经之地”。

常的教学行为，这几乎等于要改变教师习惯了的生活方式，其艰巨性就不言而喻了。①

二、聚焦日常生活变革

的确，我们在改革中遇到的真正难题和挑战，不是课程的加加减减、教材的修修改改，而是我们习以为常的日常生活方式，是来自教育者自身文化的阻碍。早有学者对我们的日常生活进行了研究与批判。他们认为，所谓日常生活是我们须臾不可分离的活动世界。它往往是一个凭借重复性实践和重复性思维而运行，以传统习俗、经验、常识等经验主义因素为基本图式，以生存本能、血缘关系、天然情感等自然主义因素为立根基础的自在的和未分化的领域。② 也许初看起来，日常生活有着微不足道的卑微外观，这也正是人们经常轻视它的原因。然而，日常生活通过家庭、教育、社会示范、模仿类比等方式，自发地渗透到一代又一代日常生活的主体之中，成为直接左右人的活动的"生活的样法"，即自在的文化因素。于是，日常生活的自在性、自发性与传统文化的惰性、保守性达到了契合。重复性和自在性的日常生活为具有稳固性和惰性的传统文化因素提供了根基和寓所，而传统文化的稳定性和保守性反过来进一步加强了日常生活的重复性和自在性。③

因此，有的学者认为，日常生活的转型是现代现象最直观、最具特色的形态表现，也是文化的内在动力机制。中国现代化所期待的文化转型任务如要落到实处，就应当对日常生活进行批判与重建。

由此看来，如果我们不能对日常生活加以批判和突破，教育的变革只会停留于表层，而不能引发文化的真正变革。

既然日常生活变革是教育的真正变革，那么，我们能否对学校的日常文化加以改变？怎样加以改变呢？

有人说：学校日常文化是流淌在指尖却抓不到挥不去的东西；是萦绕在心头却说不清道不明的东西；是走在校园内，从空气中都能感受到却难以恰当指代的东西。那就是文化！有人说，学校日常文化是一条活动着情感、社

---

① 叶澜．让课堂焕发出生命活力——论中小学教学改革的深化[J]．教育研究，1997(09).

② 李小娟．走向中国的日常生活批判[M]．北京：人民出版社，2005.

③ 衣俊卿．现代化与日常生活批判——人自身现代化的文化透视[M]．北京：人民出版社，2005.

会习俗和群体行为的河流，永远不断地在学校内部流淌着。亚太教育研究学会会长郑燕祥教授认为：“每所学校都有自己的校园文化，因此，重要的不是有没有校园文化，而是有什么样的校园文化。正确的、开放的、前进的、迈向未来的校园文化，对学校的发展自然有积极的影响，没落的、悲观的、封闭的校园文化产生的影响，必然是消极的。”

从这些理解中，我们认为学校的日常文化具有以下一些特征。

第一，群体性与弥散性。学校日常文化首先是一种群体性行为，它含涉于学校一切日常的教育教学活动中，体现在制度规范、活动礼仪、行为方式、话语内容与方式以及校园的物化风格等方面。可以说，学校日常文化无处不在。

第二，积淀性与稳定性。学校日常文化不是与生俱来的，而是经过长期的历史积淀形成的，学校日常文化一旦形成就会体现为稳定的价值观念和习以为常的思维定式、生活方式。

第三，日常性与无意识性。由于学校日常文化已经成为人们习惯了的思维方式、生活方式，因此，它就会以一种司空见惯和习以为常的无意识方式存在于日常生活的每个角落。

第四，整体性与规定性。学校日常文化是以学校群体成员所共同认定的潜规则、潜假设和价值观念为核心的学校制度规范、活动礼仪、行为方式、话语内容与方式以及校园的物化风格等内容的集合体。因此，它以整体的方式存在着。其中，潜在的规则、假设和价值观念、思维方式对人们的日常行为起着制约作用，影响和规定着人们的外显的行为和表达。

第五，复合性与建构性。学校日常文化具有复杂形态。在一所学校中，既有积极文化，也有消极文化的存在。虽然学校日常文化具有稳定性，但也不是一成不变的，经常因某些事物的介入和影响，而呈现此消彼长、不断变化的现象。

通过对以上学校日常文化的理解，我们得出如下认识。

第一，学校日常文化是学校保守文化寄居的寓所和载体。要促进学校自主发展并向现代化学校迈进，就要促进学校自主、自觉地对日常生活进行批判与重建。

第二，学校日常文化以积极的和消极的多种方式存在着，我们有必要化消极为积极，对消极的、悲观的、封闭的文化产生干预，推动积极的、进步的、开放的文化向前发展，用文化的力量变革学校，用文化的力量孕育学校。

第三，学校日常文化是人的文化，是全体成员共同创造的，虽然它对生活于其间的人有制约作用，但是学校日常文化是其与人不断进行建构生成的，因而作为具有能动主体性的人可以对学校日常文化进行改造。

第四，由于学校日常文化附着在人们日常的行为、做事方式之中，以无声的方式存在，因此，学校日常文化的改变也需要从日常例行化的行为方式入手，进行润物无声式的改变。

第五，由于学校日常文化建设是一个极其缓慢的过程，需要持久的建设与培育，因此，学校日常文化建设不仅需要耐心与坚持，更需要有不断的、持续的措施跟进，只有这样，新的文化特质才能得以诞生、固化与沉淀。

第六，由于潜在规则、假设和价值观念制约着人们的日常行为，因此，我们必须要研究服务于学校中心任务和学生需要的那些潜在规则、假设和价值观念、思维方式，并通过建立反思性的学研文化来触及它们，才能使学校发生根本性的改变。

第七，由于学校日常文化是一个由内而外的复杂结构体系，它以整体的方式存在着，因此我们也需要内外结合，从整体入手，利用多种文化载体，通过由内而外、由外而内的持续互动，才能促进变革真正发生。

正是基于以上认识，从2010年开始，我们依托与西城区和海淀区合作开展的“UDS合作学校发展共同体建设”项目、与北京市教委合作开展的“基于UDS合作的学校自主发展行动计划”项目以及“基于UDS合作的学校自主发展与效能提升”项目，对现代学校改进与自主发展的变革之路进行了持续的探索。UDS代表三方构成的合作实践共同体。其中的U指大学(University)；D指地区(District)，特指地方行政部门；S指学校(School)。(本书将这些以UDS合作实践共同体为依托所开展的项目统称为“UDS项目”)

三、致力于改变

UDS合作为我们创建了平等合作的互动关系，创建了在一起共同探索学校自主发展变革之路的平台和可能。在五年多的实践中，我们从以下几个方面进行了探索。

(一)立足校本，倡导自主

我们认为，学校是教育系统的基本组织单位，是一个自组织系统。每一所学校都是不一样的，每一所学校都有能力认识和改进自己的问题。因此，我们提出“以校为本，主体承责”，即充分尊重学校的主体地位，充分调动学校领导、教师、学生的主体积极性和责任意识，充分认识和尊重学校原有经验的价值与基础，帮助学校挖掘自身的发展潜力，依据自身的现实条件，解决自身的特有问题，实现学校的自主发展。

(二)自上而下，管理入手

不言而喻，学校领导者对于学校日常文化的形成起着重要的作用。不同的领导风格、管理方式会形成不同的学校氛围以及学校成员之间的相互关系。尤其是领导者团队秉承的教育信念、思维假定、教师观念、思维方式、工作习惯等，对学校的整体发展起着至关重要的作用，因此，我们首先从管理团队入手，自上而下启动变革，提出“成事、成人、成己”三位一体的干部领导团队发展目标。

所谓“成事”，是指提升干部作为学校组织运行环境营造者和执行者的工作效能，包括提升日常计划制订与执行的能力、活动策划与组织的能力、工作总结与反思的能力等，以优化日常的组织方式、工作流程、管理习惯等。

所谓“成人”，是指提升干部作为校本教师领导者身份角色意识的认知与能力，包括优化学校现有的提升教师的日常发展的途径与做法，如校本培养的规划与落实、参与式校本培训的策划与组织、以行动研究深化校本教研等。

所谓“成己”，是指在成就他人、成功工作的过程中，也实现自我的内在成长与工作价值感的获得。

对于这些发展目标，我们不仅仅是一般性的号召，而是通过每个学期干部领导团队的工作坊研修、沉浸式的校本支持、校长沙龙、联系工作会议、学校活动开放日、校园走访活动、专题评比等一系列的措施和路径来加以落实和跟进的，进而逐渐形成“在参与培训中引领，在差异参看中改进，在伴飞互动中成长，在校本支援中浸润，在持续跟进中突破，在自我反思中前行”的发展机制和效果。

(三)聚焦结构，优化过程

管理学结构理论认为，结构决定组织功能。因为学校组织结构规定了组织内部的职权和责任的界限，确定了学校中的信息沟通渠道和沟通方式，确立了各专业教师间的活动方式，确立了学校中的有效资源的分配，因而学校的日常运行结构会影响学校的效能和学校日常文化。

那么，怎样才能改进学校日常发展的运行结构呢？在此，我们借鉴了对过程进行改进的结构性方法——“休哈特循环”，即计划(plan)—行动(do)—检查(check)—改进(act)循环(PDCA循环)，提出“学校因规划而长远，工作因计划而扎实，生活因策划而精彩”的理念，努力提升学校理性办学能力，建立发展的目标意识。通过“制定、执行、总结”三个环节的优化与创新，促使学校建立自主发展的闭环机制；通过“三划”能力建设，帮助学校形成从宏观到微观、从整体到局部的各个大小齿轮持续自主发展和运作的良好机制。

(四)笃行于微，改进日常

学校的日常生活存在于哪里？它存在于我们每天习以为常的日常时空和例行化的事物之中。为此，我们提出“改进在日常”。学校日常的作息、节奏、流程、节日、典礼、仪式、会议、班级、科组等都是我们进行学校日常文化变革的对象和作用空间。

在此过程中，我们依托一些小而实的载体和抓手，致力于“三微行动”(微改进、微研究与微创新)，以实现发展的迭代螺旋式上升，以重构与优化学校师生日常生活与发展的空间。

在此过程中，我们对领导者团队开展了“在相互参看中学习，在自我反思中成长”“在行动研究中发展前行”“再学行动研究”“让工作因策划而精彩”“今年我们这样做总结”等主题工作坊研修，开展了“让故事在校园流传”的教育叙事案例培训和评比，以试图通过上述手段来帮助干部“学会在熟视无睹中发现问题，学会在习以为常中反思定势，学会在彼此参看中系统思考，学会在言说表达中明晰自我，学会在交流碰撞中获取思路”。我们相信，“量的积累必然带来质的飞跃”。

(五)融入日常，伴飞引领

鸡蛋由外打破是死亡，由内打破是新生。真正的文化变革必须要建立在学校内部主体意识的觉醒与生命力的勃发之上。但是，由于我们所致力于改变的学校日常文化具有异常坚固的保守性和稳定性，学校内部成员对此常常处于熟视无睹之中，很难从内打破和改变，因此，学校就需要借助外力，撬动变革，引入“鲶鱼”，产生“鲶鱼效应”。

我们的实践证明，作为外部力量的介入者——大学人员和地方行政人员共同以合作的方式介入到学校发展的变革中，不仅是必要的，而且是有效的。

在介入学校实践变革的过程中，大学项目团队始终以智力、道德和情感三位一体的能量聚集，作为立身之本和推动变革的基本力量，坚守如下的工作理念：“尊重主体，顺势而为”“站在身后，不替代”“做推手不做枪手”“帮忙而不添乱”。

在这样的理念之下，我们首先全面沉浸了解已有文化，帮助学校找到变革的突破口。在项目启动初期，我们对学校开展了全面的文化诊断。项目所采取的沉浸式校本支持方式则显示出了特有的功能魅力。通过持续的深入现场观察和感受，我们了解和诊断出了影响学校发展的学校日常文化中存在的深层主要问题，并帮助学校制定出有针对性的发展策略。校本支持专家与学校开展的持续的“日常性互动研讨”以及穷追不舍的不断“追问式”互动，成为我们发挥外来专业人员“鲶鱼”角色，帮助学校人员破解原有的思维观念和思维方式的主要方式和手段。

(六)发挥合力，催生变革

在中国现有的文化与组织架构下，要撬动学校变革，必须多主体参与形成合力才能使变革卓有成效。为此，我们提出“UDS合作共同体”的发展理念。这种理念表达了一种“彼此平等，相互尊重，多元共生，互惠共赢”的文化追求。它表明，在UDS之间不是“指导—被指导”的关系，也不是“我和你”彼此相互分离的关系，而是同处于促进学校教育发展的“实践共同体”中的“我们在一起”的关系，是一种有机的伙伴关系。在这样一种关系中，大家彼此发挥着各自不同的作用。这是一种作为独立的主体进行相互理解、相互对话、相互影响的新型文化，是一种合作共生的“伙伴”文化。

在这样的文化中，我们努力实现着多元共发展：人与学校共发展、校长与中层团队共发展、项目团队与项目学校共发展、共同体学校共发展、项目辐射区域带动更多学校共发展。

四、这里的改变静悄悄

转眼，五年的时间过去，我们的项目在一轮又一轮的推进和实践中不断发展、成熟，我们的共同体也在“改进在日常”的文化变革中悄然改变。

三里河第三小学原来是一所区域内发展非常良好的学校，但因多种原因，出现了发展的高原期。几年来，学校在邢晓琰校长的带领下，提出“改变是为了更好”的发展理念，努力激发每个人的潜能，坚信每个人都能做最好的自己。他们从变革干部的行政会入手，依托“月工作总结表”的不断改进，提升干部的自主发展能力，并以此带动学校会议文化、制度文化、文本文化等诸多方面的变革，带领学校走上了一条“幸福”发展之路。

育翔小学胡晓峰校长紧紧抓住项目契机，借助项目专家团队的力量，整合了“行为更进”和“全元心育”两大优势，明确确定了将“以行为更进式策略，促进学校‘育心教育’办学特色的形成”作为“十二五”的学校发展方向。他们从“改变干部管理行为”入手，逐步建立了一种“调查研究—计划制订—方案解读—过程指导—及时评价—总结反馈”螺旋上升的行动研究机制，形成了在研究状态下工作的习惯和以“尊重、服务、高效”为核心的新的行政管理文化，培养出了具有“公心、责任心、奉献心”的“育心型”干部，进而为学校探索“育心教育”之路打下了坚实的基础。

北京教育学院附属海淀实验小学(原田村中心小学)，立足于学校各个主体作用的发挥，提出“教师站前排”“学生站前排”的发展理念，让日常工作都成为师生自主发展的空间。在此过程中，他们让教师参与学校办学理念的梳理，让教师接待上海校长团来访，让教师自己来决定新教师的聘任，让教师自己制定团队的榜样标准，让教师成为学校会议的主角……使得教师个个都成为学校发展的参与者、建设者，并由此带动了教师自主发展的自觉，学校逐渐呈现出“田有界，春无限”的美好景象，在有限的教育空间内创造了诸多令人惊讶的无限可能。

羊坊店中心小学沿着学校的历史脉络，创建了以“和谐、超越”为核心的奥林匹克教育理念体系，将奥林匹克教育纳入学校计划、校园文化、课程资源、学生活动、体育项目，探索出了将奥林匹克教育与学校文化相结合的管理模式、与课堂教学相结合的教学模式、与构建高素质人才队伍相结合的培养模式、与学校教育活动相结合的实践模式，走出了一条适合学生健康发展的“奥林匹克特色教育”发展之路。

“十一五”末，北京市海淀区万泉小学形成了“营造绿色教育生态，传递教育幸福”的办学理念，初步构建起了绿色教育生态建设的构架体系。进入“十二五”以后，学校深刻认识到，好的教育就是要把日常工作做好、做扎实，日常高水平才是好教育。于是，学校把项目所倡导的“改进在日常”理念作为促进学校绿色教育生态建设发展的重要指导思想，从“三划”(规划、计划、策划)能力入手，从自我反思做起，不断推进学校日常文化改进和教育创新，引领教师从个人生活“小幸福”走向职业“大幸福”，把学校办成了一所家长满意、学生幸福的绿色教育生态学校。

在进行项目总结时，项目学校的干部们说，我们的变化是微不足道的，但又是每时每刻都在发生的。西颐小学殷卫红校长说：“‘改进在日常’，这是我们最深切的体验——改变无处不在。改变会带来不适甚至阵痛，但是我们痛并快乐着!”

干部的改变，带来的是教师、学生日常生活的变化：开学典礼、国旗下的讲话，从传统的说教模式，变成了学生自己当家做主的生动课堂；家长会、教师大会，从被动听讲、接受训导，变成了主动参与、互动研讨的开放式会议；社会大课堂，从上车傻吃、下车傻玩到有策划、有组织、有研究、有体验的研究性课程；“六一”儿童节，从只是少数学生的表演舞台，变成了所有学生自己的欢乐“嘉年华”；毕业典礼，从草草收场的简单仪式变成了丰富多彩、情趣盎然的系列毕业季课程……

不仅S在发生变化，D的角色作用也在发生着变化。过去，地方行政部门开展推进工作通常是行政指令性的，受UDS合作实践共同体理念的影响，他们也逐步转变了观念和习惯。在一次次的互动与合作中，他们实现了从委托者、保障者到参与者、研究者，从评价者、监督者到激励者、传播者的角色转变。①

作为U方的大学团队，我们自身的改变与发展也极其显著。在此过程中，大学项目团队逐渐形成了发展学校的“人本”“校本”理念，形成了以整体、复杂性思维开展学校建设的思想，形成了学校日常文化变革与特色发展，校长、干部团队建设与校本教师发展等诸多领域的学校改进经验，积累生成了“立足校本的校长专业发展”“中层干部团队建设”“学校自主发展的共同体建设”“行动研究”“学校发展规划、计划、策划、总结”“平稳度过一年级”“以教育叙事促进教师发展”等多项主题的实践性知识。

---

① 刘会民，韩晓峰．教育行政部门在UDS合作共同体中的作用[J]．北京教育：普教版，2015(07)．

我们的实践成果还成为教育部人文社科项目“以‘UDS合作实践共同体’为孵化器，促进教育学知识创生与实践转化的行动研究”(项目批准号：11YJA880134)的实践研究成果。

五、绽放花开，传播种子

面对项目几年来所取得的成果，我们为之欣喜，为之激动！我们以我们的行动证明了学校日常文化是可以改变的。这种改变虽然是缓慢萌生、潜移默化的，但却是水到渠成、自然花开的。我们实现了静悄悄的革命。

为了更好地呈现项目的探索成果，传播项目的发展理念和学校的自主发展经验，我们决定出版“学校改进叙事”丛书。在编纂本丛书的过程中，我们力图突出以下特点。

第一，力图整体呈现每一所学校日常变革与自主发展的脉络与经验。

在每一本书中，我们不仅要让读者看到发展的成果，更要看到成果背后的故事。因为正是这些故事才是导致发展成果的真正原因，也是本丛书致力于传播的最有价值的发展经验。这些经验也许是某所学校生成的，但我们认为教育是相通的，发展是相通的。我们所呈现的每一本书，都是一所所学校自主发展的大案例。案例的传播方式不是强行的行政命令，而是读者深入其中的启发与共鸣。我们期待着我们的故事能对更多有志于学校自主发展和教育变革的同人有所启发与引起共鸣，以让我们的项目理念和成果能在更广博的教育大地上传播和辐射。

第二，正确处理项目推动与学校自主发展的互动关系。

在学校发展的过程中，尽管UDS项目对学校的发展起到了很大的促进作用，但是，我们依然认为内因决定外因。作为一种外部的介入力量，如果没有学校自主发展意识的觉醒和能动作用的发挥，再强大的外力也无济于事。因此，在日常实践中，我们强调“顺势而为，整合融通”，努力将项目的发展理念，有机融入学校的日常发展之中。在丛书的编写过程中，我们也注意处理好学校自主发展与项目推进之间的关系，将学校的自主发展作为叙述的主线，而将项目的推进作为学校发展的背景或推动的外界因素来处理，以便让读者能更好地吸收来自学校一线自主发展的经验。

第三，鼓励学校以教育叙事的方式进行自我表达。

教育叙事探究倡导教师在研究时，不是去写那些自己并不熟悉的理论性文章，而是关注发生在自己真实教育生活中的实践本身，关注从内心流淌出来的声音，从而改进和重建自己的教育生活。因此，有学者认为，教育叙事为教师提供了一种可以让理论界听到教师自己声音的方式。它表明了叙事性的教育表达与科学性话语具有同样的地位，从而为教师在研究中的解放与赋权找到了一种现实的途径。我们很赞同这种认识，因此，非常鼓励学校以自己的叙事方式表达自己的实践与认知，以帮助他们建立起自己的专业自信和实践理性，为建立具有鲜活生命力的中国教育学做出自己的贡献。

第四，重结果，更重过程。

能够组织编写出丛书固然可喜，但是我们更加看重出书的过程。常常听到这样的声音，“让我们干可以，但让我们写，不会”。这正是一线教育工作者的真实写照。平时让大家写篇案例、总结、发言都不容易，更何况要写一本几十万字的书呢！因此，每一本书稿的新鲜出炉，都来之不易，经历了很多风风雨雨、沟沟坎坎。在成书的两年时间里，从坐在一起梳理学校发展线索，到逐步明确指导思想和撰写定位；从先堆砌出一堆堆原始素材，到逐渐拆分缕析，分门别类；从分工到人到组，生成每一章、每一节的主题和标题，再到一次次的讨论、修改，推倒重来……一次次的皱眉与流泪，一次次的颜开与欢笑，都构成了编写这部丛书的真实意义。

丛书的编写为每一所学校提供了重新认识教育、重新认识自我的机会、形式与可能。在编写的过程中，每个故事的叙述主体都实现了对自我的不断理解与审视。这不仅外化了他们的实践智慧，帮助他们实现了从观念到行为的转化与强化，更促进了他们对自身生命意义与价值的内在肯定，强化了每一位参与者的教育信念和教育自信，实现了从原文化到新文化的跨越与新生！因此，编写丛书的过程固然很艰辛，但是，我们认为这一切都是值得的！

迈克尔·富兰说：变革是一项旅行，而不是一张蓝图。[①] 他旨在说明变革的不确定性和复杂性。而聚焦于日常生活变革的学校自主发展与改进更是一项复杂的变革，充满了未知、艰难和阻碍。但是，在变革面前，问题恰恰是我们的朋友。我们不仅有“问题的朋友”，更有在一起共同面对问题的UDS项目的伙伴朋友。我们相信，通过这样的风雨同舟，通过这样的艰难

① 迈克尔·富兰．变革的力量——透视教育改革[M]．北京：教育科学出版社，2000．

与共，学校教育一定会朝着我们心中的理想目标不断迈进。

同时，我们也相信种子的力量，希望这套丛书能像蒲公英的种子那样，在广阔的教育大地上不断生根、发芽、开花、结果……

我要特别感谢国家教育咨询委员会委员陶西平先生，北京大学陈向明教授，北京市教委基础教育处张凤华处长，西城区教委赵蓬欣主任、张燕军主任、芦乃静科长，西城区教科所林春腾所长，海淀区教委张彦祥主任、吴瑾科长，海淀区教科所吴颖慧所长，首都师范大学首都基础教育发展研究院郑开义院长、张景斌院长、王海燕院长。因为有了你们的支持与帮助，才使得我们的项目得以启动与发展；因为有了你们的关注与鼓励，才给了我们不断前行的力量。

在这里，我更要感谢UDS合作实践共同体的所有伙伴们。“伴飞”的形容真是再贴切不过了！五年的风风雨雨，五年的伴飞历程，不仅让我们彼此成长、成熟，更让我们的心连在一起，收获在其他的工作中难以获得的幸福和快乐。虽然一路风雨兼程，但是，我们从不言弃，因为在那遥远的地方，一直有我们追逐的目标和梦想。

最后，我也要感谢出版界的朋友。正是因为有你们的赏识与推动，才有了我们今天的付梓。谢谢你们！也谢谢所有对我们的项目推进做出贡献的人们！

杨朝晖

首都师范大学

2016年2月22日

目录 CONTENTS

写在前面的话

打开教育的内核，我们不难发现，人们总是通过各种途径把“好的东西”保存并传播开来，对这些“好的东西”也在不断地丰富、完善和超越。这一保存或传播的过程就是教育。而对于那些“不好的东西”，人们也认为“好的东西”是解决之道，它能够通过对“好的东西”的不断学习而逐渐被消亡。因此，可以说追寻“最好的教育”是人类永恒的话题。

在当代中国，随着新课程改革的逐步推进，追寻“最好的教育”也成为新课程改革的主旋律。素质教育、快乐教育、生命教育、幸福教育、童心教育等名目繁多、层出不穷，一个百花齐放、百家争鸣、不断创新的教育新格局呈现在人们面前。

然而，什么是“最好的教育”？这似乎还没有定论，永远在不断地探索与追寻中。我们说，无论是皮亚杰的儿童认知结构学说，还是杜威的“在做中学”“儿童中心主义”，无论是快乐教育，还是生命教育，无论是幸福教育，还是童心教育，无一例外地都把“为孩子幸福人生奠基”作为教育的最终目标，都希望当我们推开教育这扇门后，看到的应该是满眼的阳光和鲜花，它能给孩子带来自信和快乐，给教师带来幸福和欢笑，给学校带来全面、和谐、健康、可持续的发展，给社会留下一笔宝贵的财富。

这，就是从古到今人们共同追寻的教育目标、教育的理想状态——一个绿色教育生态的发展愿景！一个以“为孩子幸福人生奠基”为目标的“最好的教育”！一个全人类为之共同奋斗的教育！

绿色教育生态不同于单纯的某一主题的教育形式，它是综合教育发展的各个要素而架构起来的某一区域的最佳的教育状态或系统的总称，是人类历史经历了原始社会的自然文化、古代社会的人文文化、现代社会的科学文化后，形成的当代生态文化发展的必然结果。万泉小学正是这样一个理想教育生态的追寻者、践行者。

回顾万泉小学的发展足迹，一代代万泉人用了漫长的时间走过了环保行动、环境教育、生态教育、教育生态和绿色教育生态发展阶段，实现了由关注外部生态环境建设到关注学校自身发展系统建设的质的转变①，这是万泉小学追求“最好的教育”的重要基础。

自 2001 年以来，在新任领导集体的努力下，万泉小学干部教师为建设绿色教育生态进行了不懈的努力。在理论层面上，我们努力吸收借鉴国内外先进的教育理念，形成了绿色教育生态的概念体系和理论架构。我们认为，所谓的“绿色教育生态”就是优质的教育生态。“营造绿色教育生态”就是要建立一个自然的、和谐的、美好的、多元的和可持续发展的最适宜于师生共同成长的教育生态系统。我们把学校的整体工作看成一个生态系统，这个系统和外部社会系统有着千丝万缕的密切联系，同时系统内部在不断地优化中，逐步形成了自我改进、自我完善的运行机制。

为了实现绿色教育生态的发展愿景，我们要建立价值目标系统，明确学校的办学理念以及价值目标；加强校长的战略性谋划力，形成领导者品质；凸显育人模式系统建设，在课程开发、教育教学、班级管理等方面办出特色；完善组织管理制度和人事管理制度，促进学校、教师和学生快速和可持续发展。

在宏观层面，我们认为绿色教育生态是一种发展的愿景，一种目标价值的追求，一种理想的精神状态。建设绿色教育生态不是一蹴而就的，而是一个长期漫长的过程，需要我们按照教育生态规律，不断地改进自我、完善自我、超越自我，永远走在追寻“最好的教育”的路上。

在实践层面，我们认为绿色教育生态建设，不是挂在口头上喊几句口号就完事，不是写在文章中阐述自己的观点就了结，不是搞几次轰轰烈烈的活动、开几次现场会就能解决的，而是需要功在日常、贵在坚持，日常高水平才是好教育！

我们倡导的绿色教育生态理念与首都师范大学杨朝晖教授主持的 UDS 项目所倡导的“自主发展”“整体改进”“改进在日常”等发展理念不谋而合。在 UDS 项目的支持下，我们形成了这样的共识：第一，在工作理念上，我们遵循“不急功近利，小火慢炖，步步扎实深入，持续跟进”的原则，认为“把

① 景小霞，张立．追寻绿色教育生态梦想[M]．北京：教育科学出版社，2010.

平凡的事情做好就是不平凡”“真的做教育就是把简单的事情做好”；第二，在工作状态上，我们倡导“时时带来惊喜，处处创造感动”“让经验不断超拔，让智慧不断传播”“细微的改变将会引起整体的变革”；第三，在工作方式上，我们倡导“笑着做老师，蹲着爱学生，平着待家长，乐着做同事”“把日常工作做精彩，透过成绩看背后的问题，学会用专业的眼光看质量”；第四，在专业发展上，我们倡导“不能仅看成绩的积淀，而要看思想的升华”“做教育思想的提问者和行动者”等。建设绿色教育生态最为关键的是夯实根基，只有土地肥沃，幼苗才能茁壮，只有阳光充足，果实才能累累。

基于以上共识，从 2010 年起，我们借助 UDS 项目这一发展平台，在专家的指导下，从基本的“规划、计划、策划”做起，从“家校合作”入手，不断地优化外部环境，改进内部工作，提升自身的管理水平和教师的基本素养，在建设绿色教育生态学校，办出“最好的教育”的过程中取得了较好的实效。

本书正是对在 UDS 项目支持下学校推进绿色教育生态建设的阶段性工作描述。全书共分为七章：第一章，“方向比行动更重要”，主要介绍了在 UDS 项目的引领下，学校从计划开始，从校长开始，对学校发展方向问题的思考与探索的过程；第二章，“学校变革从干部做起”，主要介绍了如何借助 UDS 项目的平台和推进，促进干部从自身变革做起，变革行政文化，解决干部思维方式、工作方式方法及工作运作等问题；第三章，“从‘小幸福’走向‘大幸福’”，主要介绍了我校立足校本，在“幸福教育”理念的引领下，如何带领教师从追求个人生活“小幸福”，转向追求教师职业“大幸福”的建设历程，其背后反映的是我们如何着力解决教师思想认识和人生追求的问题；第四章，“携手走向教研深处”，介绍的是语文、数学、英语三大主力学科如何在新课程改革形势下，以校本教研促进自身发展，解决教研方式变革和学习方式变革的问题；第五章，“小课题引出大变革”，主要介绍了如何以“平稳度过一年级”课题为推动，以家长会变革为主要抓手，变革家校合作文化，提升教师实践性知识，促进学校整体变革的历程和成果；第六章，“学生在我心中”，描述的是万泉教师如何在教育生态的涵养下，如何将教育观念落地生根，将学生放在心中的感人故事；第七章，“走向不断创新的新时代”，呈现的是学校发展成果以及我们对学校未来发展的展望。

推进绿色教育生态建设，办出“最好的教育”是一项系统、复杂而艰巨的工作，涉及的范围和内容非常广泛，包括绿色教育生态管理、绿色教育生态德育、绿色教育生态课程、绿色教育生态课堂、绿色教育生态文化等。本书没有从宏观角度畅谈对绿色教育生态的构想，而是从微观实践层面，介绍了“营造绿色教育生态，传递教育幸福”办学理念及其实践框架形成后，我们追求绿色教育生态的努力与探索的足迹。

也许我们并不完美，但我们在努力追求完美；也许我们还不能称为“先进”，但我们用先进的教育理念武装自己，努力创办最为先进的学校；也许我们不是踏着时代脉搏的“弄潮儿”，但我们是敢于创新、勇于探索的实践者。

“长风破浪会有时，直挂云帆济沧海。”我们这群对教育怀有崇高梦想的教育实践者，期盼着通过营造一个自然的、和谐的、美好的、多元的、可持续发展的、最适宜于师生共同成长的教育生态系统，能使孩子获得理解幸福、感受幸福、经营幸福、保持幸福、传递幸福、创造幸福的能力，助推孩子成长，为孩子幸福人生奠基。我们相信，我们的梦想会实现，因为我们已经行走在不断探索的路上。

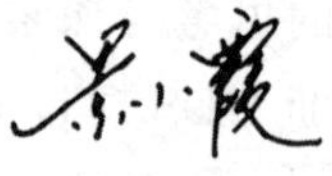

万泉小学校长

2015 年 12 月 15 日

第一章　方向比行动更重要

“忙、忙、忙”是我们每天的工作写照。“我们每天都在忙什么?”“我们忙的都值得吗?”当我们再进一步追问这两个问题的时候，我们又陷入了“盲、茫”的状态。“只忙工作不看路，干错了还不知错何处”，这是我们经常出现的现象。这种现象不仅造成了我们工作效能的大大降低，而且还造成了我们不同程度上的职业倦怠。漫画家蔡志忠如是说：努力不等于效率！努力不等于灵丹妙药！平常人只会一味长时间投入工作——努力、努力、再努力！智慧的人一定会先思而后行，效率才是重点！如果我们要想成为有智慧的人，如果要让我们的投入获得最大化的效益，无疑，方向比行动更重要。而在学校的发展中，学校大大小小的计划恰恰起着行动方向引领的作用。

可以说，计划是每一位教育工作者最常见，也是再熟悉不过的事情。校长要制订学校工作计划，中层干部要制订各个领域的工作计划，教研组长要制订年级教研工作计划，教师要制订学科教学以及班主任工作计划。

然而，司空见惯的事情，不一定都能做好；习以为常的工作，不一定都能做圆满。纵观我们的工作计划，在预见性、可行性、约束性、扎实性、反馈性、有序性、协调性、效率性等方面还存在着许多问题。作为推进绿色教育生态建设的学校，制订计划既要像农民播种一样，什么节令该种什么农作物就要种什么农作物，又要像农民培育幼苗一样，浇水施肥、间苗呵护，精耕细作，来不得半点马虎，同时还要向科学、向高手求教，要质量、要效益，力争“高产”“稳产”。而 UDS 项目的专家们正是掌握“科学种植”的高手。在这些高手们的指导下，我们的计划在每一个环节上稳步推进，呈现出“高产”“稳产”的发展态势。

第一节 思想的改变是最大的改变

思想具有神奇的力量，它就像磁石一样，牵引着人们往相应的方向发展。如果你想着贫穷、匮乏，那么你真的会变成那样；反之，如果你想向着富足靠近，你就会成为富足的人。但是，现实中未必如此，因为“惯性的力量”常常以让我们不觉知的方式，阻碍着我们前行。没有人会拒绝对学校意义深远的变革，但很多人可能会拒绝自己被改变，而将观念的转变仅仅停留在口头上；没有人不希望学校得到快速而良好的发展，但当改革创新需要突破很多约定俗成的东西时，强大的惯性常常让我们裹足不前。

UDS 项目为我们组织的第一次研修，让我们真正感受到了“习以为常、司空见惯”的可怕，同时也让我们感受到进行学校日常文化变革的意义。

一、令人难忘的项目研修

2010 年 8 月，我们参加了首都师范大学杨朝晖教授主持的 UDS 项目第一次项目研修活动。本次研修活动的主题是“学校发展从我做起，从计划做起”。得知这一研修内容以后，我们许多干部都有些不以为然。“我们每学期都制订计划，各项计划一应俱全，而且我们通过了历次督导检查，都没出现过‘问题’，难道我们制订的计划还不好？难道制订‘计划’还需要研修？”有的干部私下抱怨着，“我们工作这么忙，还抽出时间搞这个主题的研修？难道说就没有比‘计划研修’更重要的研修内容吗？”不理解和抵触情绪可以从有些干部的脸上看得出来。

然而，两天主题鲜明、内容充实、形式新颖的研修活动，让我们收获满满，头脑改变。观望、疑惑的情绪一扫而空。

2010 年 8 月 18 日这天，我们参加了由 UDS 项目组织的 6 所项目校 80 余人参加的中层以上干部研修活动。

按照项目组的要求，大家不分学校、不分官职、不分彼此，放下身段，以普通学员的身份参加本次研修。活动一开始，我们便以随机报数的方式分成 6 个研修小组。之后，我们每个小组的成员手牵着手，以个性化的方式进行了自我介绍。初次见面的陌生感很快被风趣幽默的相互介绍所取代。在一阵阵笑声中，在和谐融洽的氛围中，大家开始感受到UDS合作学校发展共同体已经开始存在于自己的身边。这就是UDS项目组给我们的第一个启示——合作才能共赢，情感是凝聚人心的重要力量。

在大家彼此熟悉以后，我们开始了第一个研修主题：寻找自我。杨朝晖教授让大家以比喻或画画的方式描述自己目前的职业生活状态以及自己的工作角色定位。面对要求，大家均以高度的热情投入到对自己的描画之中：有的人将自己比喻为辛勤工作的“小蜜蜂”，每天不辞辛苦地劳作着；有的人将自己描述为甘于寂寞的“小草”，虽然渺小但每天都会有新的工作内容，每天都会有一定的创新和新的收获；有的人将自己的生活状态描述为“五味杂陈”，酸甜苦辣咸都在体味之中；有的人将自己比喻成“向日葵”，每天都充满阳光地生活……

景小霞校长画的画最有意思。她画的是一位船长，一只手拿着望远镜，一只手拿着一把扇子，在航舵旁边放着一个显微镜。她解释道：“作为校长，首先，就是把握学校的发展方向。手拿望远镜就是要高瞻远瞩，不要只顾眼前利益，要有长远的发展眼光。其次，校长要会‘煽风点火’，要拿着扇子不断地给干部教师鼓舞士气不断地凝聚人心，用学校发展的美好蓝图激励教师对学校、对事业热爱的积极情感，用学校日新月异的变化引导教师之间的竞争与合作，用学校获得的优异成绩增强教师的成就感和自豪感，增强学校的凝聚力。最后，校长要有问题意识，要及时了解发现工作中的问题与不足。问题是工作改进的出发点。画‘显微镜’就是要不断地查找学校自身面临的真问题，查找阻碍学校发展、教师成长的核心问题，查找工作中存在的我们熟视无睹、见怪不怪的实问题。每一次问题的解决就是一次进步和一次成长，这是学校发展的需要，更是建设优质学校的必由之路。”景校长的精彩阐释赢得了大家的阵阵掌声，我们也在校长的讲解中，思考自己的角色和定位。

为了更好地帮助大家加强对自己的角色认知和理解，杨朝晖教授特意邀请了两位中学的同行分享了他们做管理干部的经验。第一位是丰台区南顶中学(现北京市佟麟阁中学)主管德育的张立清主任。她发言的题目是“换个思路来工作”。张主任结合自己的实际工作，介绍了自己是如何转变思想观念创建和谐的工作氛围以及如何开展校本德育的研究培养教师们科研能力的。其中，她着重向大家介绍了“如何改变班主任例会形式，营造良好的团队氛围”和“如何通过‘小’问题研讨，促进学校德育工作推进”的经验。第二位是海淀区万泉河中学的李文副校长，她发言的题目是“在心灵成长中找寻阳光”。李校长以亲身的经历，介绍了自己在新到一所薄弱学校时是如何转变心态，扮演自己角色的。她从“改变心智模式、进行系统思考、组织团队学习、不断超越自我”等方面，详细介绍了自己的成长历程和工作状况。这两位同行的发言真实、具体、感人，她们的敬业精神和创新工作，给我们留下了深刻的印象，引起了大家强烈的反响。

如果说“寻找自我”使大家对自己的职责和角色有了初步的角色感知，那么，两位中学同行的经验分享，则把大家对于自身角色的思考提升到一个新的高度。干部们纷纷发言表示，干部要做好自己的工作，不仅要定好自己的“位”，还要超越自我，更要在思维上放大自我。

所谓定好自己的“位”，就是要清醒地认识到自身的职责是什么：哪些是本部门的事，必须确保完成；哪些是其他部门的事，需要协助完成；哪些是多部门交叉的事，应当共同努力完成。对部门内部属于自己分内的事，必须独立出色地完成；对属于每个成员都应做的事，必须带头完成；对属于副手做的事，应当配合完成；对属于下属做的事，应当放手指导去完成。中层干部在工作中，尤其要防止大包大揽的工作方式，不论大事小事都自己亲自做，看起来是以身作则忙得不可开交，实际上是做了别人应该做的事。这样做，不仅得不到大家的认可，还会损害同事的积极性和自尊心，最终落得出力不讨好的结果。

所谓“超越自我”，首先就是不墨守成规，敢于担当。在工作中出现真空地带时，要不相互推诿：有人负责，我协助；无人负责，我负责。其次，“超越自我”就是发挥“参谋长”的作用。作为一名优秀的中层干部，不仅要坚定不移地执行上级精神，还要在贯彻落实上级部署中大胆创新，并将在执行中遇到的问题转化为意见建议，向上级报告，以便在今后的工作中加以改进和完善。

所谓“在思维上放大自我”，就是“既要脚踏实地，又要仰望星空”。一是在考虑本部门的工作时，应当树立“越位”思考的意识，要站在高一层次和全局的角度来考虑本部门的工作计划或方案，而不能局限于本部门的小利益，更不能因为局部利益而损害全局和其他部门的利益。二是在考虑对下属人员的管理时，应当树立“退位”思考的意识，要站在低一层次和具体的角度来考虑有关的管理制度和办法，充分考虑提高实施效率和降低实施成本。

杨朝晖教授在肯定大家的认识后，又进一步引发大家对自己作为管理干部身份和自身专业发展的思考。她谈道，作为社会人的中层干部，往往兼具教师角色、领导角色、专家角色、评价员角色等多重角色，形成心理学所讲的“角色丛”。如果角色丛单一，将不能适应于岗位的要求以及学校的现代化的发展；如果角色丛过于复杂，而自己又无法处理角色间的冲突与矛盾时，势必会造成角色的紧张，影响工作。因此，作为中层干部，要始终如一地明确自身的主要角色和重要角色，并在寻求自我角色的一致性中，形成新角色拓展和归属感，由此实现作为管理者的新发展。

一天的培训，干部们从对角色的感知，到对角色的认知，再到对角色的认同，UDS项目引领我们不断寻找自我，发现自我，超越自我。大家在欢喜的同时，也无不感到自己肩上的责任。

接下来，研修进入到“学校发展从计划开始”的单元模块。主持人杨朝晖教授引导大家围绕“我们为什么要研究计划？计划对学校意味着什么？对教师意味着什么？对自己又意味着什么？”等问题开展头脑风暴讨论。

大家畅所欲言：“计划是未来行动的方案。”“计划不是对已经形成的事实和状况的描述，而是在行动之前对行动的任务、目标、方法、措施所做出的预见性确认。这种预见性不是盲目的、空想的，而是以上级部门的规定和指示为指导，以本单位的实际条件为基础，以过去的成绩和问题为依据，对今后的发展趋势科学预测之后做出的决定。”“计划目标定得过高，措施无力实施，这个计划就是空中楼阁；反过来说，计划目标定得过低，实现虽然很容易，但不能因而取得有价值的成就，这种计划形同虚设。”……

经过大家讨论以后，杨朝晖教授从组织效能和文化建设的高度，对学期工作计划的功能进行了引领。她谈道，首先，学期工作计划的作用体现在目标聚合上。在制订和实施学期工作计划的过程中，学校总体目标在组织实施计划的过程中会被分解，形成组织的目标体系，随之工作任务也会被细分为每个部门、每个人的工作任务。每个人在追求自己工作目标的过程中完成着自己的工作任务，并由此获得自身的满足与实现。也正是通过每个部门、每个人的工作，最终实现了计划中设定的目标。这种通过目标的制订与分解以及由上到下的导向和由下到上的实现过程，使学校组织具有了更强的聚合功能。

其次，学期工作计划起到了资源优化配置的作用。从整体架构来看，计划包括了目标、任务、措施、路径、时间限定、人员分工等方面的内容。而这些内容的制订，需要考虑根据目标、任务的划分，将有限的人力、财力、物力合理配置，人尽其才，物尽其用；考虑根据工作的轻重缓急进行调配或从环境中获得更多的资源。因此，学期工作计划能有效地起到资源的优化配置的作用。

最后，学期工作计划起到了组织自我监控的作用。事物总是处在永恒的运动变化发展之中的。同样，学校组织的内、外部环境也在不断地发生变化，为了促进学校组织的可持续发展，提高学校组织适应环境变化的能力，必须在组织运行过程中，不断地根据环境变化的要求以及组织自身发展的要求，调整组织结构，优化组织关系。而相对于学校发展规划而言，学期工作计划具有更大的灵活性和自我监控性，可以随时根据学校发展的实际，调整工作目标，改变工作策略。这样就避免了学校发展的风险，提升了管理的效能。

——王吉根，《一次难忘的培训活动》

从来没有从这样的高度和角度来思考和认识我们习以为常的工作计划的作用！这真可谓是一次“思想上的洗礼”“实践中的高效提升”！这次培训，使我们进一步认识到：工作计划是学校生态管理中最基本、最重要、最核心的元素。有了工作计划，就有了明确的目标和具体的步骤，就有了对工作进度和质量的考核标准，更有了对一切工作行为的约束力和督促作用。因此，工作计划既决定了学校的发展方向，又决定了教育教学的质量，工作计划的改进将直接影响办学特色的形成和教育教学质量的提升。

新的认识让我们开始重新思考我们习以为常的工作的意义和价值，也开始让我们思考自身存在的问题。

二、积极主动自觉的反思

以往我们参加培训，听报告、听讲座，往往是“听听感动，说说心动，想想激动，干时不动”，而这次参加 UDS 项目研修活动，我们不仅是感动、心动和激动，更让我们加入到自觉反思的行动中。

在景校长的带领下，我们对各口的工作计划进行了细致反思研究。我们选择了2005年到2009年第一学期的教学、德育、工会、党支部的工作计划和三到六年级的班主任工作计划作为研究对象，分别进行研究。在研究学校各项工作计划的时候，我们采用对比法，即将教学、德育、工会、党支部的工作计划横向进行比较，看看各项工作计划的科学性和条理性，纵向进行分析，看看各项工作计划制订的整体脉络以及落实情况。

不看不知道，一看吓一跳。本以为我们的工作计划制订得还蛮不错的，可细细研究起来，我们发现工作计划还真存在不少问题。景校长用四句话概括，即“大话空话套话多，缺乏扎实性；部门工作重叠多，缺乏整合性；工作会议布置多，缺乏反馈性；罗列的事情多，缺乏目标性”。例如，“指导思想”中常有坚持“三个代表”这样的套话；教学与科研、教务与党务工作没有很好地整合；有些工作，学期初的“轰轰烈烈”与期末的“草草收兵”形成鲜明对比；“重结果，更重过程”的思想没有得到充分落实等。

工作计划制订过程中存在的问题虽有客观原因，但主观原因占有更多的成分。归纳起来主要有以下原因。

第一，认识不到位，缺乏主动性。一些干部总觉得写工作计划有些多余，没有多大用处，无非是给领导看看，过后存档案。由于思想认识上的偏差，导致行为上的被动。因而工作计划缺乏新意也没有针对性。

第二，对工作的系统性和整体性缺乏认识，对工作计划制订的过程不重视，缺少认真的研究与研磨，导致部门工作重合，缺少整合。

第三，对每个学期的发展主题和目标不明确，因而工作计划不能形成主线，工作缺少灵魂，工作计划失去了引领性。

第四，对过程细节的关注不够，导致工作计划缺少操作性。工作计划重在管理过程，一个可行的工作计划不是凭华丽的辞藻堆积起来的，而是要体现在管理过程的具体细节之中。但是，我们的工作计划因为缺少对过程的关注和对工作评价的关注，因此，措施定的不具体，缺少操作性。

——景小霞，2010年8月25日干部会议上的讲话

这次反思让我们真正认识到了自己的问题，明确了自我改进的方向。景校长非常感慨地说：“过去我们对工作计划制订的目的、作用、调控等方面认识不足、操作也不到位，我有责任。今后首先要从我做起，抓好工作计划的制订关，让每一项工作落到实处。”

这次反思使干部们明确了工作计划要具有针对性、引领性、系统性、执行性和约束性等特征，明晰了工作计划既是未来工作的方案，又是学校不断发展的阶梯，确立了“一切工作从计划开始”的发展理念，坚定了“学校发展从干部做起，从计划做起”的工作原则，从而为学校的自主发展确立了一个清晰的发展思路。

第二节　心动化为行动

UDS项目的第一次研修在干部中产生了很大的冲击，引起了不小的反响。大家意识到，学校要走可持续发展的绿色教育生态之路，除了需要涓涓细流般的打造，更需要在外力的帮助下，进行由内而外的自我变革与更新。

一、面对“问题”的调研

暑期培训完后第三天，景校长就带领万泉小学领导班子召开了学校中层干部会，具体研究本学期的工作计划如何制订，如何对教师进行工作计划培训等事宜。

在研讨中，景校长提出，要想让我们的工作计划制订得有针对性，就要搞清楚学校的发展现状，了解阻碍我们教育教学质量提高的最主要原因是什么。这一想法得到了大家的认同和支持。

于是，2010年8月27日，就“阻碍学校教育教学质量提高”这一主题，我们对全体干部教师进行了问卷调查，共收到有效问卷153份，共376个问题。经整理归并，我们把这些问题分为管理、教学、德育、队伍建设和其他五大类。

经整理我们发现，我校在德育方面的问题最多，占所提出问题的41%；其次是队伍建设，占19%；再次是教学和管理，各占18%。为此，我们对上述四个领域进行了详细分析，得到了如下调查结果。

第一，学校管理还需要进一步精细化。在管理方面，教师们共提出68个问题，归纳起来分为12个方面。其中“严把入学关”“管理观念的转变”“班主任与科任教师相互协调问题”是教师们最为关注的三大问题，占所提问题的26%。分析背后的原因，我们认为有这样几个方面的原因：

其一，随着学校的发展，原来为招不上学生而犯愁的日子已经过去，随之而来的，则是对优质生源的渴求，大家希望择优选择学生，严把入学关，使万泉小学这所优质校更加优质；其二，随着社会的发展和独生子女在家庭中的特殊地位以及家长对孩子教育方式不当使得“问题生”的数量增加，“问题生”的教育问题越来越引起社会、家庭和教师的关注；其三，班级管理实际上是特殊人群的管理，对“个别生”的管理是教师们最为头痛的一件事情，它会影响着家校关系，影响教师工作难度，必然引起教师们的深度关注。

随着新课程改革的深入，干部们原有的管理方法、管理策略已经失去风采，管理必须与时俱进，必须在新的理念指导下开展，这是广大教师渴求的。

班主任与科任教师相互配合问题，细分析起来，岗位责任制虽然取得了一定的实效，但责任的明确必然带来合作的淡化，如何既有分工又有合作，是摆在管理者面前的重要课题。

第二，队伍建设是制约学校发展的重要方面。有的教师提出“要想跑得快，全凭车头带”。的确，建设一支团结战斗、富有朝气的干部队伍是学校发展的关键。从调查中我们看到，干部中的问题主要集中在常规管理、协调决策能力和带头作用等方面。

随着新课程改革的深入，新的理念逐渐被广大管理者所接受，干部们不再是光说不干、光命令不实练的“口头把式”，教师们对干部的期望值越来越高，迫切希望干部起到带头作用和指导作用，更希望干部发挥管理的重要职能——会决策，善协调。

教师是学校发展的根本。本次干部教师提出的问题绝大部分集中在提高教师整体素质方面。教师们希望外出学习，不断充实自己，以促进自身不断发展。

第三，德育工作的问题最为凸显。本次调查中，德育工作也是广为干部教师关注的方面。针对德育工作，教师共提出153个问题，占全部问题的41%。对德育工作出现的问题，我们认为，随着进入信息化社会，社会的重要变革必然引起人们的价值观和行为方式的重大变化，学校德育受社会影响最为直接，德育也是影响教育教学质量最为重要的因素。教师们对此问题的关注，既有客观原因，也有主观原因，说明我们的工作还有许多方面需要解决。其中，解决学生行为习惯养成和家校合作问题在所有调查的问题中最受关注，这为我们下一段的德育工作指明了改进方向。

第四，课堂教学低效和学科壁垒是教学领域的突出问题。本次调查，有关教学问题共提出68个问题。课堂教学问题主要集中在课堂实效性和学科教学间沟通上。课堂实效性是课堂教学突破的关键问题；教师们希望能加强学科间沟通，打破学科间的壁垒，讲求相互合作，取长补短，共同发展。

——王吉根，《"阻碍学校教育教学质量提高"调研分析报告》

通过本次调查，我们认识到，学校的发展，不仅要扬长，更要在不断的调研中发现发展中出现的问题，只有勇敢地面对自身的真问题，才能制定切实的计划发展目标，干部教师只有不断明确改进的目标，才能更好地推进学校的全面发展。一所有追求的学校，就是要在不断地发现问题和解决问题中提高。

针对各领域出现的问题，景校长要求各部门要对问题进行"鱼骨"分析，找出制约本领域的关键、核心问题，通过大家的合力，选好突破口，通过解决20%的问题，来推进全面工作的开展，并在实践中建立促进学校可持续发展的机制。于是，"以关键问题为突破口，带动全面工作开展"成为我们新学期工作计划制订的思路。至此，我们开始了走上以计划改进促进学校发展的变革之旅。

二、让规划引领工作计划

学校的发展规划是学校工作计划制订的重要依据，没有"规划"的"计划"是无序的，这正是UDS项目组倡导的"学校因规划而长远，工作因计划而扎实"的工作理念。UDS项目启动半年后，就进入了"十二五"规划的制定时期。为了让学校的发展更长远，我们学习了《国家中长期教育改革和发展规划纲要(2010—2020年)》和《海淀区"十二五"时期教育发展规划(2011—2015年)》，并对学校现状进行了进一步的分析。因为我们深知，从教育发展战略的高度规划学校的发展是新世纪教育发展的特征，更是学校发展的需要。每一项工作只有理念高站位、谋划高起点、工作高要求，才能效果高品位。

杨朝晖教授也多次来我校与景校长和干部们共同研讨，进一步明确了在“十二五”期间，继续以“营造绿色教育生态，传递教育幸福”办学理念为办学指导方针。

如何将学校“营造绿色教育生态，传递教育幸福”的办学理念落到实处？研制切实可行的学校“十二五”规划成为万泉小学领导集体的一项重要任务。

2011年7月27日，是一个暑期休息日。这天万泉小学的全体干部齐聚学校会议室，共同规划学校第十二个五年发展蓝图。

这次制定“十二五”规划与往年明显不同。往年制定学校发展规划的时候，基本上都是校长的事情，其他干部参与的不多。这次是全体干部共同参与，共同制定学校发展“十二五”规划。这次会议是景校长针对学校发展规划召开的第二次主题研讨会议。

景校长首先从学校历史发展、地理位置、人力资源、干群结构和发展态势等方面分析了学校的发展优势，同时对学校存在的问题进行了剖析。她说：“我校形成了‘营造绿色教育生态，传递教育幸福’的办学理念，但围绕‘绿色教育生态’的学校发展理论结构体系还未形成，还需要进一步研究与完善，围绕‘传递教育幸福’的实践层面还不够系统化和科学化，还需要不断地补充与建设。理念落地生根问题将是‘十二五’发展的重点工作。”接着，各部门的主要负责人对本部门工作中的优势与问题也进行了剖析。

在交流过程中，大家逐渐形成了以下共识：第一，万泉小学是海淀区素质教育优质校，在近几年呈现出强劲的发展势态；第二，学校历史发展形成的办学理念凝聚人心，各方面工作呈现“生态化发展”的现代教育发展特征；第三，社团建设、师生幸福指数、研究团队是学校发展中的突出特色；第四，在学校快速发展过程中，相应的现代教育管理制度有待进一步建立与完善；第五，学校发展需要“慢”下来，要进一步反思问题，在不断地反思问题中促进学校快速发展。

在交流过程中，大家逐渐形成了建设“优质＋特色”的万泉小学是学校“十二五”发展的总目标的共识。会后，景校长对各部门进一步完善各自的规划进行了部署。

2011年8月5日，按照前次会议的约定，大家将各部门的规划上交到学校。学校专门成立研究小组进行逐一分析，提出修改意见。紧接着，由景校长、张立副校长分别与各部门负责人单独商谈，安排细致修改任务。8月20日，由研究小组成员进行汇总，形成《万泉小学“十二五”发展规划（草案）》。

2011年8月28日，学校全体干部又汇聚在学校二楼会议室，针对《万泉小学“十二五”发展规划（草案）》进一步进行研究，形成《万泉小学“十二五”发展规划（征求意见稿）》。

2011年9月20日，学校召开了教职工代表大会，代表们对规划内容发表了意见，同时还综合了部分专家、家长和学生代表的意见，最终形成了正式文件。

——王吉根，《“十二五”规划诞生记》

本次“十二五”规划的制定过程是万泉小学有史以来第一次动员全体干部、教师，包括专家、家长、学生针对一个文件研究、讨论、修改、成型的过程，体现了以下特征：第一，整个制定过程是一个自下而上又自上而下的循环反复，同时又不断修整的过程，集中了全体干部、教师的集体智慧；第二，本次规划的制定是对学校发展研究的过程，也是思想凝聚、达成共识的过程。对于教师来说，它使教师明确了学校今后努力的方向，增强了参政议政的机会和能力；对于家长来说，它进一步明晰了学校办学理念和育人目标，加深了家校之间的理解与沟通，使家长积极参与到学校建设中来；对于干部来说，它更是一次管理思想的变革，“家长式”“拍脑式”等管理方式得到转变，干部们逐渐走上了“变‘检查督促’为‘主动服务’，变‘单向灌输’为‘互动研讨’，变‘孤军奋战’为‘共同攻关’”的新型民主管理之路。

我们相信，一个既高瞻远瞩又脚踏实地的规划，必将带领万泉小学向着“开放式、国际化、高品位的魅力学校”迈进，同时，也指引着我们的日常工作和计划更有方向，更有目标。

第三节　在行动中不断改进

在UDS项目的引领下，我们认识到，工作计划是学校发展的“阶段性规划”，是站在学校未来发展的角度制订行动计划。好的工作计划应该具有“前瞻性、引领性、针对性、系统性、执行性、约束性”等特征。于是，在景校长的亲自带领下，我们学校的工作计划不断改进，呈现出深入发展的态势。

一、微改进中的工作计划

自 UDS 项目启动以来，作为首批项目学校，在推进 UDS 项目进程中，我们的工作计划改进共经历了四个发展阶段：项目组指导下的工作计划改进阶段(2010 年 6 月至 2011 年 1 月)，主要是找问题，明方向，理策略；规划框架下的工作计划改进阶段(2011 年 2 月至 2011 年 8 月)，主要是高站位，深思考，循规律，促改进；工作计划落实与闭环管理形成阶段(2011 年 9 月至 2012 年 8 月)，主要是讲效益，验成果，思不足；工作计划推进与学校发展机制形成阶段(2012 年 9 月至今)，主要是建机制，成规矩。

在此过程中，我们的工作计划不断进行改进，"改进"成为我们工作计划的一种常态。

一、制订时间的改进——不等、不靠

为谋划下一年的发展，在工作计划制订的过程中，景校长提出，工作计划的制订要"不等、不靠"，提前运作。景校长认为，学校是发展的主体，学期工作计划不仅仅是区和学区工作计划的落实，更应该是学校主体自我发展的主动实施和常规工作的不断创新。因此，要提前思考本校的工作，这样才能将区、学区的工作计划有机融入学校工作计划之中，发挥出工作计划的引导性功能。

为此，景校长要求我们在学期的工作总结中，就要考虑下一学期的工作任务：在本学期的工作中，我们完成了哪些工作，在下一年是否要进一步深化？未完成哪些工作，需要在下一年工作中如何改进？正在推进的工作是否具有实效性，是否需要调整？等等。

此外，景校长还要求我们干部在假期要密切关注国内外教育改革动向，要在全球教育改革的大背景下，站在学校未来发展的高度上思考学校的工作，而不是"等""靠"上级工作计划下发后才考虑学校的工作。因此，和前几年相比，我们在布置工作计划的时间上大大提前了。

二、文本格式在改变——结构求严谨

近几年来，在景校长的带动下，我们的工作计划文本在不断地改善。原来的文本格式比较简单，大体上分为指导思想和各部门工作(表 1-1)。

表 1-1 学校工作计划基本框架之一

万泉小学 2008—2009 学年度第一学期工作计划	
指导思想 一、管理工作 二、德育工作 1. 指导思想 2. 每月重点工作 三、教学工作 1. 指导思想 2. 每月重点工作	四、科研工作 1. 指导思想 2. 每月重点工作 五、体育卫生工作 1. 指导思想 2. 每月重点工作

在工作计划改进过程中，我们感到这一格式只是各口工作计划的叠加，各部门工作内容联系不紧密，只能体现出各部门的重点工作，不能凸显学校的发展特色。2009 年至 2010 年第一学期，我们进行了一定的调整，增加了学校“管理工作”的内容。

到了第二学期，正值“十二五”规划酝酿阶段，我们的工作计划分为了三个部分。在第一部分，我们增加了“学校发展现状分析”的内容，分析学校的优势和劣势，寻找目前学校现状定位和未来发展定位，从宏观方面研究教育的未来发展方向和学校的发展势态，使工作计划的制订更具有针对性、引领性和系统性(表 1-2)。

表 1-2 学校工作计划基本框架之二

万泉小学 2009—2010 学年度第二学期工作计划	
第一部分　学校发展现状分析 一、学校发展的优势 二、亟须改进的问题 第二部分　管理目标及主要任务 一、管理目标 二、工作目标 三、主要任务	第三部分　实施的主要措施 一、德育工作 二、教学工作 三、艺术教育 四、体育卫生工作 五、总务后勤工作 第四部分　具体工作安排

在这次工作计划改进中，我们将第二部分内容视为学校的整体管理工作计划，分为“管理目标”“工作目标”和“主要任务”三个部分，具体阐述了学校总体发展目标和管理任务。第三部分是“实施的主要措施”部分，具体分部门阐释工作重点和实施措施。

2010—2011学年度第一学期以后，我们的工作计划又进行了改进。由于“学校发展现状”虽每年都有不同的变化，但大同小异，为精简工作计划内容，我们一般只会前交流，并不落实到纸面上。新的工作计划格式主要包括“指导思想”“管理目标”“工作任务”“各部门主要措施”和“具体工作安排”五部分。

三、语言表述方式在改变——不说空话和套话

在工作计划文本格式改变的同时，在语言表述方式方面，我们也力求简洁明了，少一些空话、套话，把切切实实做的工作清楚地表述出来，同时将所表述的内容分条目概括，给人以深刻印象(表1-3)。

表1-3　两个学期“管理工作”的不同表述

2010—2011学年度第一学期“管理工作”表述	2010—2011学年度第二学期“管理工作”表述
管理工作 1. 认真学习、贯彻《中华人民共和国义务教育法》《北京市小学规范化建设工程的意见》，加强内部管理，健全各项制度，规范办学行为，提高依法治校的水平。 2. 加强两支队伍建设，通过各种学习交流方式提高干部团队的学习力与执行力、教师团队的研究力与创新力。发挥团队功效，不断提升教师的专业素养，提高教师的业务水平与综合素质，引导教师真切地享受职业生活带来的尊严与幸福，促进学校教育教学水平再上一个新的台阶。 3. ……	一、管理目标 通过本学期的工作，形成“一体两翼”的管理机制，实现“两整合”，实现“三提高”，完成“一规划”。 二、工作目标 本学期重点抓好两项工作：第一，优质校建设；第二，特色校建设。“让优质更优质，让特色实现特色”。 三、主要任务 1. 深入学习《国家中长期教育改革和发展规划纲要(2010—2020年)》和《海淀区“十二五”时期教育发展规划(2011—2015年)》，用国际视野、国家意识看待学校发展，深入分析学校发展现状与未来发展方向，结合实际制定出“高站位、宽视野、重实效”的学校发展规划与本学期工作计划。 2. ……

在2011年9月以后的工作计划中，我们增加了“核心词”的提炼，突出本年度工作重心，使得工作计划的思路越来越清晰(表1-4)。

表1-4　两个学年度管理工作的核心词汇总

学年度	2011—2012		2012—2013	
	第一学期	第二学期	第一学期	第二学期
核心词	“突破”和“落实”	“规范”和“扎实”	“深化”	“稳下来”“实下去”

四、工作计划的思路的改进——越来越清晰

经过几年来的探索与实践，学校的管理、德育、教学、科研、信息技术、后勤等各部分工作思路越来越清晰。从表 1-3 和表 1-5“管理工作”表述的对比中，可以看出工作计划思路的改变。

表 1-5 2012—2013 学年度第二学期“管理工作”表述

2012—2013 学年度第二学期“管理工作”表述
一、发展思路 围绕“学生在我心中”这一主题，继续沿着“队伍强校、质量立校、文化润校、特色亮校、科研兴校”这条发展思路加强现代学校管理制度建设。建立有效的保证机制，让学校发展更加制度化，管理更加规范化，教师、学生成长更加系列化。 二、发展目标 1. 建立计划牵动机制，让策划向纵深发展。 2. 建立教师培训加油机制，让校本培训设计系列化。 3. 建立项目认领机制，把问题变成专题，并与学校课题捆绑，纳入学校工作计划。 4. 建立总结、分享、奖励机制，以评促改，为教师发展搭设平台，激活教师内心需求，满足教师精神发展需求。 三、重点工作 (一)计划牵动机制 1. 继续加强“闭环”管理发展机制。 2. 继续进行年级组工作计划制订的管理与指导。 3. 对班主任制订班级工作计划进行培训与指导。 (二)教师培训加油机制 ……

改进后的工作计划，在表述形式上，分类更明确，清晰；在表述语句上，从空泛语言走向可操作性的表述；在管理特色上，逐渐从零散的管理走向制度化、机制化；在管理思想上，从内部管理走向开放管理。此外，改进后的工作计划还加强了与外界的沟通，充分利用周边的清华大学、人民大学、北京师范大学、首都师范大学以及九三学社等教育资源，谋划建设现代化学校，同时把家长作为重要的教育资源来看待，让家长成为重要的教育力量。

——王吉根，《万泉小学计划改进工作报告》

工作计划改进不是一朝一夕就能完成的，它需要一个不断探索、不断实践、不断验证、不断总结、不断反思的过程。在这一过程中，难免会走些弯路，难免会遇到各种困难和阻力，但只要我们有坚定的信心，有把工作做好的决心，有勇于克服困难的勇气，促进学校健康、高效和可持续发展的工作机制一定能够形成，一定会打开学校发展的新局面。同时，在工作计划改进过程中我们学会汲取有价值的营养，学会高站位思考，学会如何加强工作和管理，学会如何实现闭环管理等。不能小看工作计划改进，它涉及学校工作的方方面面，涉及所有的教职工。只要工作计划涉及的地方，就有不断改进的区域，就有能够改革创新的领域。工作计划就像串起珍珠的线，它带动学校方方面面的工作，使学校工作更加扎实，更加有成效。

二、不断提升的管理水平

学校的发展目标是否能够得到顺利的实现，不仅取决于工作计划本身的科学性，而且很大程度上取决于学校各层级的管理者和教师对学校发展目标执行的过程和效果。其中，中层干部的执行力起着决定性作用。在工作计划改进的牵动下，我们学校干部工作计划制订的研究能力和组织协调能力都在稳步提升。

2011 年 8 月的一天，2011—2012 学年度第一学期教学工作计划制订工作开始启动。这天，学校教导处的教学干部在金毅副校长的带领下，开始了对工作计划的研究。大家首先认真研究了景校长制订的学校层面工作计划，明确了本学期学校的工作重点是“夯实习惯”和“教学方式变革”。接着，在总结上一学期工作的基础上，大家进一步明确了这一学期工作的重点为“学生的学习习惯养成研究”“小学教学方式的变革与教学效能的研究”“校本课程开发研究”三个主题。同时，大家确定把体现教学展示平台的“玉兰杯”作为三项研究的载体，要在课堂教学中体现学生学习习惯的养成，体现教师的教学方式和学生学习方式的转变，体现校本课程在教育教学中的应用。最后，经过讨论，共同形成了教学工作计划(表 1-6)。

表 1-6 教学工作计划“实施的主要措施”中的“教学工作”基本框架

教学工作	
一、工作思路 以夯实良好的行为习惯为抓手，改变教师的教学行为和学生的学习方式为工作重点，促进我校教育教学整体水平的提升。 二、常规工作 1. 提高教师专业素养，促进教育教学质量的提升。 2. 做好五年级学生学业质量监测。 3. 各年级组、各班主任继续做好北京市中小学校园管理信息系统(CMIS)电子化学籍管理工作。 4. 完成小升初的各项工作。 5. 做好《心泉》校刊和《泉水叮咚》校报出版发行工作。 6. 加强常规作业检查力度。 7. 加强教师教学反思工作。	三、重点研究工作 1. 各学科狠抓学习习惯，促学生学业水平的提高。 2. 教学课题研究工作。 3. 校本课程建设工作。 四、重要活动 1. 继续开展教师的课堂教学研究活动，促进教师专业成长。 2. 重视对课堂教学环节的研究与创新

——王吉根，《万泉小学计划改进工作报告》

部门工作计划的改变是计划改进的重要标志，它按工作的轻重缓急分为“常规工作”“重点研究工作”“重要活动”。实际上，还有一项重要的工作没有写进工作计划，那就是“临时性工作”。“临时性工作”大多是上级临时安排的工作，时间短、任务急，虽然不一定是我们的重点工作，但很可能是上级有关部门的重点工作，要紧急调集人力去完成。

任何工作都有轻重缓急之分。只有分清主次、轻重、缓急，工作才会变得井井有条，卓有成效。在工作计划改进实践中，我们的干部逐渐总结出了自己的工作经验，他们根据事务的紧迫性和重要性，把事务分为四类：第一类，重要且紧急，需要优先处理；第二类，重要不紧急，可暂缓处理，但要加以足够的重视；第三类，紧急不重要，需要尽快处理；第四类，不紧急且不重要，不需要尽快处理，可考虑推迟处理或委托他人(图 1-1)。

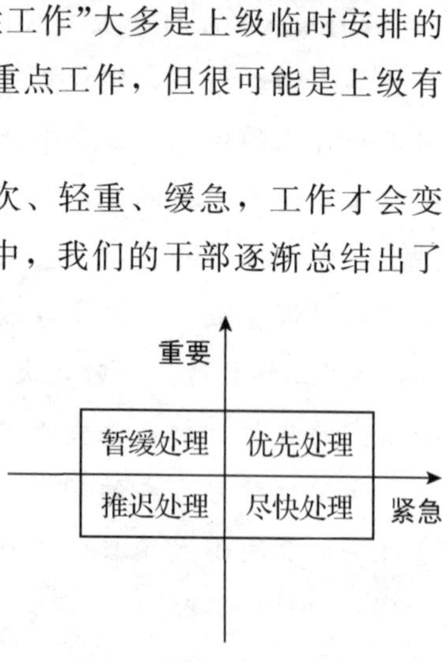

图 1-1 学校工作处理方式

“常规工作”是常年来必须坚持的工作，它是日常工作的保障，宜缓不宜急，暂缓处理或推迟处理，贵在长期坚持，慢慢做就行了；“重点研究工作”是本部门的特色性工作，引领本部门的创新发展之路，宜急不宜缓，优先处理，要下大力气，出成果出效果；“临时性”工作，一般都有时间限制，应尽快处理。

分清事务轻重缓急，也就是要分清工作的优先次序：要把重要的事情放在心上，首先处理紧急的事情。不紧急不重要的事情也不能不做，这类事情往往事关全局的长远发展。如果是校内的事情，处理不好，会影响整件事情的完美性；如果是上级有关部门的事情，处理不好，会影响学校形象和声誉，甚至影响学校未来的发展。

在实践工作中，我们的干部们不仅分清了主次和轻重缓急，而且在制订部门工作计划中，还突出了整合思想，学会了统整协调。

麻雀虽小，五脏俱全。作为一所学校，党政工团一个不少，教学处、德育处、后勤处、科研处、教务处、招生办、国际办一应俱全，这些部门既有职能上的区别，又有工作上的重合与联系，如何将这些部门的工作计划统一协调、加强整合，既让时间分配合理，又能减轻基层教师的负担，形成高效率、高产出的联合体呢？学校一般在学期初都召开工作计划的协调工作会。

新的学期即将开学，学校各部门的主管领导又坐在了一起。这次会议不是商讨工作计划会，而是各部门具体工作落实的协调会。协调时间、协调人员、协调内容，做到各月活动安排均衡，在时间、场地、人员上不重合，不紧张，确保每一项工作能顺利开展并落到实处。

会前大家已经达成共识，哪些事情是上会的，哪些是不上会的。基本原则是：牵扯到本部门内部事务以及教师个别人员的不上会，牵扯到多个部门以及 20 多位教师的要上会；有可能与其他部门工作发生冲突的要上会；与其他部门工作重合的要上会；相同工作目标但采用不同方式的要上会。

按照以往惯例，科研、体育均属教学部门管理，安全、少先队均属德育部门管理，党支部、工会、共青团均属党总支部门管理，三个部门要事前协调好各自的工作。

会议开始了，景校长先把重要的活动时间确定下来，如“隔周四”为行政会时间，全校性教师、学生活动（如承接北京市教委“百部优秀少儿影片进校园”工程启动仪式、举办学校体育节等)时间。接着，本着以教学部门与德育部门为主的原则，两个部门的主管领导首先安排各自的工作内容“抢占”时间，其间党总支部门的一些重要活动也得到协调安排。党总支部门的一些提高教师素养的活动与教学、德育工作进行整合，形成多部门齐抓共管的格局。经过这样的沟通协商，最终我们形成一个全局统筹安排的工作安排大表(表 1-7)。会后，针对这次协调会，各部门再进一步完善、修订本部门的工作计划。

表 1-7　万泉小学 2014—2015 学年度第一学期工作安排大表(部分)

内容 月份	队伍建设	德育工作	教学工作
9月	1. 干部隔周行政会。 2. 骨干教师沙龙。 3. 9月12日，教师节活动。 4. 9月20日，“健康大步走”活动	1. 9月1日，7：10迎接一年级新生及开学典礼。 2. 9月9日，宣传新一届大队竞选事宜，各中队选中、小队干部，并推选大队候选人。 3. 9月10日，教师节庆祝活动。 4. 9月12日，班主任培训会。 5. 9月15日、9月22日，第一次、第二次队课。 6. 9月28日、9月29日，社会实践活动	1. 9月5日，分学科教研活动。 2. 9月17日，英语说课。 3. 9月18日下午、9月19日下午，语文说课。 4. 9月19日上午，数学说课。 5. 9月24日下午，潘琳礼堂说课。 6. 9月26日，数学第一轮“玉兰杯”说课。 7. 9月底之前，语文第一轮“玉兰杯”研究课各组组内完成。 8. 9月第四周查备课，查作业。 9. 9月30日上午万泉小学第一届“飞叠杯”大赛。 10. 新生一年级交卫生老师打针本

——王吉根，《万泉小学计划改进工作报告》

工作安排大表是工作计划的浓缩版，绝大部分是需要务实做好的工作，也是落实计划目标最重要的工作安排。在工作计划内容繁多的情况下，将各个部门能整合的工作进行整合，以减少部门重复性的安排，提高了工作的效率。工作安排大表以其清晰的工作安排、简明的陈述语言、一目了然的工作内容，深受一线教师的欢迎。我们的干部也在研磨工作安排大表中不断成长。

第四节　工作计划改进延伸到教研组

学校工作计划改进是伴随着 UDS 项目启动的，而组长工作计划的改进是以英语组为突破口，循序渐进地扩展到各个年级教研组的。

一、共同把脉面对面

万泉小学是海淀区最早具有外教资质的学校。多年来，学校坚持开设外教课，举办英语义卖节，为学生营造良好的英语学习环境。纯正的外教口语教学为学生提供一流的服务，学生在此开阔了视野，培养了英语交流的能力和技巧。学校非常重视课堂英语教学工作，从前英语教师每天除了满满的课时之外，还要协助外教管理学生，当好外教助手。有限的英语师资力量使教师在完成高强度工作之余，已经没有教研时间了。随着英语教师配额不断增加，英语教研活动也逐步走向正规。郭立军老师是 2008 年被任命为英语教研组长的。郭立军老师伴随着学校工作计划的改进而成长，逐步推进英语组工作计划的变革与落实。

我是 2008 年被学校聘任为英语教研组长的。在调研中我发现，英语教研活动就像打游击，出勤没保证，地点不固定，教研活动缺乏针对性和有效性。教师们对每周都要倒课参与教研活动很不满意。追根溯源，我发现根本原因是英语教师一要应付自身的课程，二要陪伴外教当助教，常年的忙碌致使教研工作有名无实。深入思考之后，我决定将攻克点放在教研计划上，希望通过制订科学、有效的教研计划来推动英语组教研活动变得扎实、有实效和有特色，让经验型教师充分发挥“传、帮、带”的作用，让青年教师在老教师的影响和带动下更快和更好地成长，最终能形成一支战斗力强、凝聚力强的英语教研团队。

萌生这一想法之后，我分别找金毅副校长和景校长去谈，把自己的工作意图向他们进行汇报。两位校长非常高兴，推荐我们参加首都师范大学杨朝晖教授主持的 UDS 项目的一些活动。

杨朝晖教授所带领的专家组很快进到我们的教研组。我们全体组员满怀希望地期待着专家的引领，然而两次活动之后，教师们发现，UDS 项目组专家并不像我们区特级教师刘莹那样手把手地教我们如何上课，哪里需要改进，哪个环节应该去掉，哪里采用什么方法等，而是要我们梳理自己的工作思路，让我们自己寻找解决问题的办法。这叫专家吗？我们疑惑了。

陪伴我们活动的景校长发现了这一问题，语重心长地鼓励我们："UDS项目的核心理念就是促进学校、教师积极主动发展。希望教师们在研究中敞开心扉，本着为学生负责的态度提出问题。你们要在专家的帮助下，发挥英语组的团结战斗力，主动地做好课题研究。我会站在你们身边，关注你们，支持你们！我相信英语组一定能做出成果，切切实实地让每一位教师有所发展，让学生的学习质量有所提高。"之后，景校长又私下对我说："小郭呀，你要主动去找杨教授沟通，看看问题出在哪里了！"

在与杨朝晖教授交流后，我才发现：我和我的同伴们对项目的理解产生了偏差。我们一直希望专家手把手地教我们怎么做，而项目组希望我们能有自己的工作计划和思路，尤其是作为组长更应该带领全体英语教师探索适合学生学习的英语教学的新思路和新方法。杨朝晖教授告诉我，UDS 项目的原则和作用是"以校为本""顺势而为"，是和教师们一起在行动研究中、在实践中共同寻求问题解决的策略和方法，而不是仅仅靠专家，靠 UDS 项目。我们寻求的不是拿来就用的解决一个问题的"高招"和"策略"，而是在探索解决一切问题的"高招"和"策略"，并将其融入常规工作之中，融入日常行为之中。专家的话让我豁然开朗，我知道我该做什么了。

——郭立军，《讲述教研组长的故事》

有句名言，"发现问题比解决问题更重要"。因为知识没有止尽，探究问题也没有止尽。没有问题意识，不会发现问题，探究问题就如瞎子摸象。在郭立军老师接手英语组之后，积极主动发现问题，寻求解决问题的策略。当与专家、与学校领导面对面解决问题的时候，他发现原有的思维模式、行为模式制约了彼此间的沟通。不同专家的特长不一样，切入点也不一样，工作方式也不一样，当再次发现问题的时候，教师和专家彼此发现已经走在解决问题的路上了。这是英语组新的转变，也是新的开始。

二、英语组率先做起来

发现问题等于完成解决问题的一半。英语组在与杨朝晖教授交流之后，明白了 UDS 项目的真正含义。“UDS”之间的关系是“U→D→S”，是大学提供支持帮助，地方行政部门提供政策保证，学校实现自我发展；而不是“S→D→U”，在大学的引领下地方行政部门政策跟进，学校按照大学设计的模式前进。学校的发展不能只靠政策的导向，只靠专家的支持，最重要的是教师的自我发展。每位教师都是主体，教研是主体，学校是主体，促进主体的自主发展才是 UDS 项目的意义所在。

英语组在明晰 UDS 项目的工作意义、方式以及工作计划制订的基本原则后，积极地转入到工作计划的改进中来。

在推进英语组工作计划改进的过程中，杨朝晖教授让我们从小活动开始进行策划，从而积累经验为统筹制订英语组工作计划做准备。在 UDS 项目组专家的建议下，我们与田村中心小学①策划了一次联校教研活动，有关活动的具体策划安排由我们英语组全权承担。

我们和田村中心小学确定了研究主题为“构建有效的课堂学习活动”。从活动的目的到形式，从活动的组织到具体作课内容，从作课教师的选定到来宾的邀请，从活动的主持人到小组记录员等，我们都进行了具体而细致的策划与安排。经过一个月的认真策划和筹备，2011 年 12 月我们与田村中心小学英语组开展了一次主题为“构建有效的课堂学习活动”的联校教研活动。精心计划，周密策划，让我们品尝到了 UDS 项目为我们带来的喜悦。

这次教研活动的成功不仅增强了我开展校本教研活动的自信心，也让我领悟到成功开展教研活动离不开科学、周密、操作性强的计划与策划，更让我体会到了在制订工作计划的过程中，一定要结合实际，关注教师的需求，关注课堂教学的现状，能够引起教师共鸣的教研活动才有吸引力，能够面向学生、面向课堂的研究才更有价值。

尝到了有计划、有策划的教研活动给我们带来的喜悦之后，在 2011—2012 学年度第一学期伊始，我决定先制订一份本学期的教研活动计划。

当我信心满满地把写好的工作计划交到主抓教学的金毅副校长手中期待表扬的时候，金副校长对我说，你的工作计划有三个问题：第一，活动缺乏具体目标，目标不具体、不明确，教研活动就会出现随机性；第二，没有站

① 田村中心小学，现更名为北京教育学院附属海淀实验小学。

在学校的角度去思考问题，和学校的工作大计划不合拍；第三，工作计划不够具体，没有站在教师的角度思考，教师们不知道具体该做什么。金副校长对工作计划的制订给出了具体建议。她告诉我："一个完整的计划应注意以下几点，即有明确目标、有具体内容、有详尽措施、有分层任务、有具体分工、有时间安排、有量化检查。"

回去后，我再一次认真研读了学校的工作大计划。根据金副校长的建议，我重新制订了英语组的教研活动计划。

我首先确定活动主旨。这个学期，英语组将继续在UDS项目专家组及学校领导小组的指导与帮助下，结合学校工作计划，"抓规范，强研究，重落实""稳步、扎实、规范"地做好英语教学工作。

其次，我确定了具体的活动目标和思路。这个学期，英语组主要抓好四项工作：坚守一个阵地——常态课求实效；延续一个研究——会命题促内功；着力一项变革——抓作业增效能；办好义卖节——全面提升学生口语交际能力。

最后，结合学校的教学工作大计划，我确定了英语教研活动的工作小计划。计划包含四项主要工作："为我们喝彩"——常态课研究；英语试卷命题——教师基本功训练；研读课程标准——整体把握教材；作业改革——增效提质。

经过四次修改，在UDS项目组专家和学校领导小组的帮助下，工作计划终于制订出来了，接下来就要实施它。而我作为工作计划的制订者和执行者，对它是否能完善、是否切合实际、是否具有可操作性，在坚信之余，依然充满期待和忐忑。工作计划是未来行动的方案，是在深思熟虑之后制订的，保证我们的工作方向不偏离、不错位，但也很难保证其完美，只有不断探究、不断实践、不断完善才能保证任务顺利完成。

——郭立军，《讲述教研组长的故事》

在郭立军老师的带领下，英语组在工作计划制订方面取得了进步，得到UDS项目专家组的肯定，也得到了学校领导小组的认可。事实上，工作计划修改的过程就是工作计划研究的过程，更是推进工作计划落实的过程。因为只有在不断修改的过程中，工作思路才能更加清晰，目标才能更加明确，才能更好地考虑工作计划的切实性和可操作性。英语组的进步让我们再一次看到了工作计划所带来的发展效益，于是，让工作计划成为一种文化和习惯，让工作计划推动更多的教研组进步与发展成为我们新的目标。

三、所有教研组一起行动

2012年8月，我们举办了“学校发展从计划开始，干部建设从组长做起”暑期培训会。这次培训会展示了英语组工作计划改进的成果，同时景校长与金毅副校长对改进工作提出了明确的要求，自此，全校教研组工作计划改进得到全面推进。

2012年8月26日，在临近开学的日子里，万泉小学近三十名教研组长齐聚怀柔雁栖湖，举办为期一天半的培训会。

本次培训会紧紧围绕着“如何制订学期教研组工作计划”展开。首先，英语组郭立军、韩红和王卫新三位老师发言。她们从不同角度介绍了上学期英语组工作计划制订和执行情况。

郭立军老师从组长的角度阐述了组长的重要作用。她说：“教研组长是教研组的领头羊，教研组长的职责之一就是为开展教研活动营造一个良好的氛围，能够充分地调动每一位教师教学研究的主动性、创造性，带领教师们开展富有学科特色的教研活动。”接着，她就“如何制订有学科特色的教研活动计划”“如何有效执行教研活动计划”“如何让教研活动成为促进教学的有效途径”和“工作后的得与失”等方面进行了介绍。她的介绍让我们感受到了英语组工作计划制订的严谨和扎实。韩红老师从个人的角度详细介绍了在“师徒结对，同课异构”教研活动中，师傅是如何在学科教研活动计划的指导下一步步将教学做扎实、深入的。她的汇报让我们感受到英语组是一个团结的集体、一个奋进的集体，感受到英语组关注细节、力求规范的工作作风。王卫新老师从个人的工作计划谈起，谈如何落实教研组的工作计划，为我们展现了从计划到落实更多的细节。

培训会在轻松愉悦的气氛中进行。通过本次培训会，各教研组长对工作计划的制订有了进一步认识，同时也收获了制订工作计划的方法。

——王吉根，《记一次如何制订工作计划培训会》

近几年，英语组取得了巨大的进步，获得了可喜的成绩。这得益于学期有计划，工作有条理，扎实落到位；得益于深入贯彻UDS项目提倡的“学校因规划而长远，工作因计划而扎实，生活因策划而精彩”的发展理念；得益于全组团结奋斗、不怕困难的精神。

英语组工作计划改进之所以取得成功，分析起来主要有以下两个方面的原因。一是英语组发展的主动性。在郭立军老师担任教研组长以后，全组教师工作的积极性、主动性普遍提升。工作有干劲，成长有需求。主动发展成为英语组发展的不竭动力。二是UDS项目工作理念的引领。UDS项目倡导“小火慢炖”“静悄悄的革命”“促进教师主动发展”。它不是揠苗助长，而是让干部教师在一点一滴中发生改变，从而达到由量变到质变的效果。

其实，无论是单位还是个人，无论办什么事情，事先都应有个目标和具体的步骤，这样才可以协调大家的行动，增强工作的条理性，提升工作效率。计划的作用不可小觑。工作计划是学校发展系统中最简单、最重要、最核心的元素，而UDS项目正是从“计划改进”这一小而实，但又牵一发而动全身的日常工作入手，开始全面的学校自我改进和变革之旅，让我们从理念到行为发生了深刻的变化，取得了事半功倍的效果。

② 第二章　学校变革从干部做起

UDS 项目认为，学校变革的关键在学校领导层，领导层的变革是学校变革的核心。只有领导层变革了，才能领导和带动教师群体的变革，才能促进学校整体的变革。在全校的“问题”调查中，我们也得出以下结论：学校的诸多问题，管理是关键。学校要发展，干部首先要发展。尤其是中层管理干部团队由于处于承上启下的重要位置，是联系各个组织的纽带和桥梁，在上情下达的过程中起着“二传手”的作用，是学校教育生态系统中的关键元素。因此，在建设绿色生态学校，推进学校变革中，我们一定要从干部做起，在领导班子建设上、在干部个人修养上、在创新能力上下功夫，着力打造一个团结奋进、勇于创新的领导集体，使干部团队成为学校发展的中坚力量。

第一节　小改变也是大进步

变革是什么？是推倒炉灶另开张的新开始，还是顺势而为、小火慢炖的持续做工？是轰轰烈烈、大起大落的大创新，还是润物无声、水滴石穿般的微改变？是改变别人，还是改变自我？小改变是否一定带来小变革？大手笔是否就能带来大变革？面对变革，我们应该如何做出选择？显然，UDS 项目选择的是面向自我的变革。这是一种立足现实的选择，也是一种诉求于内、诉求于日常微改变的选择。我们与 UDS 项目一起走上了这条自我改进的路。因为我们相信，量的积累会带来质的飞跃。

一、悄然变身的行政会

所有的学校干部对行政会都不陌生，潜意识中无非就是派活、通气、商讨、总结、上传下达。每次都是领导说，大家记，关乎自己的多听听，不关乎自己的，可以左耳朵进去右耳朵出来。领导说怎么做，咱就怎么做，很少发表自己的观点，对如何开会更是没有过多的思考。

自从UDS项目提出“改进在日常”以来，我们就在思考：我们的日常怎样改变？从哪里改变？直到我们走进了UDS项目的合作校——西城区三里河第三小学，有机会参加了他们的行政会，感受一种别样的会议文化，才觉得我们找到了方向，我们开始思考学校行政会的功能是什么，我们怎样去改变原有的会议文化。

我们看到，在整个行政会过程中，三里河第三小学的干部们并不是简单的就事论事，而是透过事情的表面探究更深层次的内容。会议讨论涉及的范围很广，小到具体的“关灯”问题，大到整个学校的管理体制。在这个思维碰撞的过程中，与会者的智慧与思想火花不断迸发出来。从兄弟学校，我们看到了细致、扎实、求实的工作作风，看到了精细化的管理，也让我们看到了自己的“短板”。万泉小学不缺少对大型活动的组织和策划能力，缺的恰恰是细致和扎实。细节决定成败，三里河第三小学的干部们为我们展示了和谐民主、团结协作、开放进取和充满智慧的管理文化和管理团队。

从三里河第三小学回来以后，重在实效和高效、重在理念的学习以及行为的改变的会议文化开始静悄悄地改变我们自身。

2011年3月21日万泉小学行政会在二楼会议室如期举行，这次会议的亮点不是会议内容，而是会议形式。它采用“模块”的方式，汇集一个阶段所有的重要内容，成为万泉小学改变会议文化的一个新的尝试。

整个会议分为五大模块。第一模块，分享交流。管立主任分享蒋佩蓉的文章《激情胜过才智》。文章从实践的角度阐述了激情对培养孩子的重要意义，也让我们反思我们学校教育的方式、方法和内容。第二模块，外出通报。各部门通报外出开会学习的情况以及将要开展的工作。第三模块，近期工作梳理与反思。金毅副校长、李伟书记分别代表两个校区梳理开学初各部门所做工作的成效和问题。第四模块，交流研讨。景校长和张立副校长组织广大干部针对我们的工作计划进行计划再研究，明确工作的方向和开展策略。第五模块，通报与沟通。各部门针对下一步工作计划进行了工作通报与沟通，明确重点工作，协调冲突性工作，整合重复性工作，撤销无效性工作。

本次会议从早上8：00一直持续到中午12：00，内容丰富，安排紧凑，是多项工作的整合。据本次会议主持人张立副校长介绍，在会议召开之前，她与相关干部进行了反复的沟通和策划：哪些工作是“常规工作”？哪些工作是特色性工作？哪些工作是“临时性工作”？哪些工作上会？哪些工作不上会？各占用多长时间？本次会议向大家传达什么理念？等等。她们针对这些内容在会前进行了系统思考和反复沟通。

模块式会议模式的建立，整合了会议资源，降低了会议内耗，提升了工作执行力，强化了协调配合力，提高了工作效率。

这一次会议变革的成功，让我们看到了高效，看到了整合资源后会议内容的丰富性，看到了执行力，更让我们看到了日常改变的力量。

——王吉根，《一种新的会议方式悄然诞生》

通过实践，我们归纳出行政会的几种主要类型：研究型会，主要是研究学校规划建设、制度建设等，涉及学校重要决策；学习型会，主要是新理念的学习与更新以及领会上级会议的精神；工作布置会，主要是工作的落实；漫谈型会，主要是学校在发展中的问题分析；通报型会，主要是分享外出学习体会以及宣读对学校偶发事件的党支委决议；沟通工作会，主要是加强部门间的沟通，促进彼此间的欣赏与合作。但更多的是将上述会议形式按需进行组合，形成模块式的行政会。

行政会的改变，不仅仅在形式上有所改变，而且在内涵上也在不断丰盈与充实。

2011 年 9 月 27 日万泉小学沟通工作会在二楼会议室举办。在会议上，学校各部门成员分享着自己的工作成果，畅谈着自己的工作体会。本次会议增强了部门间的相互理解，为更好地实现合作共赢奠定了基础。

首先发言的是李春洁主任。从开学典礼的策划到一年级家长会的召开，从德育工作计划的制订，到班主任基本功大赛的指导，李主任一件一件叙述地非常详细，从中我们感觉到德育工作管理的细腻，感觉到每一项活动的成功举办离不开他们的精心策划和细致入微的工作。德育工作抓实、做细，需要大家的共同努力是她最深的感受。

接下来是王珅主任发言。王珅主任以“我的九月”为题进行了专题汇报。他从“我们的工作亮点是什么？我们的工作影响与效果是什么？我们的工作取得的经验是什么？我们还有哪些纰漏与改进之处？”等方面，站在学校未来发展的高度诠释每项工作的得与失。高站位、远视野、创新性是他汇报工作的特点。

教务主任王志林的发言颇具特色。“有一种态度叫作坚持，有一种心态叫作包容，有一种服务叫作无闻，有一种叹息叫作无奈”，这是他汇报的核心内容。面对近两百名教师的排课，他努力克服困难坚持排好、排准确；面对“一个萝卜一个坑”的教师岗位，平均每天2.8课时的调课任务，他总是想尽办法为教师排忧解难，解决因病因事调课问题；面对教师继续教育和工作问题，他默默无闻，甘愿奉献；面对上级和有关部门随时下发的时效性极高的各种调查，他无奈中创新圆满完成任务。教务工作就是这样，杂事多，难事多，烦事多，付出多，每件事都得亲自动手，每件事都牵扯集体和个人的利益，不可忽视。王志林主任的发言，让我们理解了学校工作背后的故事，学校需要光彩照人的前台“表演”，更需要默默无闻的幕后无私奉献。

对照前几位发言的主任，王芳主任说自己“我的话很直白”，但在“直白”中，我们看出一位高级教师的研究力和远见卓识。她“思路决定出路”，从体育教学长远发展的角度，与体育教师们一起研究制定体育教学“十二五”规划；她建立“听课工作日”制度，扎实课堂研究，通过课堂提升教育教学质量；她抓好“体育教研活动日”，让每位体育教师都有发挥作用的空间。同时，王芳主任还不忘剖析自己的问题。问题是常有的，成绩是必然的，我们的工作正是在不断地改进中创造成绩，形成功绩，成就业绩。

最后一组发言的是教学组。金毅副校长和张立副校长相继发言。金毅副校长以“落实、夯实”为主题，说明要落实规划、落实计划、落实策划，让规划成为我校发展的动力，让计划成为工作的导向，让策划成就每一次精彩，说明要夯实教师备课、夯实教研组活动、夯实骨干教师培训，让教学常规成为教学文化建设的核心内容。金毅副校长还特别反思道：“走进教师身边亲自参与教研活动，与教师们真诚地沟通和交流，感觉与教师们‘近’了。以前总觉得教研时间不够，实际上，时间是挤出来的，可以化整为零，感觉工作‘实’了。”

张立副校长是本次会议的策划者和主持者，她总结道：“学校的管理工作，光干是远远不够的。我们不仅要有思想，更要彼此赏识，在合作中共同发展。学校管理团队中的每一位成员扮演着不同的角色，每一个角色都很重要，不可替代，缺一不可。学会赏识同伴，学会赏识教师，学会赏识学生，让赏识成为学校发展的动力，让赏识成为分享经验与智慧的平台，让管理幸福伴随我们每一天。”

——王吉根，《行政会纪实》

景校长对干部们的工作给予了高度评价。她说：“用赏识的眼光看待同伴，让我感受到了管理团队的团结、合作和共赢。赏识是一种态度，是一种心境，有了这个武器，我们的团队将战无不胜。让我们的故事在校园中流传，让每一位干部的精神状态随时随地处在积极奋进之中，让每一位教师在感染和熏陶中成长。王珅主任有思想、善思考，汇报有深度、有广度，就事论道，值得借鉴。王芳主任从反思自身开始，工作中不断提出问题和解决问题。李春洁主任的管理规范细致、王志林主任的耐心、金毅副校长的培训引领，加深了同伴的了解等，这一切说明我们这个团队善于捕捉学校发展的节奏与规律，工作高站位、深思考、实干劲。”

正是在这样一次次的研讨、发现和相互学习中，“赏识同伴，合作共赢”逐渐成为万泉小学干部团队的新文化。

“容人之过，用人之长，记人之功，委之以任，待之以礼，施之以惠”。万泉小学会议文化的改变，使得管理增效、干部成长。一支团结友爱、积极奋进的领导团队，成为学校可持续发展的必要条件，它带领万泉小学逐步走上高速发展的快车道。

二、统整改变的教科研

一直以来，科研被认为是学校发展的动力。多年来，万泉小学先后承担了区级、市级科研课题，还参与了教育部等各个级别的科研课题，同时针对学校的发展实际，学校还设立了校级建设项目和研究专题，这些庞大的课题体系构成了学校的发展框架。然而，在实践中我们发现，这些课题不仅在研究人员上有交叉，而且在研究内容上也有许多共同之处。如果各个课题分别开展活动，浪费大量的人力、物力、精力不说，还不能很好地起到集体分享、深入推进、重点突破的效果。

自 2010 年以来，我们逐步探索科研发展模式，针对以前教研科研两张皮的现象，我们大力推进教科研一体化的进程，针对教科研一体化过程中出现的课题弱化的现象，我们推进科研课题体系构建与推进模式，从管理内部层面上解决弱化问题，从而为学校科研建立了良好的发展空间，更好地促进学校发展。

我们首先对区级以上(包括区级)课题进行整合，即统整课题研究体系，建立以研究方向为脉络的课题研究体系，推进课题管理的改进。

“我国学校教育创新研究”是我校“十一五”期间参与的由北京师范大学裴娣娜教授承担的教育部哲学社会科学重大课题攻关项目。因为它的研究内容包含办学理念在内的学校方方面面的内容，我们把它作为学校研究的总课题，将其他课题的研究都纳入到这一课题研究中。

“教师专业发展策略的研究”是学校独立承担的区级课题。其他的课题研究或多或少都有教师专业发展策略的研究内容，于是我们把这一课题作为其他课题的组成部分，通过对其他课题的研究直接或间接地促进教师的专业发展。

其余的课题，无论级别高低，都是研究某一方面或者某一领域。因此我们一方面将它们作为单独的课题进行研究，另一方面将它们分成教学、德育、管理三类，在三类之中研究内容相互交叉的，按研究的子课题内容再进行重新整合，逐步形成省时、省力、高效的课题研究体系(图 2-1)。

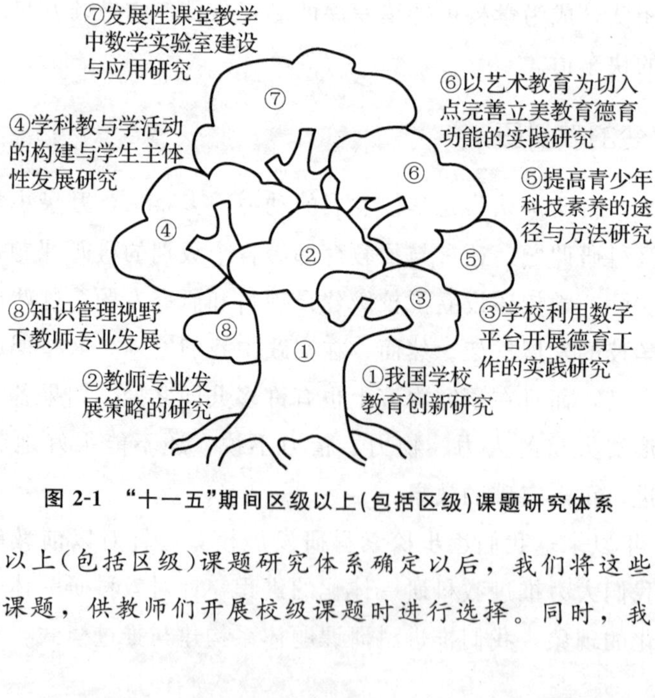

图 2-1 “十一五”期间区级以上(包括区级)课题研究体系

在区级以上(包括区级)课题研究体系确定以后，我们将这些课题进一步分解形成子课题，供教师们开展校级课题时进行选择。同时，我们也把教师们申报的校级课题进行归类，纳入到这些课题的研究体系中，形成网状的课题研究体系。

纳入到这一体系中的课题，我们称之为“规划类课题”，其余的课题我们把它们作为“焦点类课题”“常规类课题”进行管理。

课题研究体系的建立不是一蹴而就的。它首先是一个思路，是一个框架，同时也是一个长期的、动态的过程。有些课题时间跨度较大，如“我国学校教育创新研究”教育部课题，跨度达到六年；有些课题时间跨度较小，如“学科教与学活动的构建与学生主体性发展研究”区级课题，跨度为三年；还有些课题时间跨度更小，如一些校级课题，跨度仅为半年，甚至几个月。随着一些课题的结题，我们会将新的研究内容及时补充进去。其宗旨是：一切围绕着学校的办学方向，一切围绕着解决学校的实际问题，一切围绕着打造学校特色。基于此，我们的课题研究体系才能富有生命力，我们的研究才能促进学校可持续发展。“十一五”结束以后，大部分课题已经结题，我们迎来了新的五年规划，根据新申报的课题和校级课题，我们又形成了新的课题研究体系(图 2-2)。

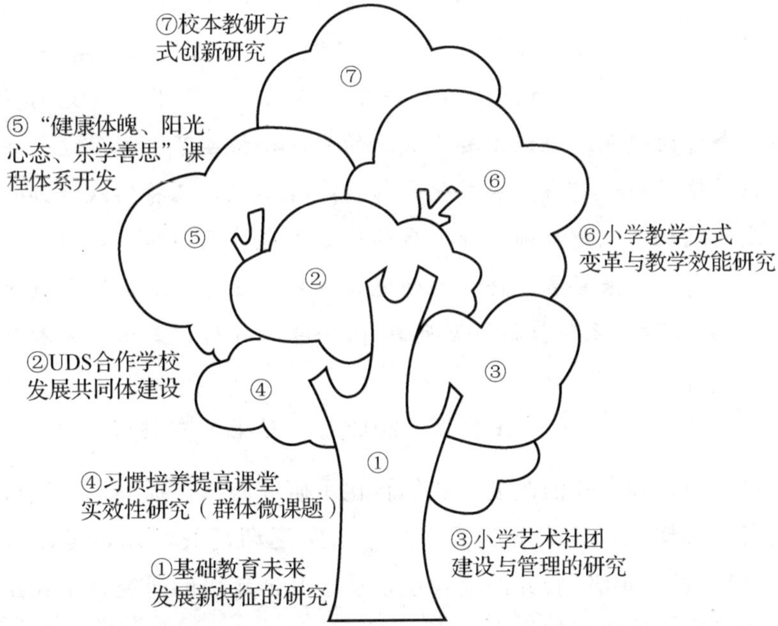

图 2-2　“十二五”期间区级以上(包括区级)课题研究体系

“基础教育未来发展新特征的研究”是我校参与的裴娣娜教授承担的国家社科基金教育学重点课题，它是“我国学校教育创新研究”课题的继续，它将在学校发展理论上进一步明确学校发展方向，凝练学校发展特色，推动学校向高品位发展。

“UDS合作学校发展共同体建设”项目是我校参与首都师范大学杨朝晖教授承担的建设项目，它从实践层面上推动学校稳步和可持续发展，是“基础教育未来发展新特征的研究”课题的重要补充。

这两项课题在理论和实践层面上，推动我校向着“优质万泉”“特色万泉”方向发展，是所有课题的统领。

其他课题作为区级以上(包括区级)课题统领着学校校级课题建设，进一步促进学校在教学、教研、社团建设、德育养成等方面的提升。

学校办学理念和育人目标是学校发展之魂，科学而高效的课题研究体系的建设是推进理念落地的重要载体，它在推动学校优质发展和特色建设方面起着重要作用。

我们不仅对科研课题进行系统整合，而且也推进外部科研课题的校本化实施。例如，“教师实践性知识研究”课题是北京大学陈向明教授主持的北京市教育科学“十一五”规划重点课题，我们将其转化为校本课题——“平稳度过一年级”的行动研究。教师们针对一年级不好教、家长有意见的情况，开展了家校合作的研究、班级家委会成立的实践，梳理了平稳度过一年级的实践性知识。这种通过实践生成外化教师实践性知识，又将实践性知识转化成教师实践的过程，就是教师专业发展的过程。通过课题研究，教师工作顺畅了，得到的赞誉越来越多，许多教师还在区内、区外以及国际会议上介绍研究成果。“家长学校系列教材”《家庭教育》一年级分册就是由我校教师集体编写的。

——王吉根，2012年评选北京市科研先进校汇报材料

通过课题管理方式的改变，我们转化了研究心态，提高了研究效能，教师们的研究兴趣也得到大幅提高，畏难情绪逐渐消失，开始慢慢喜欢研究了。“平稳度过一年级”研究的成功也带动了其他年级的研究，学校出现了想研究、会研究、乐研究的喜人局面。

三、精心改变的总结会

俗话说得好，“编筐编篓重在收口”。总结是对一定时期内的工作加以总结、分析和研究，肯定成绩，得出经验教训，摸索事物的发展规律。对自己而言，总结既是一个思维锻炼和自我提高的过程，又是一次由实践向理论提升的质的飞跃；对工作而言，总结是一项闭环管理的重要举措，既能反思得与失，思考改进措施，又能够使下阶段工作有重点、有思路、有想法、有作为；对他人而言，总结既让上级了解了自己的业绩，又能够与同事分享经验，为同事提供启发借鉴。UDS项目倡导我们“学会在总结反思中提升与发展”，完成从“计划制订，到计划执行，再到总结反思”的全过程工作改进，从而实现学校发展的不断上升。

在UDS项目的引领下，2012年8月3日，我们进行了一次主题为“改进在日常”的总结会。

这次总结会由景校长亲自策划和主持。总结会改变了以往“各自为战”的总结方式，变为“主题性总结”。她将学校工作分为六大板块，即行政文化变革，德育工作变革，教学工作变革，教务工作变革，后勤工作、安保、固定资产等服务性工作变革，党工团队伍建设工作变革。15位干部在自己的板块中以本学期工作计划中完成的最成功、最有价值、最具代表性的工作为基点，站在全校发展工作的高度，以管理团队的视角，总结关于某一主题工作的想法和做法、收获和思考。每人一个内容，按照“为什么要做这项工作?”“怎么做的?”“有什么收获、遗憾?”“下一步怎么改进?”进行汇报。

李春洁主任以“共情同力，直面挑战，提高家校合作实效性”为题目，就家长会变革进行总结。她首先从学校办学战略性、继承性和家长会本身以及家长、学校需求多个角度，分析本学期家长会变革的重要性。其次，她又从时间紧、任务重、要求高、心理压力大几个角度说明这项工作具有挑战性。最后，她进一步总结了本项工作的五大突破：巧妙运用数字故事，突破了如何表现学生个性成长的难题；充分发挥了班级家委会作用，突破了如何更好地让家长成为家长会主体的难题；干部及教研组长整合、协调、统筹形成管理合力，突破了以往各自为战的状况；研究、策划、总结，闭环管理让家长会更具科学性；年级、班级活动创新让家长会更具特色。

王志林主任改变了过去面面俱到、罗列式的总结方式，而是聚焦到一个典型问题——学籍管理的创新进行总结，让大家更加感到学籍管理工作的难度和王志林主任的敬业精神。王吉根用大量的统计数据展示了科研工作以及常规管理工作所撰写的材料，包括课题研究、新闻稿件、工作报告、学校工作总结等方面。完整的数据，既体现出了科研工作的特征，又有理有据，紧扣本部门的工作特色，让大家对他的工作刮目相看。

这次总结有点强制干部"跳上云端"的味道。校长要求每一位干部都要跳出"小我"，站在学校发展的高度，代表自己的工作团队对学校本学期最有特点的一项工作进行全面总结。例如，李寒作为大队辅导员，总结的是"美轮美奂的体育节"，刘莉主任总结的是"作业创新研究"。这就需要每一位干部都要加强沟通与合作，跳出个人本位看学校整体工作，跳出本部门、本校区关注全校发展。不仅要做好自己的本职工作，更要留意其他同事的努力与付出。不仅注重自己怎么做事，还必须关心大家怎么做事。这就从一定程度上培养了干部的大局意识，提高了干部从学校整体发展的角度开展工作的意识与能力。

特别值得一提的是李春洁主任，她是一个细腻型的干部，做事认真严谨。以前每每总结工作，她都会将做过的工作细致地统计、分类，逐项分析，然后就事论事地谈体会收获，只是思维有些局限，不够开阔。但这次不同，她要代表大家对集全校之力举办成功的家校合作现场会进行总结，这对她来说既是挑战又是自我突破的机遇。可喜的是，她做得非常好，从多个维度思考了举办家长会的必要性，工作总结得令大家十分满意。

李春洁主任自己本人也深有感触："本本分分、脚踏实地是我一贯的工作作风，我觉得只有这样才能对得起校长的信任和培养。每每提起总结，我也总是把开学初到期末的工作进行梳理，然后逐项总结。因为德育工作确实繁杂，每个学期下来，大大小小也要几十件事，所以总结起来难免啰唆。本次的总结着实让我又一次挑战了自己，突破了自己。"

强制性思考，强制性跳出本位，关注全局，强制性站在他人的角度看问题。这样的总结会，让大家兴奋不已，大家认为很有新意，很有收获。

金毅副校长说："这次总结会让大家改变了以往的就事论事和功绩宣扬的方式，让大家能够专注一件事，有针对性地思考和反思，避免了总结内容的重复性，提升了总结的能力和效果。"

边勇说："每位干部的总结都围绕一个大的主题反映了学校工作的不同方面，汇在一起又形成一个学校整体工作汇报。虽内容不同，但总体显得有章法，大家彼此关注，起到相互促进的作用。"

郑英杰说："这样的总结会对于每位干部来说相对轻松了，不长篇大论了，以点带面说明问题了，思考更加深入了，敢于剖析得与失了。"

王吉根说："这不仅是一次总结会，更是一项研究汇报会；不仅直视问题本身，更研究未来势态发展；不仅研究某一方面，更能以经验推动某一领域发展。"

——景小霞，2012年8月22日UDS校长会发言整理

为了做好这次总结会，景校长在期末就进行了布置，并且一对一和干部进行了工作交流。同时，她还结合干部们在总结中容易出现的问题，进行了备课，对干部如何做总结，进行了及时、有针对性地指导。她说：写好总结是有方法的。要想总结写得好，工作必须干得好。"喷香水"式的总结对工作有害无益，不应该提倡；有成绩却形成不了典型经验的总结，说明总结也没写好，需要进一步加强修炼。不同的总结有不同的要求，不同的工作岗位写出来的总结应有着不同的风格。总结中，须对工作的失误等有正确的认识，要勇于承认错误，形成批评与自我批评的良好作风。

总结是认识世界的重要手段，是由感性认识上升到理性认识的必经之路。通过总结，要使零星的、肤浅的、表面的感性认识上升到全面的、系统的、本质的理性认识上来，找出工作和事物发展的规律，从而掌握并运用这些规律。这样才可以提高领导的管理水平，培养出更多理论与实践相结合、具有工作能力的干部。此外，写好总结还要处理好"总"和"结"的关系："总"是梳理过去的工作，"结"是归纳工作的经验、教训、规律；"总"是"结"的依据，"结"是"总"的概括。好总结必须干得好、想得深、写得实。

会后，景校长也对这次总结会的策划做了自我总结："作为校长，前期的准备是一个相互学习提高的过程。一对一的辅导既是我完成总结这个眼前任务，又是提升个人能力的载体，对干部队伍建设和校长自身发展益处多多，要坚持。卓越者一般具备两个特性，'自信'和'经常问问题'。而总结就是让我们不断地获得自信并具有问题意识，并帮助我们建立起长效管理闭环机制。今后，我们还要坚持这样做总结。"

对于这次成功的总结会策划，干部们也对主持人景校长给予了高度的评价：景校长不仅倡导我们“改进在日常”，而且从自身做起，率先垂范。总结前，景校长结合每个人的特点一一进行指点和沟通，对总结的每个环节都进行把关，并在大家发言以后对每个人进行客观公正的点评。正是这种扎扎实实的工作作风，促使总结会圆满成功，使每位同伴都能领略精彩，分享成功，感受“改进在日常”的艺术魅力。

这次总结会，可以说是我们学校发展的又一次重大的突破。应邀参加这次总结会的杨朝晖教授高兴地说道：“在假期，万泉小学成功地召开了这样一个有充分准备的总结会，这是学校管理闭环的体现，是扎实工作的体现。收口收的非常完美！我注意到，每个人总结后，景校长都在回应，中心词出现最多的是‘敢不敢于面对自己’，实现‘真的自我突破’。这是万泉小学进一步成熟的标志。敢于面对自己是勇气、是自信的表现，更是能力的表现。今天，景校长吹响了不断前进的‘集结号’，这是在向自我挑战，是下大决心，要做大突破。万泉小学的工作一直都很灵动，如果再加扎实，我相信万泉小学一定会走得更远。”

俞敏洪在《从容一生》一书中曾说：“一个人生命的高度不在于每天的忙碌，而是取决于他的追求和梦想。没有梦想，生命会原地踏步，会像驴子拉磨一样重复绕圈子。……对于那些只知道忙碌却不去思考生命意义的人来说，你给他几万分钟也不一定会有意义。只有那些活出生命高度的人，每一分钟对于他们来说才是有意义的。”我们不想做拉磨的驴子，我们的总结会，恰恰是让我们从容面对自己，审视自己，活出自己的生命价值的重要途径。

第二节　把平凡事情做好就是不平凡

“改进在日常”是 UDS 项目的发展理念。日常是我们已经习惯化的生活方式、工作方式和思维方式。它看似平淡无奇，但却是学校日常文化的深层内核和坚硬外壳。因此，每一次开始看似不起眼的习惯的改进，都让我们要面对一次“思想深处和骨子里的变革”。

一、小通知，大影响

每所学校每年都要发放许多通知，这已经成为一种惯例。别看通知很小，但却是联系家长与学校的重要桥梁，是反映学校组织运行和学校日常文化建设的重要窗口。如果这个窗口做不好，很可能会引发家长对学校的不满和误解，产生负面影响。而我们恰恰在这件不起眼的小事上，由杨朝晖教授引领，做起了大文章。

一天，杨朝晖教授走进我的办公室，脸上露出了一种神秘的笑容。我有点丈二和尚摸不着头脑。集学生家长和UDS项目组专家双重身份于一身的杨朝晖教授，对学校的日常工作非常熟悉，经常会帮我们发现工作中的问题并提出合理化建议。莫不是她又发现了我们工作中的问题？我试探着追问。只见杨朝晖教授笑眯眯地从包里拿出了几张2011—2013年三年来学校发给家长的部分通知。哦，原来杨朝晖教授是有备而来啊。我一脸疑惑地接过通知，心中暗自嘀咕：这不就是日常工作常发的小通知吗？能有什么问题呢？

但是，当我一张张翻看、比较，再加上杨朝晖教授的指点后，确实发现了不少问题。第一，格式不够规范。例如，有的通知把集合及返校时间写在文中，有的则写在通知日期之后；有的用大写“一、二、三”分清层次，有的则直接标注小写数字“1、2、3”。第二，通知称谓不标准。例如，有的通知开始是“家长同志：您好！”(单独成行)，有的则是“家长同志您好：”(与正文在同一行)。第三，字体、字号不统一。例如，有的通知用的是宋体四号，有的则是楷体小四号。第四，标点符号不准确。例如，有的数字序号后边应该用“.”，却用了“、”；每一条安排后边应统一用“。”，有些却用了“；”。第五，提示的语言不温馨。例如，后边的注意事项有的用了“注”，有的则采用“温馨提示”的形式等。

我不禁暗暗慨叹：小小几行通知怎么会有那么多问题呢！杨朝晖教授语重心长地对我说，别看通知很小，却是进入家长和学生日常生活的大因素。可真不容小觑啊！听了教授的话，我的心里真是有些不是滋味。我决定对这个不起眼的“小通知”着手进行改进。

首先，我把每学期下发的通知分成三类：常规性通知、活动类通知、临时性通知。

常规性通知：法定节假日通知(含调休及补课时间安排)，作息时间通知(含开学初作息及兴趣小组时间安排)，家长会通知(含学校安排及班级安排)，期末安排通知(含考试时间及考试前后各年段不同时间安排)，寒、暑假放假通知(含具体假期要求及返校、开学安排等)。

活动类通知：春、秋游活动通知，社会大课堂实践活动通知，劳技中心活动通知，学校开展的大型活动通知等。

临时性通知：临时调整时间的通知，如教师培训活动、学生早放学等；处理突发事件的通知，如卫生及安全方面的通知等；接上级临时性要求的通知等。

其次，我对各类通知进行了改进和规范，研制了模板，规范了字体、字号(根据文字多少可做适当调整)，对层级数字及标点符号的使用也做出了相应的规范，统一通知格式。

最后，我还改进了内容呈现形式。例如，期末安排通知及舞剧观演通知，其中各年级的具体要求不尽相同，我决定采用“表格式”代替“分条列项式”，并在话语方式上进行了改变，改“注意事项”为“温馨提示”，对重点内容进行了强调，改变重点内容的字号，加粗字体，并初步形成模板，以备日后调整修改，提高了工作效率。

——李春洁，《不能小觑小通知》

通过李春洁主任对通知的改进，我们各部门的干部也进一步认识到，通知是学校最常用的下行文，它具有多种要求与特性。各部门发出的通知都应该有自己的规范性要求，每一份通知都应力求做到以下四点。第一，注重规范性。条理更加清晰，便于理解和执行。第二，注重宣传性。对于万泉小学这样一所有一定影响力的大校，每一份文字材料都代表着学校的形象，蕴含着学校的文化，因此要重视“小通知”这个窗口，为学校做好包含正能量的宣传。第三，注重严谨性。工作中无小事，事事应体现良好的工作习惯和素养，即便是称谓、标点符号等小细节，也要体现出学校(教师)严谨的工作态度和作风。正所谓“细节决定成败”，只有坚持严谨、细致的工作，注重日常工作中的改进，才能得到师生及家长更深的信任。第四，注重情感性。通知内容虽然很精练，但温馨的语句能转换校方与家长之间的站位，拉近家校间、师生间的距离。小小的通知，承载着规范的告知与真诚的情感沟通等多元作用。

正可谓“小小通知功能多，不断改进意义大”！

二、小创意，大行动

每学期，学校、年级、班级各个层面都会组织一些教育教学常规活动。反思这些活动，我们发现，有的常规活动几乎是年年一样，岁岁相同。今年这样做，明年还是这样做，一年又一年，不仅学生感到乏味，就连教师也没了热情。这不，又快到元旦了，作为德育负责人的李春洁主任又犯难了。

每逢元旦，我们都要搞学生的才艺展示活动，学生们穿上节日的盛装，表演着自己拿手的绝活，欢天喜地地迎接着新的一年。这已经是连续多年的传统活动了，因此在开学初我就把此项活动作为“传统”项目保留下来。进入12月以后，由于UDS项目“改进在日常”的理念对我们的冲击，元旦的工作让我陷入思考。“如何迎接元旦？如何向班级布置?”等问题进入我的工作视野。难道今年还是“才艺展示”？

在一次行政会上，景校长提醒道：“春洁呀，德育工作要常做常新，也要‘改进在日常’。今年元旦活动我们能否换一个思路？既要体现出节日的喜庆，又要突出我们学校的环保特色。”看到景校长好似想好的样子，我马上想到前段时间我们一起参加三年级一个班做环保创意灯笼的场景，我试探着问：“校长，您看我们元旦是否在全校范围内，开展做环保创意灯笼的活动?”景校长笑了。就这样，在元旦举办“创意灯笼展示活动”定了下来。

说好说，但做起来不是一件容易的事情，需要提前布置，提前运作。2012年12月12日，我通过午间广播发布了第一次动员：“亲爱的同学们，元旦马上就要到了，今年我们要过一个与众不同的元旦——用同学们自己的双手制作出环保创意灯笼来装点我们节日的校园。希望大家积极行动起来，开动脑筋，体现创意。灯笼的形状、颜色、材质不限，提倡使用环保、可回收用品亲手制作，不上交购买的成品灯笼。我们比创意、比环保、比节约，要充分发挥自己的聪明才智，尽量不给家长添麻烦。做好的灯笼交到学校后，学校会悬挂在校园内进行展示。比一比，看哪个班做的灯笼最精彩！”

一周过后的早晨，在校门口迎接学生进校时，我发现不少学生手里提着各种各样的灯笼兴高采烈地走进校门，心里暗自高兴，学生们动起来了！可是，我等了两天，学生们没有几个主动交到我这里来。难道是宣传的力度不够？还是评选机制不强？于是，12月22日的午间广播，我又一次向全校发出了动员："请大家快快行动起来，利用最后一次兴趣小组活动的时间制作环保创意灯笼，学校会进行评选哦！"这下可好啦，广播结束后，就有20余名学生交来了20多个灯笼。这其中真有奇特的创意，尤其是用6个空蛋壳粘在一起的蛋壳灯笼，非常精美，有创意，让人惊叹不已！可之后的几天，学生们似乎又开始沉默了！这怎么行？2000余名学生只交了20多个灯笼，这种比例怎么说得过去？看来还得强调奖励机制啊！

12月26日一早，广播第三次响起："同学们，正在紧张备战全区统测的六(3)班武尚琦同学，用饼干桶为原型，外边粘上假花等装饰物，做成了颇具特色的环保创意灯笼；一年级……希望同学们向他们学习。你交来精彩作品，学校给你展示的机会，并评选发奖哦！"嘿，效果立现！广播刚结束，又有30余名学生或提，或托，或举，或抬，或捧着各式各样心爱的灯笼蜂拥而至。这时，我又发现一个问题：平时在校门口看到非常精美的灯笼，交到我这里不多，而挂在班级教室、楼道的却很多。怎么办？我是让他们都摘下来送到德育处统一评比？还是取消这些不愿送到德育处学生的参评资格？正在我犹豫的时候，景校长来了，她说："春洁呀，我们'改进在日常'就要与时俱进。各班都想布置得漂亮，彰显班级特色，我们何不把评比现场移到各班，看看哪个班布置得好，评出最好环保创意灯笼的同时，再评出最好的班？"一句话点醒了我。是呀，"改进在日常"就是要改变不符合实际的思维、思路和方式，要贴近实际，要以服务学生为根本，让学生满意，让教师满意。

于是，我们将各班上交并评选出的优秀作品悬挂在每个班的门口和楼道内，这既是对学生的褒奖，又是对班主任工作的点赞。学生们做的环保创意灯笼真可谓是精彩无限、创意无限，一下子把校园装点得分外喜庆，吸引了大家驻足观看、啧啧称赞。

——李春洁，《创意灯笼，迟迟交》

好玩儿是孩子的天性，怎样让孩子会玩儿，玩儿得有情趣、有品位、有创造性，是我们教育者要考虑的问题。孩子喜欢动手做，我们就给他们创造动手做的机会；孩子喜欢展示，我们就把他们的作品贴上名字，在明显的地方悬挂；孩子喜欢成功，我们就给他们评比、发奖。每一次活动我们都站在孩子的立场上推动他们一步一步向前走，在活动中帮助他们体验成长、获得收获。在众多的环保创意灯笼中，有的是姐妹合作，有的是两位或两位以上学生合作，这不仅锻炼了他们的动手能力，提高了审美情趣，更体现了他们的合作意识和团队精神。具有合作意识和团队精神的人才，正是当今社会需要的人才，也是我们的培养方向。精彩的活动让我们感受到了万泉小学推进素质教育的丰硕成果，也让我们看到了干部在景校长的直接带动和帮助下的进步和成长。改变虽小，进步大。这正是“创意灯笼展示活动”带给我们的收获。

三、小桌椅，大学问

课桌椅是学生学习生活中必不可少的设备。过去，学校都使用普通课桌椅，全校从一年级到六年级的课桌椅都是一个模样。那时的课桌椅都是教委装备部配发的，学校不够用了就向上级申请，坏了就换，只要保证每位学生人手一套且能正常使用就可以，至于学生坐着合适不合适，这些问题都推给了班主任，让他们在班内相互调换。后来，学校有了购买课桌椅的自主权，我们更换了一些升降桌椅，受到学生们的喜爱。今年又该更换课桌椅了，负责后勤的边勇主任对此有了新思考、新行动……

我记得曾经发生过这样的一件事，对我的触动很大。一天，三(2)班的张老师跟我要一套课桌椅，说是他们班新转来一名学生。我让后勤工人给张老师送去一套中号的新课桌椅。不一会儿张老师给我打来电话，说孩子矮桌子高不合适，需要换一套。我说，没问题马上换，就又让后勤工人搬了一套小号课桌椅过去，把那套中号的课桌椅再搬回来放好。谁知不一会儿，张老师的电话又到了，说还是不合适。这就奇怪了，不成，我得看看到底怎么回事。

我一进三(2)班的教室，张老师什么也没说，用手指了一下第一桌的一个小男孩儿，我顺着一看，太不可思议了，这是三年级的学生吗？怎么看都是一年级的学生啊！没开玩笑吧？我自言自语地说着。怎么会呢？张老师说，您看看他的学籍证明。我看完该学生的学籍证明，确实如此。唉！我也没有别的办法了，这是全校最小的课桌椅，只能将就坐吧。

这件事引起我的反思，看似是一个班的小事，但我校有好几十个班，这些班也存在同样的现象吗？于是我对此进行了调研，发现这种普通课桌椅只适合符合一定身高的学生坐，厂家生产的大、中、小三种型号的课桌椅不能满足学生不同的身高要求。每个班的学生坐着合适的不足一半，多一半凑合着坐。

此后，我开始关注学生课桌椅的问题。在20世纪90年代末期，市场上出现了一种升降式课桌椅，它的特点是比上一代重了不少，比较结实，高度可以升降，可以说较上一代有了革命性的变革。正因为可以升降，那么这种课桌椅总是能适合学生使用的。我们就可以根据学生的身高、坐高随时来调整课桌椅的高度以满足学生需求，再也不会出现所谓特殊"尺寸"学生的情况了。很久以前的那块心病终于得到彻底医治，真是太好了。可是，我们没有大量的资金，不能为全校2000多名学生更换，只能逐步更换。

谁知，过了一段时间以后，旧的问题解决了，新的问题又出现了。升降式课桌椅解决了学生个体差异问题，但没有解决工人调整课桌椅的劳动问题。这种升降式课桌椅是由八颗螺丝固定的，无论升高或者降低课桌椅，都要拆掉这八颗螺丝，调整好高度后再把这八颗螺丝装上进行固定，调整一套课桌椅一个人至少需要好几分钟。全校有2000多套课桌椅，这么大面积地操作谁来做啊？教师人数少，学生年纪小，动手能力弱，所以这个工作自然而然落在后勤工作人员身上。可是后勤工作人员也是一个萝卜一个坑，他们也有各自的工作岗位。再说调整课桌椅得赶上学生在场，还必须占用自习课的时间，临时凑几个工人干，八个人一节课只能调半个班，对万泉小学来说速度太慢了。大面积调整课桌椅在假期进行，全部后勤工作人员冒着酷暑，把全校课桌椅从各个楼层的教室搬到校园开阔地，淘汰一部分普通课桌椅以及少数损坏严重的，然后根据不同年级的需求，选择几个不同高度标准进行集中调整，大约需要一周的时间，最后扛着课桌椅一层一层地往教室里送。虽然很是辛苦，但只调整了看上去太高或者太低的课桌椅，大面上看还过得去，实际上并没有做到量体裁衣。

为解决这一问题，我进行了市场调研，终于发现了机械升降式课桌椅。这种机械升降式课桌椅不仅结实，而且美观大方，维修率极低。它通过一个简单轮轴(俗称摇把)来实现课桌椅的升降，省时、省力，操作简单、方便，学校三年级以上的学生基本都能操作。这从根本上解决了我校学生课桌椅存在的问题，真正做到量体裁衣。万泉小学是海淀区中小学里面第一个购进这种机械升降式课桌椅的学校，作为后勤管理人员，我感到非常荣幸——这是我们不断调研、发现、改进的成果，我为之自豪。

——边勇，《新型课桌椅的故事》

学生课桌椅看似是小事，但是它折射出学校管理者思想中的大事，只有真正站在学生发展的角度，站在“以人为本”的办学思想高度，才能发现问题，才能不断地去思考、实践，去解决问题。

伴随着学生课桌椅从最初买完就到位，到后来调换就到位，直至最后根本解决问题，我们看到了万泉小学干部不断调整思维方式和不断“改进在日常”的工作状态。管理就是服务。课桌椅的故事体现的正是这一思想。

四、小语录，大作用

谭栋之副校长在万泉小学工作 20 多年，2010 年退休，那可是在群众中有口皆碑的人物，大家亲切地称他为“谭爷爷”。退休后，学校舍不得他离开，就把管理食堂的重任交给了他。他欣然地接受了任务，甘心为大家服务。学校食堂共有 21 名员工，除了谭爷爷和会计属于学校教职工外，其他的 19 名是临时员工。别看只有 19 名临时员工，人员构成却很复杂。从男女比例看，女员工 15 名，男员工 4 名；从籍贯看，本市 12 名，外埠 7 名；从学历看，绝大部分为初中文化程度；从工作时间看，工作 5 年以上的有 12 人，工作 10 年以上的有 5 人，有 1 人甚至已经工作 18 年了；从脾气秉性看，敏感自我的有 3 人，为人忠厚的有 5 人。正因为人员构成复杂，管理起来异常艰难。可谭爷爷管起他们来，自有一套自己的招数。

2010 年，我从副校长的位子退下来，就来到食堂。对于食堂我再熟悉不过了，那曾是我管理的部门。对于食堂的员工，我也非常熟悉，那都是我曾经和现在的部下。从总的方面来看，小小的食堂有 21 人，每天要承担 2500 多名学生及教职工的供餐任务，其中早餐、晚餐约 410 人，平均每名员工每天承担 100 多人的供餐。任务很重，但大家完成得也很出色，食堂连续多年被海淀区学校后勤管理中心评为先进单位，这是我们的骄傲。

有人的地方，就有矛盾。小小食堂的 21 人中，有的人敏感自我，搞小圈子、小团体；有的人领导在时工作表现出无所不能，领导不在时工作磨磨蹭蹭；有的人爱占便宜，不想吃亏；还有个别人上班时提前一分钟也不上岗，下班时到点就走，多一分钟也不干；等等。

再有，食堂浪费现象比较严重，每天剩余饭菜最多时要倒掉 400 多千克，少时也要倒掉 100 多千克，每年粗算起来浪费的粮食就有 8 万千克之多。这么大的浪费数字确实惊人，谁听了都心痛。浪费的原因有多种。一是由于食堂是订餐制，各班就餐人数不好控制，就餐人员每天变化很大，有的不就餐也没有提前向食堂打招呼，导致食堂按人数做餐，而就餐人数少，饭菜剩余没人吃，造成浪费。二是有时食堂下料数量控制不准，下料太多造成浪费。三是有的学生爱吃的就多吃，不爱吃的就不吃，造成荤菜抢着吃，素菜剩很多。四是有的教职工盛饭时，盛了很多，但吃得很少，一个馒头吃了一口就扔掉了，一盘米饭没吃几口就倒掉了，一个鸡腿只吃了一口就扔掉了。

这些实实在在的问题如何去解决呢？解决一个问题，随即又出现了另一个问题。我认真地分析后，认为这些问题存在的根本原因就是责任心问题，是主人翁意识问题。对学校的认同感、归属感是一切问题的核心。

这些问题要彻底解决，唯一的一点就是要提高全体员工的思想认识，弘扬正能量，树立正面典型，让员工心有所属、情有所依、行有所规。提高全体员工的素质，不仅要靠教育，而且需要领头人，公平公正对待每一名员工，身先士卒，以表率的力量感染大家。首先，我通过言行举止来给大家做出表率，在思想、行动上对他们正确引导，正面导向。但是，教育不能一蹴而就，教育要有方法，要因人而异，要讲究教育的艺术，这几个方面相结合，才能达到预期的效果。

除了严于律己之外，还有没有其他措施？突然有一天我想到，既然有一块小黑板，为什么不利用起来呢？食堂的小黑板就是宣传和教育很好的阵地呀！想好后，我立刻行动起来。我每天在小黑板上写下育德的短句、谚语、古诗文、名人语录、格言、箴言或警示录等，每一句话都能生动地表达做人的道理、思想理念、道德水准和原则。自此以后，每天来上班的食堂员工，每天到食堂吃饭的教职工都自觉不自觉地读一读，看一看。有的食堂员工感慨地说："谭校长，这些话太深刻了，讲到我们心坎里去了。"有的教师半开玩笑地对我说："谭爷爷，您又在教育我们呀。确实有收获！"

在写这些语录的时候，我是非常用心的。节约粮食，我写“爱惜粮食先从餐桌做起”；增强团结，我写“能受苦乃为志士，肯吃亏不是痴人”；树立幸福观，我写“一个人的快乐不是因为他拥有的多，而是因为他计较的少”，减少矛盾防止冲突，我写“自我控制是最难得的美德，人只有先控制了自己才能控制别人”；等等。

还有，鼓励员工勤奋上进，我写“盛年不再来，一日难再晨。及时当勉励，岁月不待人”“择其善者而从之，其不善者而改之”“天才是百分之一的灵感加上百分之九十九的勤奋”。号召员工正确树立人生观和价值观，我写“退一步天高地阔，让三分心平气和”“处事不必求功，无过便是功，为人不必感德，无怨便是德”等。

解决思想认识问题的同时，还要解决行为跟进问题。为了使师生吃得好，吃出营养，吃出健康，我们研发了健康食谱。饭菜品种周周不重样，每月都有新品种推出。按照营养合理搭配、荤素合理搭配、精确做好成本核算的原则，员工精心编制每周菜谱。为了编制好菜谱，食堂每名员工要在寒、暑假和“五一”“十一”节假期间交几份菜谱，然后根据南、北方菜系以及特制和家常菜系进行归类、搭配，最后编制出使大多数人能接受的新颖的菜谱。为了使师生吃得好，食堂员工每周两次到市场考察，了解蔬菜上市品种，了解材料新品系，尽量使用应季菜，一般不考虑淡季菜。

为减少浪费，食堂员工努力提高烹饪水平，反思总结，进行创新改革，努力从自身找原因。造成食物浪费的原因很多，单从食堂的角度来说，饭菜做得好吃一点，就能减少浪费，饭菜的量如果控制得好一点，也能减少浪费。食堂以这两个方面为突破口，开展了提高员工烹饪水平的活动，想尽一切办法挖潜创新。现在每道菜食堂员工都集体研究，集思广益。菜的加工形状也要随时变换。例如，肉末西葫芦这道菜，原来是西葫芦切片炒肉末，不仅颜色不好看，老是西葫芦片既传统又平常，时间一长大家就厌烦了。经过研究，我们改用肉丁酱爆西葫芦丁。还是这道菜，从形状上和口味上都有所改变，师生有新鲜感，这样就爱吃，明显浪费就少了。

量控制得合适也是减少浪费的一个重要原因。各班的饭菜控制多少量，是一个难题。食堂员工为了做好这一工作，不辞辛苦每天到52个班级调查，了解剩饭剩菜量，第二天及时调整，每天的回桶都要跟踪记录，以便作为第二天出菜量的依据。自从采取了这个措施，剩饭剩菜量明显减少，从原来的每天剩 6 桶饭菜减少到 2 桶。浪费的现象明显减少，光盘行动在食堂得到进一步体现。

另外，每逢圣诞节、元旦和春节，我都要组织食堂员工利用休息时间义务布置食堂的环境。摆放圣诞树、布置拉花和彩条以及张贴福字和贴画等，使教职工感到来到了食堂就像到了家一样，使他们爱食堂，到了食堂心情放松愉悦。在短短的十几分钟的就餐时间里，能缓解工作的压力，解除疲劳，消除烦恼。

——谭栋之，《谭爷爷语录》

自 2012 年开始至今，“谭爷爷语录”一直改变着食堂文化。在食堂内部不文明的现象明显减少了，相互间带刺的话听不到了，说话能让别人接受了，相互之间包容、理解、谦让甚至相互体贴的现象多了起来，良好、和谐的氛围逐渐形成。

食堂的服务水平提升了。来到食堂，我们会看到每张餐桌上面都摆放了味精、盐、辣椒油、酱油和醋等调味品，大家可根据自己的口味自行调节。为方便使用，每张餐桌还摆放了牙签和餐巾纸等必需用品。

食堂饮食水平也在提升。冬天来临，食堂每天制作热气腾腾的豆浆，供大家饮用；夏天准备酸梅汤、橙汁等冷饮，天热时还能让大家喝上绿豆汤解渴消暑。为了给穆斯林学生提供就餐场所，食堂专门为他们开设了专柜、专灶、专餐具、专餐和专门的就餐房间，保证了他们的饮食习惯和习俗。有的学生肠胃不适，食堂专人专灶给学生特做专用餐。

“师生满意就是食堂的追求”这句食堂全体员工的座右铭绝不是一句空话，他们在用责任心和主人翁意识强化服务意识，在服务细节上下功夫，不断提升服务水平，逐渐达到一流的管理水平。“谭爷爷语录”成为食堂工作的一张绚丽的名片。

五、小表格，大功效

随着教育改革逐步深入，学校的上级各部门对数据的统计日趋频繁，正常的报表自不必说，临时的统计可谓五花八门。今天要少数民族学生的数据，明天要享受低保的家庭数；今天要片儿外学生数，明天要 2.5 千米范围内的学生数；等等。有的部门间下发的表格大同小异，有的只要一项单独数据；有些数据在学籍信息里可以找到，但查找起来很烦琐，有些信息需要由班主任重新统计。真可谓任务繁重，让人应接不暇。面对这样的困难，担任学籍管理工作的王志林主任，开始了自己的微改进。

我担任学校数据统计员有五六年了，这几年对数据统计可谓疲于应付。自身叫苦不谈，这些问题给教师们也带去了不少的麻烦。怎样才能变这种被动、忙乱的工作为主动、有序的工作呢？通过参加 UDS 项目系列工作坊"改变从计划开始""改进在日常"等专题的培训，我认识到，不能怨天尤人，不能等待，只有改变才有出路。

于是，我分析了 CMIS 系统中的统计项目，又结合几个部门下发的表格，重新设计了统计表。例如，每年开学都会有不同部门要统计农村户籍学生数和享受城乡低保待遇家庭的学生数，但有的部门只要数量，有的部门要名字及数量，有的部门还要性别。教师们反映，过去三天两头地给教导处报数字，很烦。于是我设计了一张简单的表格，一个年级一张，让教师们花几分钟时间认真准确地填好，等到下一个学期开始的时候，再把这张表发下去，教师们只要确认一下就好了，以后不论哪个部门再统计这两项或有关内容，就没必要再麻烦教师了。

有了上述启示，我就有了做好这项工作的信心。我翻开抽屉，把一些部门要求统计的表格都拿出来，在计算机上做了一个整合，于是有了这张表（表 2-1）。

表 2-1 各班学生情况统计(表头)

班级	教师	学生数	服务区外	男生	男生借读	男生农村户籍		男生少数民族	女生	女生借读	女生农村户籍		女生少数民族	寄宿		外埠		本市低保	
						本市	外埠				本市	外埠		男	女	男	女	男	女

有了这张表，基本满足了那些跟户籍、性别、民族等有关的调查。但是上级要求统计的数据，很多不是常规的、定时的，往往是根据社会重大事件、上级各部门的新规定等随时要求统计，于是，我再次整合形成了一张新表（表 2-2）。

表 2-2 学生情况调查表

(　　)年级(　　)班　教师：　　　　填表日期：　年　月　日

<table>
<tr><td colspan="2">学生总数
(　)人</td><td>本市
户口数</td><td>非本市
户口数</td><td colspan="2">少数民族
(　)人</td><td colspan="3">重读学生数</td><td colspan="2">寄宿学生数</td></tr>
<tr><td>男生
(　)人</td><td>女生
(　)人</td><td>(　)人
其中女生
(　)人</td><td></td><td>本市
户口
(　)人</td><td>非本市户
口(　)人
其中女生
(　)人</td><td colspan="2">本市
(　)人
其中女生
(　)人</td><td>外阜
(　)人
其中女生
(　)人</td><td>本市
(　)人
其中女生
(　)人</td><td>外阜
(　)人
其中女生
(　)人</td></tr>
<tr><td colspan="2">本学期转入
(　)人</td><td colspan="2">本学期转出
(　)人</td><td>本学期
休学
人数</td><td>本学期
退学
人数</td><td>农民工
随迁
子女数</td><td>外省
迁入
人数</td><td>本市其
他区迁
入人数</td><td>本市农
村户籍
学生数</td><td>八类
人数</td></tr>
<tr><td>本市
(　)人</td><td>外埠
(　)人</td><td>本市
(　)人</td><td>外埠
(　)人</td><td>(　)人</td><td>(　)人</td><td>(　)人</td><td>(　)人</td><td>(　)人</td><td>(　)人</td><td>(　)人</td></tr>
</table>

各班学生情况调查　　20　年　月　日

序号	班级	班主任	学生总数	服务区外总数	本市服务区外	男生												女生											
						男生总数	居民		农民		少数民族		寄宿生		本市低保	港澳台	外籍	女生总数	居民		农民		少数民族		寄宿生		本市低保	港澳台	外籍
							本市	外埠	本市	外埠	本市	外埠	本市	外埠					本市	外埠	本市	外埠	本市	外埠	本市	外埠			
1	一1																												
2	一2																												
3	一3																												
4	一4																												
5	一5																												
6	一6																												
7	一7																												
8	一8																												

本校少数民族		本校外埠农民男生		本校总	0
分校少数民族		分校外埠农民男生		分校总	0
全校少数民族		全校外埠农民男生		全校总	0

本校男生	0	本校本市男生		本校外埠男生		本校本市居民男生	0	本校外埠居民男生	0
分校男生	0	分校本市男生		分校外埠男生		分校本市居民男生	0	分校外埠居民男生	0
全校男生	0	全校本市男生		全校外埠男生		全校本市居民男生	0	全校外埠居民男生	

本校女生	0	本校本市女生		本校外埠女生		本校本市居民女生		本校外埠居民女生
分校女生	0	分校本市女生		分校外埠女生		分校本市居民女生		分校外埠居民女生
全校女生	0	全校本市女生		全校外埠女生		全校本市居民女生		全校外埠居民女生

图 2-3 各班学生情况调查统计表(截图)

学生情况调查表(表 2-2)在前一张的基础上，对于学生的流动情况有了详细的记录。这张表格的出现让我尝到了甜头：首先，不论谁来要数据，我不用再向南北两个校区、80 来个教学班逐一地统计了；其次，这样做真的给教师减轻了负担，只需要他们每学期开学初花上几分钟时间在原表上做个确认、补充或变更，而不用像过去那样随时准备为相关人员去班里调查了。我在教师们的赞许中充分享受到了成功的快乐，同时更激发了我不断改进的工作热情。自此以后，我手中的表格，根据接到的不同部门、不同内容的调查进行了不断的改进、细化，最终形成了下边这张可以自动求和的统计表（图 2-3）。

我根据每学期开学初教师们的确认与更新，对这张表进行调整，数字的变化会自动生成在下方的分类统计单元格中，这样基本可以满足教育部义务教育统计等的一般要求了，同时也可以随时满足上级、学校各口对数据的问询了。

——王志林，《一张统计表盘活了学籍统计工作》

几张简单的表格，一点点的改变，却让我们感受到了小改变为我们带来的大功效。它给我们带来以下启示。第一、不循规蹈矩，要改变自身的工作状态。按上级要求向教师们调查一些数据的工作无可厚非，是工作的需要，属于“常规性工作”。然而，如何不墨守成规，创造性地完成任务是推进改革的需要。我们的改革就是要改进一些烦琐的、不切实际的管理环节，改变自身的工作状态，更好地服务于家长、学生和各部门。第二，工作要做有心人。要时时刻刻反思自己的行为，检查工作的漏洞，体谅对方的辛苦，提升为他人服务的责任和意识。第三，提前谋划，提前设计。发现问题，要寻找解决问题的办法，不拖、不等、不推、不靠，提前谋划，提前设计，改进在日常，改变工作方式和方法。

我们相信，只要做个有心人，不断思考，开拓思路，潜心研究，再繁杂的工作在有心人手中也会变得更具科学性、时效性，更好地为学校的发展服务。

第三节 时时带来惊喜，处处创造感动

日常是什么？日常就是每天都要做，而且是做完后第二天还要再做。我们每天都面对很多相同的工作，难免会觉得单调和枯燥。而这些很难与“创新”联系起来。但是，试想一下，如果我们把日常工作都做得很精彩，简单工作都做得很有情趣，如果我们让每天的工作都有一些新意，这难道不是创

新吗？其实，当我们换一种眼光来看生活，换一种思路来工作的时候，我们就不难发现，其实创新无处不在，精彩无处不在。长期以来，万泉小学一直遵循“创新发展”的办学理念，力求在各种教育教学活动中，在各项工作的建设中，都能创造“时时带来惊喜，处处带来感动”的育人效果和文化氛围。为此，景校长要求干部们每一次活动都要有效计划，精心策划，每一次活动都要成为一次精神的盛宴。UDS 项目也提出“生活因策划而精彩”的理念。正是在这样的发展和文化背景下，干部们非常注重“金点子”的碰撞和积累。因为“金点子”可以生成一种安排、一种策略、一项创新设计，它蕴含着教育管理者与教育科学工作者智慧的对接，是校长及干部团队教育思想和理念的凝聚与升华。如今策划已经成为我们万泉小学干部的一种习惯、一种能力、一种品质，更成为我们干部的一种工作境界。

一、架桥《心泉》不一般

随着市场竞争的加剧和教育系统聘用制的推行，学校作为一种群体组织与教师的个体日趋相对独立逐渐形成一种矛盾，学校与教师之间的契合度问题逐渐引起管理者的重视。有关的研究表明，学校与教师之间的契合度直接影响着学校的发展。如果学校能够为教师提供舒适的工作环境、合理的薪水和适当的工作量，一旦这些好的措施得到教师的认可，就会极大地促进教师的工作积极性，使教师更加坚信自己作为学校内部人士的身份，增强主人翁的感觉，最终达到学校和教师双赢的局面；如果学校不能够为教师提供和谐的人际氛围，不能够关心和信任教师，学校与教师间产生强烈的消极情感反应和后续行为，教师感到自己受到不公正对待，这将降低教师的工作积极性，产生极强的负面影响。因此，在现代学校建设过程中，要坚持“以人为本”的学校发展理念和明确、信任、双赢、平衡的原则，学校和教师双方必须彼此明确双方的期望。而工会、共青团作为群众性组织，可以发挥很好的桥梁和纽带作用，使学校与教师之间的契合度保持良好的状态，最大限度地减少负面影响的存在。因此，万泉小学的工会干部们一直在思考：如何把学校工作理念以及方针政策贯彻到教职工中间，引导教职工在心理上顺应改革发展的大趋势，同时又能较好地完成学校工作任务？在 UDS 项目的引导下，万泉小学的工会干部们更加注重活动中的小策划，通过小策划力求落实万泉小学办学理念的大内涵。他们努力把每一次活动变成心与心交流的平台，他们努力用心服务，凝聚教师，为教职工排忧解难，很好地发挥了桥梁和纽带作用。正是在这样的背景下，工会的《心泉》特刊新鲜出炉了。

《心泉》作为教学研究刊物，从2009年开始一直伴随着万泉小学的教师们，记录着我们的教学案例、反思感受、学习心得、研究足迹。近几年来，我们除了延续《心泉》作为一本教学研究刊物外，还连续策划并出版了《心泉》工会特刊。这里记录了我们教师的衣、食、住、行全攻略，吃、喝、玩、乐大搜捕；记录了深深的父女情、母女情，浓浓的敬老情。教师的情感和积极的幸福生活尽收其中——我们幸福地教书，幸福地学习，还幸福地生活。每当教师们拿到它，都争相传看，爱不释手。那么，我们为什么会有《心泉》工会特刊呢？

策划出版《心泉》工会特刊，我们主要有两个意图。一是为了体现学校"幸福"文化的精神引领。万泉小学以"营造绿色教育生态，传递教育幸福"为办学理念，追求人的幸福发展，追求人的自然和谐发展，追求人的可持续发展。"幸福"成为万泉小学学校日常文化的精神核心。只有教师自己有职业幸福感、生活幸福感，才能真正成为幸福的传递者。我们的《心泉》工会特刊正是敲响幸福之门的一颗小石子。它很小很小，但却能发出悦耳的"叮咚"声。二是课题研究引领"策划"落实。在UDS项目中，组长杨朝晖教授为我们做了关于"阳光教师"的讲座，特别震撼我们。教师面对的社会压力及困扰，一直伴随着我们。社会的大环境，我们是改变不了的，但是我们可以改变自己的心态。《心泉》工会特刊就是帮助教师们发现幸福、感受幸福、分享幸福的一个小窗口、小阵地。

《心泉》工会特刊的实施分为了六步。第一步，初步构想。要发挥教师的主观能动性，不仅要在工作上压担子，更要在生活上关心教师，切实帮助教师解决实际困难，把工会办成真正的教工之家。学校非常支持我们工会的各种活动。很多活动搞了，我们也想"留痕"，因为这里有我们的欢声笑语，有我们的浓浓真情，有我们的柴米油盐。我们想出一本工会的小小宣传册。大家认为，提高教师的职业幸福感，不能只靠"提高待遇，物质鼓励"，精神上的鼓励才能真正让教师们得到认同与尊重。把《心泉》工会特刊出好，不仅可以对工会的活动进行宣传，还可以把万泉小学教师的幸福生活体现出来，引导教师们多谈论健康有益的内容。

第二步，民意调查。有了初步的想法，我们集合了学校十几位教师，把我们的初步构想和大家沟通。教师们说："绩效工资，我们学校的钱不多，但是我们万泉教师的幸福感，其他学校的教师都比不了!"教师的话坚定了我们出版《心泉》工会特刊的决心。我们要把万泉教师的幸福"晒"出来！教师们还对《心泉》工会特刊提出了许多好的建议。

第三步，征稿启事。根据教师们的建议，我们拟定了征稿启事，发到每一位教师手中。

第四步，收稿分类。寒假过后，我们共收到南北校区教师投稿160份。通过分类，我们发现教师们最为关注的是身体健康与心理健康方面的内容。根据教师们的关注内容，我们适时调整了工会活动。在身体健康方面，我们开展了"舞动万泉"的民族舞、交谊舞秀场活动；在心理健康方面，我们请北京交通大学心理中心的教师给万泉小学全体教师进行了体验式心理辅导，还请了北京妇产医院的医生，从医学的角度，对大家进行了关于心理疏导的讲座。

第五步，选稿排版。从策划到正式出版，《心泉》工会特刊里面蕴含着许多小故事。这些小故事也都包含着我们精心的策划。我们本着原创优先、有鲜活图片优先的原则，每类按比例筛选作品。例如，"万泉菜谱"这个栏目，我们也是有策划的，是按照5个菜、2种主食、2种粥、1个汤、1个甜品、1种水果进行搭配的。

第六步，设计风格。《心泉》工会特刊是一本健康、时尚的小册子，所以我们本着这样的定位进行设计。封面选用的一栋大房子，意味着工会是万泉人永远的家；开往春天的地铁，意味着万泉人一同驶向幸福的目的地。封底是我们的"心泉斋"，封底上的四句话是《心泉》这本刊物命名的由来——泉水爱心。"泉"——水之源，"水"——生命之源，"爱"——教育之源，"心"——万泉发展之源。

——管立，2011年8月17日UDS项目组会议上的发言

《心泉》工会特刊的策划让我们看到了一本不平凡的小册子。它带着温馨的饭菜香，带着欢声笑语，带着轻声的问候。许多教师拿到《心泉》工会特刊都爱不释手。有的教师说："有品位，像外面的杂志一样，设计看起来很舒服!"有的教师说："我假期也去这个地方玩了，要是我们都推荐给大家，那

多好呀。下次一定和大家分享！”退休教师回到学校，看到《心泉》工会特刊里有他们的照片，分外高兴。UDS项目的杨朝晖教授，第一次拿到这本小册子时，激动地又多拿了几本，说要跟更多的学校分享万泉人的幸福。

就这样，《心泉》工会特刊，成为引领教师感受生活的“小幸福”，追求职业发展、人生价值“大幸福”的一片新阵地。

二、“海底捞”我们学得会

在街上一个门面不大的火锅店，虽未到“饭点儿”却见店内早已客满，服务员穿梭其间，一派繁荣景象。眼镜上被火锅熏出了雾气，服务员马上送来了眼镜布；头发长的女孩子，服务员悄悄递过来皮筋套，还是粉色的；手机放在桌上，吃火锅容易弄脏，服务员立刻送你专门包手机的塑料套；更有免费的柠檬水、各种小零食……这些热情周到甚至有些“过分”的服务，形成了该店独特的“服务文化”，这就是在全国拥有近百家连锁店，在餐饮业引起了震动，也为管理学界所瞩目的“海底捞”。这不得不引起我们的深思：海底捞在最难管理的餐饮企业中，却把管理进行得如此出神入化。那么，这是怎样一个餐饮企业？它有怎样一个睿智的老板呢？如果将海底捞的管理精髓借用于我们学校的教育管理工作中，那又将收到什么样的效果呢？

为了揭开海底捞神秘的面纱，我走进书店，买下了《海底捞你学不会》这本书，想探一探为什么“你学不会”！读着读着，我眼前仿佛出现了《孟子·离娄下》中的一段话，“君之视臣如手足，则臣视君如腹心；君之视臣如犬马，则臣视君如国人；君之视臣如土芥，则臣视君如寇仇”。这句话太经典了，尽管餐饮行业的员工素质普遍不算高，但海底捞的决策人在管理中，让员工在客人脸上看到的是希望。海底捞拥有6000多名员工，当这6000多个脑袋一起转动，是读过再多MBA（工商管理硕士）课程的管理者都无法比拟的。为了引领我的团队明白海底捞管理的秘籍，我带领行政组“一探”海底捞。

那天，我们又像往常一样工作到夜幕悄悄降临。

“今天晚上，景校长请客吃火锅！”

“真的？”

“真的！不过，回来要在行政会上讲见闻。”

“吃火锅？讲见闻？”

……

这一串串对话越过楼道、越过门板“刮进”了我的耳朵，我笑了……是的，这一切都是我设计的。因为海底捞告诉我：人不幸福，对别人就不可能友善，更谈不上创造。我们的干部工作十分辛苦，下对教师，要布置工作、检查。上对领导，事无巨细，凡事都要亲力亲为。再加上我这个要求比较“高大上”的校长，可想而知，干部们每天要顶着多大的压力啊！

就这样，我们一行人来到学校旁边的一个海底捞火锅店。因为我事先定了餐，所以大家很顺利地落座了。“今天我来买单，大家放心‘进行’啊！”我的一声令下，大家兴奋地开动起来。几个回合之后，我的耳边开始有了一些感慨：

“不错，这儿的肉不错！”

“这个火锅店生意真好。看！那么多等座的人。”

“他们的服务真好！在别的店这种服务我可没见过。”

……

听着干部们的议论，我觉得这顿饭吃得值了！因为作为管理者要学会近台看戏，其实也就是学会换位思考。在台上唱戏和在台下看戏是两回事，平时我们习惯了在台上唱戏，关注的往往是自己是否把戏词唱对了，可是我们唱的观众喜欢与否，却常常因为日常烦琐的工作而被忽略了。今天干部们是观众，他们关注的东西更多了。那么是不是关注了就可以了呢？还应该让各部门的干部针对海底捞的管理发起思考，而这一思考应是通过这一顿饭自然而然引发的。

一转眼，行政会的时间到了。这一次的行政会干部们史无前例地轻松，因为主题是两三分钟述说吃海底捞的感想，而且“可以天马行空，说什么都可以”。一时间会议室里人声鼎沸：有说味道的；有感慨服务的……这时年轻的干部管立主任一语中的：“我看过一本书《海底捞你学不会》。这本书里详细介绍了海底捞的管理。海底捞的经营理念不再仅仅是赚钱，而是把着眼点放在了在工作中培养合格员工，也就是他们所说的‘造人’过程。在这一过程中真正地关心员工，提升他们的幸福指数。”管立主任的一番话像一颗石子，在会议室里激起了一圈又一圈的涟漪……

此时，我像个魔术师，从桌子底下拎出一摞《海底捞你学不会》，一下子揭开了谜底："这顿火锅吃的一定让大家难以忘怀，可难忘的到底是什么？今天我送给每人一本书，希望大家在感性认识的基础之上，再进行理性的思考。马上就要过新年了，各个口的干部们也带领你的团队去吃一吃海底捞，看看又能捞到些什么！"

这次行政会也许是我说的最少的一次，但却是气氛最热烈的一次。是啊，人是群居动物，天生追求幸福。海底捞能让那些处在底层的员工得到幸福，这不是金钱的力量，而是因为在充满关爱的环境里，人的幸福指数升高了。我们不仅仅要给员工提供好的物质待遇，还应该给予他们宽松的环境，这种环境更有助于他们思维的碰撞。在理性的思维中更让干部们明白任何工作都不能靠一个人单打独斗，要靠集体配合。正像海底捞讲求的"麻将精神"：你坐在我对面，你洗牌时，牌掉在我脚下，谁捡？当然是我捡！因为早捡起来，早开局；早开局，我好早点赢钱。所以打麻将，不管谁掉了牌，都会有人尽快捡起来。但在工作中呢，你做错了，凭什么我来帮你？你弄掉了，肯定你捡，跟我有什么关系？可是海底捞是我们的家，一个人做错了，实际上跟大家都有关系，那么我们为什么不能用打麻将的精神来工作？

——景小霞，《用兵之道，攻心为上——一顿饭的启迪》

在景校长的带领和策划下，万泉小学的中层干部们又策划了学校的"第二顿饭"——教研组长学在海底捞。那一年的新年前夕，各口的干部们带领着各年级组的组长吃了海底捞，读了海底捞。

接着，在干部团队的策划下，在身临其境感受海底捞管理艺术的精髓后，组长们又把万泉小学的教师们浩浩荡荡地带进了海底捞，继续在海底捞的"第三顿饭"，即教师团队学在海底捞。

从一顿饭到三顿饭，不论是干部们还是教师们，我们更加体会到管理工作其实与用兵之道一样，最简洁的其实是攻心啊！培养人和做生意是一样的，所有的成长都需要时间。人能创造流程和制度，也能改变流程和制度；人能聚财，也能散财。人才是生意的灵魂。推而广之，在学校管理上，干部团队如果能清楚地知道只有真正地关心教师们，教师们才会把学校当作自己的家，这时的幸福感才是由衷的！

回首凝望，"海底捞的三顿饭"活动，虽然不是一下就策划成型的，但是却在一次一次思想的触碰和行为的改变中，激发了干部团队更多智慧的火花，随之衍生了更多好的点子，孕育了一个又一个精彩策划的诞生。

三、开学典礼变模样

对于德育干部来说，以往快到开学的时间是德育处最忙碌的时候。开学典礼已经有了一定之规，主任讲话、校长讲话成了最主要的程序。但这种方式已经成了一种程式，许多学生对这样的开学典礼已经感觉麻木了，往往是上面讲着，下面玩着。慢慢地，干部团队的成员发现这样的教育方式起不到应有的作用，急需变革。UDS 项目倡导我们"改进在日常"。于是，在进行相关调研之后，我们了解了学生的期待，在原有基础上，我们打开思路，积极创新，使开学典礼这一传统教育活动真正"活"起来：我们变单纯讲话方式为情景剧方式，变教师是主角为师生合作参与，变教育灌输为教育体验，变散乱的"临阵磨枪"为提前细致全面的策划，力求真正把万泉小学的"幸福"理念通过开学典礼的形式播种在学生的心中。为此，经过了提前一个假期的思考，我们把这一创新改变的期待融入新一学期"师生共携手，幸福在万泉"开学典礼策划方案中。

2011 年 9 月 1 日上午 9：00 开学典礼开始了。十余个学生走上主席台，他们开始了"开学第一课"——畅谈对幸福的不同理解。

学生甲(穿着棒球训练服登台)：教练说，比赛就是争第一；家长说，学习必须争第一；我说，除了努力努力再努力，还得有好运气。不畏强手，努力拼搏争第一，给万泉捧回奖杯就是幸福！

学生乙(穿着戏装登台)：我是学生，也是演员。说真的，有点烦！导演说，演戏演戏再演戏，演的是另一个自己；老师说，戏演得再好，还得有个好成绩。在每一个我参演影片的首映典礼上，跟记者说我是万泉小学的学生，那就是幸福！

学生丙(带着大队干部标志登台)：当上小干部，除了实力还要有勇气。要为大家服务，就要学会受委屈，不能乱发脾气，更不能随心所欲。幸福就是锻炼自己的能力！参加全区少代会，代表全区少先队员讲话，代表学校讲话，那就是幸福！

学生丁(拿着扫帚登台)：学习好的都是好孩子，学习不好的也不一定就不是好孩子。我虽然学习差一些，但我积极为集体做事，老师也夸我是好孩子，同学也夸我是好伙伴！幸福就是为别人带来快乐！

……

学生们各抒己见，有的畅谈个人曾经的成绩，有的回忆假期的快乐，有的懊恼假期的短暂，有的诉说少留作业的期盼，各有各的幸福，各有各的对幸福的不同理解。这时，教师登场了："孩子们，幸福是一个谜，一千个人回答就有一千个谜底。幸福不是给别人看的，它就握在我们手里。心中有阳光，脑中有梦想，手中本领强，我们会实现一个又一个愿望……"

景校长也走上主席台："今天，我们'开学第一课'，谈的是幸福。其实，幸福很简单，那就是把自己每天要做的事情做好，日积月累就会成就不简单而又幸福的你！其实，说一千道一万，幸福就是一种阳光心态。只有拥有这种心态的人，才会每时每刻看到这个世界的美，发现生活的美，体验成长的美。"

——王吉根，《别具一格的开学典礼》

景校长的一席话，打动了在场的所有人，点明了本次开学典礼的主题。这场与众不同、别具风采、令人激动、令人奋进的开学典礼就这样结束了。它没有上级领导的"谆谆教导"，没有学校领导"左一个要求、右一个制度"的训话，而是学生们自己在庆祝自己的开学典礼，在感悟中体验幸福学习、幸福生活，在感悟中凸显"幸福万泉"的主题。它留给大家的不只是一种形式，而是一种思考、一种启迪、一种"扎扎实实做好每一件事"的思想。

此次开学典礼之所以成功，得益于在活动目的上干部团队达成了这样的思想统一：让全校师生通过情景剧的形式在体验中感悟幸福，在感悟中理解幸福，传递幸福教育的理念。把开学典礼的舞台交给学生，给学生搭建展示的平台，使学生在贴近生活的情境中体验，受到教育。形式的变革使师生更易于接受，对学生的教育更加入心、入情、入理。有了指导思想的把控，具体活动内容便应运而生。开学典礼过程中，干部团队通过设计由学生及教师共同登台进行情景剧的表演，引出学生们对假期的留恋以及对"幸福"的片面理解。之后，通过共上"开学第一课"，让教师从学生的生活入手，对学生进行"幸福是什么"的引导，让学生们在涓涓细流般的话语中了解到幸福就是帮助身边的人做一件小事，就是捡起地上的一张纸，就是为家长倒杯茶，就是与昨天的自己比进步了……要想感悟到幸福就在我们身边，就看我们以什么样的心态去理解和感悟。这样以培养学生们理解幸福、感悟幸福、创造幸福的阳光心态。不一样的开学典礼，让我们有了不一样的幸福感受和理解。于是，下一个开学典礼又进入了新的策划之中……

四、骨干茶座落校园

2014年，在干部们的精心策划下，一个一个骨干茶座活动定时、定点、定期举行着，骨干茶座活动体现的正能量和影响作用在校园中不断升温、发酵。交流活动中，学科骨干、优秀班主任和教育教学能手将他们的宝贵经验与大家分享，与同伴们“传道、授业、解惑”，发挥着骨干教师的光和热。

活动的策划与开展，让教师们尝到了甜头，让我们认识到：这样有策划的活动，目的明确、重点突出、安排周密，更加关注细节，更富有新意和创造力。

2014年3月21日15：30，学生们都陆陆续续地放学了，我们的教师们却涌进学校礼堂，参加林波老师为大家主持的骨干茶座活动——“化蝶为少年”青春期教育活动。

林波老师是万泉小学一名优秀的教师。她多年来担任中高年级班主任，非常了解家长的忧虑和学生所需。她积极探索新时代青春期教育的途径和方法，经过多年的研究，总结出一套自己的教育方法。从她的讲座中，我们了解到，她主要是采取以下策略开展青春期教育的：要取得家长的信任；要与家长形成教育合力；讲述要有技巧。

在传统观念里，人们一般不敢过早与学生提“性”，尤其是在小学阶段，以为这是龌龊的事情，是见不得光的事情。林波老师做了突破性教学，她把性爱融入人类的大爱中去理解，让学生充分理解这种大爱的内涵。她说：“人在幼小的时候得到的是父母爱，在父母的呵护中成长；在成长期得到的是友爱和师爱，在同伴的陪伴下、在教师的‘哺育’下生活；在青年期得到的是情爱，开始恋爱，开始新的生活；在成人期得到的是性爱，在爱人的陪伴下度过一生，传宗接代，繁荣人类；在老年期得到的是敬爱，一生的劳动得到家人和社会尊重，在家人和社会的帮助下快乐地生活。”她还说：“性爱是圣洁的，是受社会尊重的，是人生必须经历的发展阶段。作为少年要懂得爱的尊严、爱的神圣、爱的责任、爱的付出，不玷污、不诋毁，做健康的阳光的少年。”

林波老师每次与学生沟通之前，先要与家长沟通，向家长讲清楚教师的目的、方法和沟通内容以及家长应如何配合教师开展教育活动，取得家长的信任后再与学生沟通。由于与家长沟通顺畅赢得家长的支持，因此学生们在教师这里得到的青春期知识也在家长那里得到印证，家校的默契配合进一步巩固了学生们了解到的相关知识。

擅打比喻是林波老师青春期教育的特色。羞涩、难以启齿的话语，在林波老师的口中用形象的比喻说出，是那么自然和贴切，让学生充分感觉到性爱是人类的自然规律，是延续生命的法则，是圣洁的、无私的、排他的，是有责任感和敢担当的。

当前，网络很发达，五花八门的信息一拥而至，让学生们难以选择。林波老师充分运用自己的学识，帮助学生选择正确的视频影像和文字材料观看和阅读，使学生清晰地认识到什么是正确的、什么是错误的，为树立正确的人生观打下基础。

林波老师主持的骨干茶座活动得到教师们的积极回应。有的教师提出“青春期教育在小学什么时间开展为宜?”“男士如何做青春期的教育工作?”等问题，林波老师凭着自己的经验都一一做了回答。

通过这次讲座，不仅让我们感受到了林波老师丰富的教学经验，更让我们感受到林波老师对学生浓浓的爱。正是这种“爱”，使林波老师得到学生的信任、家长的爱戴和同事的夸赞。

——王吉根，《骨干茶座：“化蝶为少年”》

由于受传统思想的长期影响，“青春期教育”在我国一直是一个尴尬而又沉重的话题，是一个敏感的教育领域。许多教师往往采取回避的态度，不愿提及也不敢提及，而学生们心中却“暗流涌动”，急于揭开其面纱。这使学校教育面临困惑而尴尬的境地。

开展骨干茶座活动就是要解决学校教育工作所面临的困惑与尴尬，让优秀的教师分享他们的研究成果，使更多的教师从中受到启迪。这样的策划事半功倍，具有较强的实践意义。

总之，学校倡导“时时带来惊喜，处处带来感动”的学校发展理念，就是要求干部引领教师在各项工作中融入策划的成分，让学校“创新发展”的理念落地，让“幸福教育”生根。干部不仅会做事，更要善想事，善谋事，能成事。让理性和灵性之光照亮我们的生活，让学校在理性与灵性的交辉中发展前行，让创造的愉悦升起，让每个工作环节都能够打动人心，激情无限。我们也更加相信：只要我们拥有一双慧眼去发现，拥有一颗慧心去思考，真正做到以人为本，那么再平凡普通的工作，我们也能创造卓越与辉煌！

3 第三章　从“小幸福”走向“大幸福”

幸福是什么？幸福是一个古老的话题，千百年来，人类一直在探索它的真谛。幸福很抽象也很具体；幸福很遥远也近在咫尺。每个人的幸福观不同，所追求的幸福也不一样。一个人的幸福观，在很大程度上影响其行事导向，彰显其精神境界，决定其人生轨迹。教师是学校教育生态中极为重要的元素之一。用什么样的思想去定位幸福，去追寻幸福，去享受幸福，不仅影响到自己的世界观、人生观、价值观，也关系到以什么样的人生态度、工作态度来影响学生的人生观和未来发展。

有人说：“家庭和睦是幸福！”的确，家庭和睦是生活幸福的基石。有人说：“功成名就是幸福！”的确，所有人都渴望成功，当成功来临时，我们注定是被幸福包围的！也有人说：“知足常乐是幸福，平平淡淡就是幸福！”是呀，是否拥有幸福，关键在于生活态度：奉献是幸福，给予是幸福，获得是幸福，享受是幸福……但是，生活的优裕感、衣食住行的舒适感一定都只是幸福的要素，这些都是我们的“小幸福”。然而，作为教师，我们不仅要拥有常言道的“小幸福”，还要拥有独特的“大幸福”。“小幸福”能给我们带来亲情，带来和谐，带来相互理解，带来快乐；“大幸福”则是努力的目标，是对理想的追求，是个人价值与社会价值高度融合统一后的深层愉悦和满足。没有“小幸福”很难积淀成“大幸福”，更难追寻教师职业的“大幸福”。因此，我们要不断地营造、感受“小幸福”，同时又要不断超越“小幸福”，追寻“大幸福”。

第一节　营造我们的“小幸福”

万泉小学教师们的幸福可以说无处不在。妇女节，男教师为女教师献上唯美的鲜花；端午节，学校食堂为教师提供精美的粽子；教师节，每位教师都会收到一份小小的礼物；劳累时，学校会安排“健康大步走”；近年关，教师们会收到贴心的“红包”……如果我们把教育教学工作比作饕餮盛宴，那么点滴的“小幸福”就是爽口小菜或者是饭后的甜点。在倡导“工作生活两不误”的万泉小学，这些“小菜”“甜点”，为教师们的工作生活带来有滋有味的惊喜和无限精彩美好的回忆，为教师们营造了宽松、愉悦、舒心、和谐的工作环境和氛围。

一、“红包”送幸福

按照中国人的传统礼俗，过春节要向亲朋好友送上小礼物、表达祝福，学校也离不开这个传统礼俗。为烘托节日气氛，丰富教师们的文化娱乐生活，按照往年的惯例，学校工会要送给教师一件礼物。这件礼物既要体现出学校对教师的关心和爱护，又要给教师以惊喜，花钱虽不多，但一定要振奋精神、鼓舞干劲。经过几番方案设计，“红包”送幸福活动诞生了。

2013年将近年关，一场送“红包”的活动在万泉小学开展起来。这个“红包”不是数量可观的人民币，更不是价值不菲的购物券，而是颜色鲜红、蕴含着学校理念的小红包。

“红包”的背面：最上边是学校的办学理念——做幸福的传递者；中间是经过艺术处理变化了的“2013”——一条可爱的小蛇弯弯曲曲组成了“2013”；下边是落款——北京市海淀区万泉小学。

“红包”包含着一封慰问信、一张电影卡、一罐护手霜，表达的其实是浓浓的爱意。

慰问信热情洋溢，信中表达了对广大教职工一年来对学校工作理解包容、关心支持的感谢，诉说了一年来我们共同走过的艰辛历程。展望2013，我们信心满满，让我们携手向着共同的目标，为把万泉小学办成“开放式、国际化、高品位的魅力学校”不懈努力。

在慰问信的下边印着一枝学校的校花——玉兰花。玉兰花是万泉小学的校花，体现每一位万泉人发扬团结奋进的团队精神、感受幸福的人生姿态。

“红包”不仅包含着工会对教师们的情谊，更有实用性，一个红包三条拉链，可以分别装手机、零钱、钥匙、公交卡等物品。

记得教师们拿到“红包”的那一天异常兴奋！年龄长一些的教师摸着红包

说：“感谢工会，这‘红包’让我又回到了小时候！”小年轻们拿着“红包”，高兴地读着慰问信，纷纷对我说：“今年的工会新年礼物有创意，一个‘红包’重复使用，既节约能源又绿色环保。少花钱，多办事。经济实惠与教育相结合，太好了！”没想到，这个小小的创意在不经意间让教师们爱不释手，也送出了万泉的“幸福”来。

——管立，《小“红包”，大用途》

小小创意的“红包”，礼轻情意重，表达了学校对教职工的关心、爱护和体贴，表达了全体教师对丰富多彩校园幸福生活的追求。幸福其实很简单，无须过多的点缀，无须过多的描述，只要学校的心到哪里，教师的幸福就到哪里。

二、“大步”走幸福

教师工作有三大特点：说话时间多、站立时间多、伏案时间多。有关调查数据表明，七成的教师处于亚健康状态，高强度的工作给教师的生理和心理都造成了不小的压力，随之而来的就是教师职业病：腰背痛、咽炎、颈椎病、胃炎等。预防这些疾病除了在日常生活中要注意合理膳食、营养均衡，多摄入蛋白质、维生素和微量元素等营养物质外，还要注意劳逸结合，积极锻炼身体，并保持良好的心理状态。但是，早出晚归、两点一线的教师们很难有闲暇时间锻炼，更有相当一部分教师没有把运动作为健康生活的一部分。为“强制”教师外出锻炼，我们每年秋天都安排“健康大步走”活动，引导教师关注个人健康，走向大自然，走向追寻幸福的新天地。

“健康大步走”活动是我们工会几年来一直坚持的活动，让教师们走出学校，走出家庭，走入大自然，走进休闲浪漫的空间，尽情享受新鲜空气的洗礼，尽情领略大自然的美好，这是件令人非常愉快的事情。

每一次活动，我们都坚持“绿色”原则，让教师走进北京的公园，爬上北京周边的山峦，让教师们“走出快乐、走出幸福、走出健康”。

2012年4月14日，这一天教师们兴高采烈地来到颐和园。有的牵着孩子，有的挎着爱人，有的带着闺蜜，有的全家齐动员父母爱人和孩子全来了。

今天的活动除了让大家领略皇家园林的恢宏富丽气势之外，我们还特别设计了“游园纪念卡”作为本次游园的礼物。别看这小小的游园纪念卡，它有深刻的含义。卡的正面是这次活动的主题——“悦运动、悦健康”，谐音“越运动、越健康”，希望教师们出色完成工作的同时，每个人都拥有一个健康的体魄，希望教师们热爱运动、追求健康。背景图案选用的是学校的校花玉兰花，在颐和园这一皇家园林中选用工笔玉兰图案，更显其高雅与完美。卡的背面为工笔画颐和园全景图，标有本次活动的行走路线，标题为“幸福藏宝图”，寓意“悦运动、悦健康、悦幸福”，做幸福的传递者。游园纪念卡赏心悦目，内含万泉小学的元素，活动结束后大家都舍不得轻易就丢掉，有的教师还将游园纪念卡收藏起来。

这游园纪念卡还有一个重要的用处，那就是作为签到卡。在经过拱桥、石舫两个地点的时候，要在卡上盖上李德凌老师篆刻的“万泉”和“幸福”两枚印章。这两枚印章是李老师精心篆刻的作品，教师们都很喜欢。

半天时间的“健康大步走”活动在中午结束。它的意义有两点。第一，它采用“强制”的方法，让教师们走进大自然，走进大社会。在一定程度上教师是一个较为封闭的群体。特别是离家较远的教师们，为了路上不堵车，每天天不亮就起床，经过一天的辛苦工作后，随着拥堵的车流回到家中，吃完饭已经是八九点了。教师们平时真的没有时间锻炼。为了提高教师们的健康意识，我们开展“健康大步走”活动，引导教师把健康放在首位，只有有健康的身体才能适应工作需要，才能把工作做好。第二，它采用“寓游于乐”的方式，让教师们在快乐的运动中，体验到幸福。

——王吉根，《“悦运动、悦健康”走进颐和园》

这次的游园活动不是单纯的游园，我们把“游园纪念卡”设置成“幸福藏宝图”的形式，既体现了对学校“幸福教育”理念的宣传，又安排有趣的“定点盖章”活动，让教师在游园中体会到学校对教师的爱护与关心，体验到“幸福教育”不是空洞的口号，而是时时刻刻蕴含在教育中，融入我们的每一个细节里的。

三、《心泉》淌幸福

教师的“小幸福”不仅表现在节假日里，还表现在教师的业余生活中。2013 年 3 月出版的校刊《心泉》万泉摄影专刊中，一张张令人心碎的照片，让我们感受到地区的经济条件影响着地区的教育发展。另外，一幅幅美丽的画面也展现了教师们幸福的腾冲之游。

2013年2月25日，万泉小学全体教师应邀探访了云南省腾冲县某小学，在互动活动之后，我们游览了云南的美景，留下了一张张令人心碎、令人感动、令人流连忘返的照片。

“探”——这张照片是高剑老师的摄影作品。这是该小学的真实写照。该小学是腾冲县的一所私立小学，400多名学生是公立学校都不愿接收的学生。有一部分是留守儿童，有一部分是边境小镇异国孩子。他们常年寄宿在学校，只在春节的时候才被家人接走。走访这一天，学生们都已放假，透过每间学生宿舍的玻璃，可以看到不足五六平方米的小屋子里满满当当放着4张上下铺，根本没有活动空间。宿舍里，没有写字用的桌椅，没有必备的生活用品。看到这些，高剑老师被震撼了，她在《寻找幸福的起点》一文中写道：“残破的桌椅、昏暗的光线，就在这里生活着一群渴求知识的孩子们！与我们万泉小学寄宿部的孩子们宽大得多的洗漱间、明亮的浴室、宽敞的居室和贴心服务的寄宿部老师们相比，我们的生活不知有多么幸福！”

“教室”——这张照片是倪静老师的摄影作品。在作品注文中，她写道：“照片中的这间教室让我久久不能忘怀，因为就是在这间教室里，我们有幸与这所小学的董事长、校长及骨干教师们进行了交流。也就是在这个简洁而温暖的教室中，我们聆听了这所小学建校的艰辛历程和小学的教师们为教育献身的辛酸故事，在场的我们都留下了热泪。教室墙壁上的标语永远铭刻在我心中——做美丽的叶子。这句话也许就是对在这里坚守的教师们的赞美，对在这里勤奋学习的学生们最好的写照和歌颂。看！这是计算机教室，应该说这里是这所学校设施最先进的一间教室。整洁的教室可以看出来教师和学生们对它的爱护，对它的渴望和喜爱。可是，走近一看我们惊呆了，教师的台式机是我们多年前就已经淘汰的型号，而在这里却是让大家舍不得用的‘宝贝’。诸多的对比中，让我真正体会到了什么是‘幸福’，什么是‘珍惜’！”

“热海大滚锅”——这张照片是张虹老师的摄影作品。在考察学校之余，我们来到了腾冲火山地热国家地质公园。这里的火山一直在休眠，而躁动不安的泉水经地热加温再冒出来便成了约96℃的热水了。站在山脚，抬头就可以望见山上不断冒出的云雾，那就是著名的景区——热海。热海最具代表性的景点——大滚锅，因形状宛如一口巨型的烧开了水的锅而得名，它的水温可达96.6℃，宽6.12米，深1.5米，内有3个喷水孔源源不断地昼夜喷水。我想腾冲地名也许是由此而来的吧，让人犹如置身于一个大蒸笼中，又仿佛置身于仙境当中，不得不感叹天然之奇妙！在浏览美景之后，张虹老师写道："这次腾冲之行，虽苦虽累，但作为万泉人内心是幸福的！"

——王吉根，《腾冲——感动的瞬间》

一个摄影专刊道出了万泉人的幸福。有人说，幸福是"衣、食、住、行全攻略，吃、喝、玩、乐大搜捕"，还有人说幸福是"父女情、母女情、敬老情"。的确，幸福体现在生活的方方面面，只要用心去感受，幸福就会出现在每一个时间和空间里。然而，经常听到人们抱怨说，现在的物质生活水平提高了，幸福感却越来越少。其实，不是幸福指数下降了，而是人们心底的欲望越来越多，以至于缺少了满足感。殊不知，贫困地区的求学儿童，能有一本新华字典，也是莫大的幸福。生活中我们常看到的是，身在幸福之中却不自知，失望和遗憾却挥之不去。对生活充满失望的人，在人海中浮浮沉沉，抱着不切实际的幻想，刻意去追求幸福，收获的却常是失败和忧伤。当一个人把幸福定位在永远得不到的事物时，最真实的幸福便从指缝中悄然溜走了，更多的时候，是人们自己在忽略幸福。

幸福不是房子有多大，而是房子里笑声有多甜；幸福不是能开多豪华的车，而是开着车能平安到家；幸福不是爱人多美貌，而是爱人的笑容多灿烂。幸福是最平常的，平常到无处不在；幸福又是稀有的，稀有到有人终其一生，不得其门而入。幸福是天空，是阳光，是草地。幸福，就是我们平静、丰富而珍贵的日常生活。

四、"联欢"秀幸福

小时候，幸福是一件东西，得到它，便感觉幸福；长大了，幸福是一个梦想，实现它，便感觉幸福；成熟了，幸福是一种心态，领悟它，便感觉幸福。我们努力培育教师们这种幸福的心态，让教师们"累并快乐着"。每年的新年联欢活动就是这种状态。期末工作再繁忙，我们也要挤出时间寻求快乐，让幸福快乐为本学期画上圆满的句号，也为下一学期掀开新的篇章。

2015年1月30日，万泉小学"玉兰添秀色，万泉喜迎春"教师联欢会在学校行政组“喜迎羊年”大拜年联唱中拉开序幕。几位身着民族传统服装，手持喜庆条幅的学生，欢快地跑上舞台，伴随着“拜年了!”的童声，学校领导班子成员陆续走出“福”字门，靓丽的穿着、甜蜜的笑脸、喜气洋洋的歌声为全体教师带来了新春的快乐和节日的祝福。

紧接着，这场联欢会的组织策划者、工会委员兼联欢会主持人刘伟、管立、王欣、甄岳生走上舞台，年老的干练、中年的活泼、年轻的妩媚，他们的现代爵士舞为大家带来了视觉的享受，展示了别样的风采。

最让人惊叹的是北校区英语组的小品《开会》。这个小品以开会作为场景，把教师们的日常工作状态、社会上令人关注的问题以及校本培训的内容有机地整合在一起，以虚构和夸张的艺术表现形式，反映了社会生活的一个侧面，对白精练、搞笑不断。最让人称奇的是，这个节目是头一天才撰写剧本，经过一晚的排练完成的。节目能达到这样的水平，我们无不惊叹英语教师们的才华横溢。

最富有创意的是南校区科学组的《焦点访谈 2》。南校区科任组涵盖了音乐、美术、科学、书法、保健卫生等多个学科，如何呈现出他们的工作特色，是一个老大的难题。困难难不住科任组的教师们，他们采用“焦点访谈”的表现形式，充分发挥自身摄像编辑的特长，制作了一集完美的采访实录：小伙子们拼了，他们跳起了“天鹅舞”，脚尖动作整齐划一，身板婀娜多姿，不是最后的一刹那镜头对准脸部，谁能看出这是男扮女装的“天鹅”们！女教师也豁出去了，扮演调皮的学生惟妙惟肖，不论教师怎么做工作，“他”坐在窗沿上，脚下就是陡直的楼体，就是不下来，非得等教师拿出撒手锏——请来了难得一见的“妈妈”！一个个场景搞笑不断，娱乐中也让我们对今天的教育有了新的反思。

最富有特色的是北校区的《特色时装秀》。这个“时装”不是真的时装，而是学校历来的校服，古朴的、经典的、耐用的、时尚的一应俱全，不是“群英荟萃”，而是“校服开会”。

最为搞笑的是北校区科学组的《小苹果》。八个“大头娃娃”扭着秧歌走上舞台，“秋香”也赶来凑热闹。她搞笑的装扮、扭动的舞姿为大家送来了新春的欢乐。

最富有魅力色彩的是《雷人勿扰》。不仅主持人“雷”得出奇，靓女们更是“雷”得惊艳。其中，一位男扮女装的“靓女”更是表现出奇，语言、神态、身板、动作、服饰，扮起“靓女”来惟妙惟肖。台上教师们表演得快乐，台下教师们笑得开心。

最富有艺术特色的是北校区艺术组的《浣纱曲》。古典的装束、魔幻的场景、专业的唱腔、优美的舞姿、和谐的演奏配乐，给人以美的享受。不愧为万泉小学的艺术大腕云集之地。

——王吉根，《魅力万泉，幸福万泉》

这场联欢会从 13：30 开始，一直持续到 17：00，教师们意犹未尽。活动后，在专访景校长的过程中，她对此次活动也表现出了“惊叹”：“期末工作非常繁忙，如此忙碌的工作节奏，老师们是从哪挤出的时间让节目如此精彩，让学校如此温暖有活力?!”

如此的“意外”！如此的“精彩”！让我们深深地感到万泉小学是一所富有激情的学校！这是一所充满朝气的学校！这是一所孕育无限潜能的学校！这是一所有着高远精神追求的学校！这次活动之所以如此成功，如此震撼，给人留下如此美好的印象，是与长期以来学校倡导“幸福教育”理念分不开的，而正是因为“幸福教育”理念深入人心，才有教师自主和主动发展，才有教师激情创造与完美展现，才有今天活动的高效与成功，才有教师个人才能的厚积薄发！幸福万泉真的让人不禁动容而更心动！

第二节　追寻我们的“大幸福”

古人云：“君子不贵无欲，而贵欲何；君子不贵无求，而贵求何。”作为人民教师，他既有同其他人一样追求世俗“小幸福”的权利，更有社会和国家赋予他特殊的使命——办人民满意的教育，为社会、为人民培养出更多的社会主义建设者和接班人。这才是教师人生的“大幸福”！这种幸福是写在学生认真完成的作业本上的幸福，是呈现在学生满意答卷上的幸福，是堆在家长充满谢意脸上的幸福；是看到学生的毕业证和入学通知书的开心大笑，是教师节收到学生送来的温馨贺卡和溢香鲜花的泪水，是满天下“桃李”在节日打来的问候电话……

然而，面对社会对教师越来越高的要求，面对日新月异的知识技术更新带来的手足无措，面对一轮又一轮教育改革的压力，面对独生子女的教育问题带给教育的种种困境，又有多少教师感受到作为教师的“大幸福”呢？可是，如果教师没有这种“大幸福”，又怎么能做“幸福教育的传递者”呢？因此，建设一支对教育事业和生活充满了坚守与热爱，具有坚定的教育理想和信念，拥有成熟的教育能力与艺术和严于律己道德情操的教师队伍，就成为万泉小学“幸福教育”的源泉和基石。为此，着力打造一支具有“大幸福”能力和指数的干部教师团队，就成为万泉小学建设和发展的重要任务。

一、让读书为幸福储蓄

记得窦桂梅老师曾说过：“读书，是最高级的精神美容，它让你的骨子里有了‘钙中钙’，精神容颜注入了最鲜活的、抗衰老的生命元素。”是的，虽然岁月让我们的容颜不再红润，身姿不再婀娜，但读书这款美容佳品，让我们的双眼更加灵动，面容更加温和，体态越来越柔软，举止越来越优雅，被优化的情绪时时荡漾在脸上，不再用咄咄逼人来武装自己，只是云淡风轻地从容面对一切。我们知道我们已离幸福越来越近，文化一旦在心灵中安顿，就成为人一生幸福的储蓄。

万泉小学是倡导读书的学校，景校长是一位爱读书的人。她说：“感谢书籍给了我智慧和自信、大度和宽厚，让我越来越拥有自己独特的教育思想、话语方式、生活品位，让我总有无尽的创意与热情感染我身边的同伴……”

读书是景校长工作生活的一部分，无论工作还是休闲，她都愿意将她的感受分享给大家。她还将对自己启发大、触动深的小文章复印下来，在每次行政会前分发给每一位干部，省得先到的同志在等待时浪费宝贵的时间。这些小文章充满了人生哲理和发人深省的教育智慧，让干部们爱不释手。大家戏称这是“会前小甜点”，是“营养小加餐”。干部中不乏有心之人，不仅将这些小故事装订成册，还将其中耐人寻味的小章节编辑到校刊《心泉》之中，让更多的教师分享“智慧的加餐”“精神的佳宴”，让这种甜蜜不断熏染，让这种幸福不断传递。

有一次，一位教师问道：“景校长，为什么我们就没有您对问题理解得那么深刻？为什么我们的讲话就没有您的那么精彩？您有什么经验吗？”她微笑着回答：“读书！”

在与景校长的交流中，我们感受到她的经验概括起来有这么几条。

一是“多听多看多关注”。通过报纸、杂志、网络以及与来我校的专家座谈等，她及时收集教育前沿动态，同时多关注像李希贵、肖川、陶继新等教育名家的专著阐述和新观点及新思想。

二是“争分夺秒挤时间”。在她的办公桌和家里的床头上经常放有几本书籍和杂志，工作之余和茶余饭后，她都会抽出时间快速浏览，对于经典内容，她还会拿出更多的时间细细品读。

三是“重点语句勤勾画”。凡是她读过的书，常常被圈圈点点、勾勾画画。一些优美的句子、一些重要的观点、一些富有哲理的小故事、一些耐人寻味的小事例，都是她圈点勾画的内容。

四是“带着问题深思考”。对被她圈点勾画的语句，她经常会做批注，然后拿来细细研读，反复琢磨，不断体会其中的真意。

五是“善于迁移运用”。她善于把从读书中学来的观点，结合自身的工作实际进行深度思考，并运用到学校方方面面的工作中去。

读书给景校长带来精神的享受和工作生活的幸福。每年的校本培训，她都精心准备，把读书得来的新理念、新策略传达给每一位干部教师，目的就是统一思想、提高认识，明确目标、达成共识，凝聚力量、鼓舞干劲。

“茶亦醉人何必酒，书自香我何须花。”在读书中她寻找问题的答案，在读书中她改变自身，在读书中她享受生活，在读书中她体验工作的乐趣、打点幸福生活，让自己活得有滋有味。景校长用读书丰实她的职责，用读书书写她人生的每一个精彩瞬间。

——王吉根，《景小霞校长记事：一个爱读书的好校长》

在景校长的带领下，读书已经成为万泉校园一道靓丽的风景线。图书馆进行了精心的设计与装点，教师们可以在这里尽情享受读书的乐趣。去海底捞吃饭，也是为了让读书成为一种时尚，成为一种享受。在万泉人看来，读书的人是世间最幸福的人，因为他除了拥有现实的世界之外，还拥有另一个更为浩瀚也更为丰富的世界。一个人的一生，只能经历自己拥有的那一份欣悦、那一份苦难。然而，通过阅读，人却能进入不同的时空、诸多他人的世界，在无形间获得了超越有限生命的无限可能性。读书不仅使教师们多识了草木虫鱼之名，饱览了远古及现今之事，思考了存在与非存在，更为重要的是，读书让教师们的精神得到感化与陶冶。教师们从读书中学会了做人，从那些往哲先贤以及当代才俊的著述中，习得了优秀。

笛卡儿说：“读一本好书，就是和许多高尚的人谈话。”的确如此，万泉人在与好书结缘中，也在不断向崇高、向心灵纯净迈进，从而为自己获得更有意义的人生和生活的“大幸福”奠定了基础、储蓄了财富。

二、“幸福玉兰”朵朵开放

人的幸福感来自于创造，来自于认可，来自于成功。多年来教育界对于教师的成功认识似乎有一种“默契”，或是在教学比赛中脱颖而出，或是学生的成绩名列前茅。而前者似乎更钟情于从教五年至八年者，教育“新兵”和教育“老兵”被排除在外。后者则更多的落在教育“老兵”身上，使出浑身解数抓好学生成绩就算有了交代。久而久之，“应试教育”便根深蒂固，更新思想、改变观念、研究教法无法落实。为全体教师搭建成长平台，让教师有自己的“一片天地”施展才华，让更多的教师在成长、成功中感受幸福，这是万泉小学破解教师职业倦怠的制胜法宝。

2011 年，为了让更多的教师在成功中感受幸福，万泉小学开始启动“玉兰工程”建设。“玉兰工程”包括“玉兰杯”课堂展示活动和“玉兰奖”评选活动两个方面。

“玉兰杯”课堂展示活动，即“为我们喝彩——‘玉兰杯’课堂展示活动”是以提升全体科任教师教学水平为核心的活动，每学期一次。它以教研组为单位，围绕着本组的研究专题开展实践活动。在实践过程中，以课例为载体，大家集思广益形成课堂教学实践基本方案，然后委托一名成员呈现出大家的研究成果。

2011 年 4 月，我参加了“为我们喝彩——‘玉兰杯’课堂展示活动”。作为全校第一个上课的老师，我体验到了甜美的幸福滋味。那种幸福源于自我的改变、自我的超越，源于五年级语文团队的关心与无私帮助，源于学校创造条件，为每一位教师提供成长的舞台。

4 月 21 日下午第六节课后，学校召开了“为我们喝彩——‘玉兰杯’课堂展示活动”动员会。在会上，管立主任传达了这次展示活动的内容及要求。当我得知展示活动安排在 4 月 26 日上午第四节，我是第一个讲课的老师后，心里既激动又忐忑不安。激动的是，我将代表我们教研组向全校老师展示我们的研究成果，忐忑的是算一算连双休日加上，也不过还有一周的时间，我们还有许多问题没有解决。

我的细微反应没有逃过景校长的眼睛，她似乎看出了我的心思，向我耐心地询问："亚喆，有什么困难尽管说出来，我们大家一起想办法。"于是，我将自己的困惑一一向校长道来。"给张立副校长打电话……"这几天，全校都在忙，谁也没有看到张立副校长的身影。"张立副校长刚做完手术，现在在家休养。"景校长的一席话，让大家听了十分惊异。要知道，张立副校长是我们学校的语文专家、北京市语文学科带头人，是我们语文团队的领头羊呀！她不在，我们找谁去请教？

为了教研组的荣誉，为了自己的尊严，万般无奈的我最后还是"残忍"地拨通了她的电话。

"亚喆，别担心，要相信自己……我没事，你明天过来吧！"听到这熟悉而微弱的声音，我仿佛吃了一颗定心丸，但又担心张立副校长的身体。于是，我心里暗下决心：回家一定要对教案进行仔细研究推敲。晚上，我彻夜未眠，在灯下苦苦研究推敲了一夜……

4 月 22 日上午第三节课，我们五年级教研组团队在听完我试讲后，大家围坐在办公室，针对这节课你一言我一语、开诚布公地提出了许多中肯的意见：挖掘教材不够深入，课堂设计有些简单，精彩之处不够突出……带着这些问题，午饭后，我乘车来到了张立副校长家。一进门，我被计算机屏幕中的画面吸引住了：那不是电影《城南旧事》吗？我明白了，张立副校长是在我没到之前就已经对《迟到》这篇课文进行了研究。在大约五分钟的寒暄之后，我们进入了正题。我将每个环节的设计及自己试讲中暴露出来的问题说给了张立副校长听。身体虚弱、脸色苍白的张立副校长斜靠在沙发上，用那平日少有的"柔声"细语着……还是老习惯，一字一句地"盯"，一段一段地"磨"，一个环节一个环节地"敲"。从音乐到影像，从课件字体到母板使用，从老师的小结到学生的朗读，她都一一提出建议和具体要求。一转眼，四小时过去了，时针指向了五点，她没喝一口水，没休息一分钟，累了只是动一动身子。这中间，虽然我多次请求张立副校长："您休息一下，一会儿再说吧！"但每次都被她婉言谢绝："没事，我能坚持。我知道其实你心里比我急，早些说完，早些回去整理，试讲后还可以进行调整修改……"她的一番话，让我体会了从未有过的感动。此时，最需要休息的她，心里想的不是自己，而是我们的老师、我们的学校。这样忘我工作的校长怎能不令我感动和敬佩？

临走时，她还半开玩笑似地说：“我知道你家远，就不留你吃饭了。天快黑了，路上坐车要小心。替我给学校老师带个好，一定要大家注意身体。身体是革命的本钱呀！”回家后的我又是一夜未眠……

4 月 26 日是我最难忘的日子。我作为第一个讲课的老师，充满自信地走上讲台，圆满完成了展示活动。

这次活动，我感激学校为我们青年教师搭建这样一个展示平台，感激语文团队的团结奋进，感激张立副校长的悉心指导。这样的集体，让我成长，让我幸福！

——王亚喆，《“玉兰杯”与我的成长》

“玉兰奖”评选活动是 2011 年启动的，每两年开展一次。首届“玉兰奖”评选活动共设置五个奖项：“优秀党员奖”“师德标兵奖”“岗位能手奖”“耕耘之星奖”“万泉新秀奖”。随后不断完善，形成了三大类别八个奖项，分别是教师个人奖、教师团队奖和学生集体奖。教师个人奖分为：“金玉兰奖”，专门奖励在学校教育研究中有优秀研究成果的教师；“白玉兰奖”，专门奖励 35 岁以上的教师，设“师德楷模、岗位能手、党员先锋”；“粉玉兰奖”，专门奖励 35 岁及以下的教师，设“师德之星、岗位之星、党团之星”；“紫玉兰奖”，专门奖励在各项活动中深受大家欢迎的教师个人。教师团队奖分为：“玉兰研究团队奖”，奖励在教育研究过程中表现突出的团队；“玉兰和谐团队奖”，奖励在学校各项活动中团结合作的团队。学生集体奖分为：“玉兰绽放奖”，奖励优秀班集体、优秀中队、优秀社团等；“玉兰特色奖”，奖励特色班级、优秀兴趣小组等。

2011 年 9 月 9 日，在第 27 个教师节来临之际，万泉小学举办庆祝教师节活动。今年的庆祝活动不同往年，历时一年的首届魅力教师“玉兰奖”评选活动将在今天揭晓！

这天下午，学校礼堂被装点一新，主席台的正上方“万泉小学首届魅力教师‘玉兰奖’颁奖典礼”几个大字格外醒目。玉兰花是万泉小学的校花。它颜如玉，象征着我校师生纯净芳洁的人格；味如兰，映衬着我校师生高贵典雅的气质；形向上，凸显着我校师生蓬勃向上的进取精神。它迎风摇曳，满树开花，巍然挺立，体现我们每一名万泉人追寻幸福、感受幸福的人生姿态。

本次表彰的规模及隆重是学校第一次。学校设立“玉兰奖”评选活动，一方面是为了表彰、宣传、树立教师中各类先进典型人物，讴歌教师们为建设现代学校忘我工作的精神以及高风亮节的品格；另一方面是为了鼓励、激发全体教职工爱岗敬业、顾全大局、积极向上的工作干劲和奉献精神，鼓舞士气，迎接新的挑战。为此，首届“玉兰奖”评选活动设立五个奖项：“优秀党员奖”，表彰为万泉小学发展做出突出贡献的党员们；“师德标兵奖”，表彰关心学生、爱护学生，为学生幸福发展奠基的教师们；“岗位能手奖”，表彰做出区级以上突出贡献的骨干教师和学科带头人；“耕耘之星奖”，表彰在万泉小学工作20年以上的优秀教师们；“万泉新秀奖”，表彰35岁以下的青年教师们。

颁奖典礼开始了。在舒缓的音乐声中，主持人李寒和张扬闪亮登场。“教师的人生没有惊天动地的震撼，没有催人泪下的曲折，有的是兢兢业业、春风化雨的默默奉献，是朝朝暮暮、年年岁岁与孩子们的风雨兼程，是一代又一代幸福传递者永久的接力！”主持人的话语，荡漾全场，在金毅副校长颁奖词的渲染下，学校大屏幕上展示着受表彰教师们的风采，50名教师按照各自获得的奖项，分成5组分别走上主席台，接受学校领导的颁奖。

在每一项颁奖的间隙，穿插着教师们的风采展示。南校区青年教师独唱兼诗朗诵《长大后我就成了你》，道出了万泉孩子们尊敬教师、热爱教师的情感，同时也表达了教师们为了学生的健康成长，不辞辛苦、不讲报酬、无私奉献的精神。“岗位能手”关欣老师的琵琶独奏《十面埋伏》，表现出教师娴熟而高超的技艺；“岗位能手”王秋月老师的《飞天》简笔画，表达了教师们畅想未来，建设“优质＋特色”万泉的美好愿望。在《掌声响起来》的音乐声中，8位身着白色礼服的女教师迈着轻盈的舞步走上主席台，轻歌曼舞，婀娜多姿，表达了青年女教师热爱教育事业、热爱生活的情感。最后一项颁奖后，付占江、曾军等6位男教师演唱的《真心英雄》，把颁奖会推向高潮。

谁是真心英雄？是我们教师！因为教师是人类灵魂的工程师，他们将咿呀学语的蒙童培养成国家栋梁之材。谁是真正的英雄？是我们每一个人！正因为我们每一个人的努力，正因为我们一代代教师的努力，万泉小学才有难忘的昨天、灿烂的今天和美好的明天！

——王吉根，《记首届“玉兰奖”表彰大会》

“玉兰工程”的推进，不仅为教师在各个领域的发展搭建了平台。同时也激励教师：只要你有才华，万泉就有你的用武之地；只要你肯付出，万泉就有适合你的平台。

“玉兰工程”得到了全体教师的认可。它不仅调动了全体教师的积极性，而且挖掘出每位教师的潜能，形成人人有追求、人人可享受、人人得以发展的幸福磁场。于是，一批又一批玉兰花在这片沃土上竞相绽放。

几年来，“玉兰工程”打造出了我们万泉小学的“星光大道”，众多的教师成为闪亮明星。我们通过“传、帮、带”，造就了一批智艺超群、颇受学生欢迎的青年骨干教师；以人事制度改革为契机，引进与培养相结合，推出了一批校级名师；以师德师风为突破口，成就了一批“紫禁杯”优秀班主任；通过狠抓学区级以上骨干教师和学科带头人队伍建设，保持区骨干和学科带头人占学校总人数三分之一的强劲势头。教师在各自的岗位上自由健康地发展，像玉兰花一样艳丽绽放。他们创造着幸福，理解着幸福，感受着幸福，经营着幸福，保持着幸福，传递着幸福。他们在不断超越自己，创造属于自己的奇迹，他们用不断实现的心中最美丽的梦想，共同谱写着万泉幸福的篇章！

三、人人都是幸福的传递者

“做幸福的传递者”是万泉小学的核心理念。我们认为，幸福者之所以幸福，是因为拥有创造幸福、感受幸福的能力，能从生活的点点滴滴中感受到幸福，从生活中不断发现幸福，同时将幸福不断地传递出去。建设幸福万泉，既要拥有感受幸福的能力，更要拥有创造幸福、传递幸福的能力。对学生细心引导、爱生如子是幸福的传递，对家长热情服务、悉心指导是幸福的传递，开展系列主题活动是幸福的传递……只有人人都不断传递幸福，我们的生活才会更加美好，我们的学生才会更加健康成长，我们的社会才会更加和谐。

刘丹娜老师是一名年轻的教师，她初为人师，还没有体会过桃李满天下的幸福。但是在担任 2012 年毕业典礼活动主持人的过程中，她体会到了教师的幸福，并传递着爱、幸福和温暖。

夏季是一个如火的季节。这个季节，被一些人称为“毕业季”。因为不论是小学生、中学生还是大学生，都在这个看似美好的季节中结束了自己熟悉的校园生活。但凡是毕业，总免不了与“怀念”“离别”等读起来就令人伤感的字眼联系在一起。空气中弥漫的，仿佛除了原有的各种分子、原子以外，更多了些什么，令我们的心，都忽然变得软软的、糯糯的，双眼更加潮湿晶莹，仿佛只消轻轻一眨，便溢出满眶的泪珠儿。而在整个毕业季中，点燃那最璀璨的毕业圣火的，象征着所有情绪酝酿至顶点继而喷薄而出的，就是毕业典礼。而我，一个刚工作不久的年轻教师，即将在这隆重的毕业典礼上，承担重要的角色——主持人。

仿佛还沉浸在自己学生时代的毕业回忆中，却已经成为教师代表来主持学生的毕业典礼，我的心情激动而紧张。作为毕业典礼的主持人，除了把整个活动组织好外，该向即将毕业的学生们传达哪些信息呢？如何体现“典礼”的隆重呢？学生们可以从中获得哪些收获呢？一系列问题萦绕在我的脑海。

“要让学生们过一个不一样的毕业典礼，要让学生对小学生活留下更加美好的记忆。要让“幸福万泉”的理念根植在学生心中，让学生们通过这次活动体验幸福、感受幸福，拥有创造幸福的能力。”我带着这样的想法，开始了“传递幸福”之旅。

首先是毕业典礼节目的搭配。从斟酌节目、确定人员，到尝试效果、整体布局，历经了几个月紧锣密鼓的排练，毕业典礼的演出部分基本成型。师生共同演出的集体舞，让学生和教师融在一起，身着火红长裙的女孩子笑靥如花，一身黑衣的帅小伙精神抖擞，不仔细看还真分不出谁是教师、谁是学生，因为每一张笑脸都那么美、那么动人。学生们的创意时装秀，令人目不暇接，有古典风，有现代感，有运动系列，还有时尚的cosplay（角色扮演），学生们的想象力真是无穷的。在这样一个璀璨的舞台上，这些节目的呈现是学生们创造力的最好诠释。“歌曲串烧”也特别经典，学生们把各民族最具代表性的歌舞搬上舞台，似一场民族大联欢，这怎是一个“美”字了得？青春，是动感的，是新潮的，几位学生的街舞表演，成功点燃了现场的气氛，掀起一波又一波高潮。相声、小品、对唱、合唱……一个又一个精彩的节目轮番上演，不仅有中文的，还有英文的，直冲云霄的欢乐几乎成功冲淡了大家离别的愁绪。在这个过程中，我用语言、用笑容，传递给大家的，是满满的祝福和内心的感动。

面对这样一场盛会，面对这样一群朝气蓬勃的学生，其实，主持人并不好当。小小一支话筒，想要拿得稳，并不像看上去那么容易。所谓“台上一分钟，台下十年功”，即便是看上去十分简单的拿着话筒读串词，也要提前排练许久，才能和搭档配合默契。那段时间，我除了每天正常的带班、教课，完成班主任和语文教师的任务外，所有的业余时间，都用来对稿、练词，每天都紧锣密鼓地进行着。也许有人会问：牺牲掉那么多休息时间，不累吗？其实，身体的疲惫与内心感受到的幸福相比，又算得了什么呢？两名学生小主持在这样的带动、引领下，也收起贪玩的心思，认真排练。因为，从我的身上，他们真切地感受到：能够在几百人中幸运地被选为主持人，是一种幸福；能够在即将离开小学之际，有这样一次锻炼机会，是一种幸福；能够为小学六年画下一个完美句号，站在舞台上与小学作别，也是一种幸福。

万事俱备，只欠东风。这“东风”来得很快，仿佛就在眨眼间，主持人已经站在舞台上。灯光洒向舞台，观众热烈鼓掌，这些典礼必备的“项目”并没有激起太多的情感波动。但是，当毕业生向恩师献上感恩，当教师们眼中泪光闪动，当台上台下一片温情，当毕业典礼不可逆转地进入高潮时，大家心底最柔弱的一角，被深深触动了。也许很多人不解，从未带过毕业班的人，是否能体会当事人的心情。如果您问出同样的问题，那么只能说，那是因为您不是教师，那是因为您感受不到学生对教师、对小学生活最后的留恋。在这一刻，每一位学生，都那么真诚，他们哭着，笑着，感谢着，感谢恩师在他们懵懂的少年时代，给予他们最无私的爱与关怀。

“终于，到了说‘再见’的时候。其实，有时‘再见’也就意味着‘再也不相见’……”这句主持词，是所有话语中最难以驾驭的一句话，因为，话未出口，大家的眼前早已经一片迷蒙，声音也止不住颤抖。因为学生们是多么不愿听到这句残忍到令人心碎却又无可奈何的话语。“就算不相见，也还是会想念……”搭档的话接得很顺、很稳。深深呼吸，平复心情。难过吗？不，不是的。看着一张张稚嫩的脸庞，它们的主人即将迎来人生中另一段美好的生活，教师们的心中其实充满着喜悦。这喜悦，来自作为一名人民教师的职业幸福感！对，没错！就是幸福！当人们将锦衣华服视为幸福，将功成名就视为幸福，将妻贤子孝视为幸福时，每一名普普通通的人民教师，却都是将学生的健康成长，视为自己最大的幸福。因为学生们的点滴成长，都体现着教师的无尽关爱，浸润着教师的无私奉献。“教师”这一称谓，多么神圣！当被人称为“教师”时，我们的一切，都不再仅仅代表个人。也因此，每一名教师在撷取最后、也是最美的果实时，那份满足、那份感动，在场的每一个人都能感同身受。亲眼看着学生们从一个个哭鼻子、闹脾气的小淘气包，长成亭亭玉立的漂亮姑娘、彬彬有礼的帅气小伙儿，还有什么能比这更加令人幸福的事呢？教师的幸福，有掌声的围绕，有学生的欢笑，有眼泪的见证。而这种幸福，也通过这次难忘的毕业典礼，这次盛况空前的活动，传递给了每一名即将踏上中学旅程的学生！作为万泉小学的一分子，我们都感受到了这种幸福，拥有了这种幸福，并在未来还要继续创造这种幸福！

——刘丹娜，《我当主持人》

寒来暑往，一个又一个毕业季，一次又一次主题活动，一次又一次的成功，让我们感受着幸福，传递着幸福。看着一双双充满智慧与灵性的眼睛，望着一张张笑得最纯最美的脸，成为万泉教师最幸福的时刻。如今，“做幸福的传递者”已不再是一句空大的口号，而是变成了实实在在的日常行动，融入万泉人生活的方方面面。万泉小学已经成了人人追求幸福、人人享受幸福、人人传递幸福的大磁场。

四、幸福的大雁团队

我们说学校是教师幸福的摇篮。温馨的工作环境、乐观向上的工作氛围、和谐健康的人际关系，充满着文化品位和精神感召力，能够激发教师的工作潜能和爱岗敬业的创造精神，形成幸福的教育场景。

万泉小学的教师群体是幸福的大雁团队。他们想尽一切办法，不让任何一只大雁掉队。在团队里，我们感受到给予是幸福、付出是幸福、收获是幸福。在团队里倡导的是“一个都不能少”，在这里渡过的每一天都充满浓浓的大家庭的关爱。回顾这份爱，温暖激荡在心中；分享这份爱，快乐与幸福萦绕在心头。

我是2009年调到万泉小学的。初到万泉，有过压力，有过恐惧，也有过迷茫和不知所措。面对陌生又紧张的工作生活，我就像一只没有方向的小舟飘忽不定，是万泉大家庭的温暖让我拥有了前进的动力和战胜困难的勇气。

记得2012年3月底的一天，当张立副校长将与香港来访教师交流活动的任务交给我的时候，我既高兴又紧张。高兴的是作为一名年轻教师，能得到领导如此的信任和赏识，我备受鼓舞；紧张的是我知道自己的机会有多么难得，而自己急需完善和提高的地方又太多太多。那时的我，心情复杂而不平静。然而，当我看到张立副校长那信任的眼神和面带微笑的脸庞时，我的脑海里只有一个念头，那就是：全力以赴，把课上好。

接受任务后，我只要一有时间就会翻看教参、上网查资料，我知道自己的时间不多，必须马上在4月初将教案备出来，然后马上进行试讲，于是，接到任务后我抓紧一切可以利用的时间加紧备课。终于，《装满昆虫的口袋》一课的雏形出来了。但我因为经常熬夜，睡眠严重不足。这几天朝夕相处的婆婆又病危住院，真是雪上加霜！但组内教师的支持、领导的关心让我战胜了自己，不管家里有多大的事，自己的精神多么不振，只要我一站在学生面前又会神采飞扬。终于，4月16日，在迎接香港代表团的活动中课上得很顺利。

之后，在4月29日，与四川省骨干教师们教研日活动中，《装满昆虫的口袋》一课在精益求精的再次调试后又一次展示在教师们面前。这一次上得比之前还要顺利，而在这过程中，教学环节设计的从粗到细、从不成熟到运用得恰到好处，都是大家智慧的结晶。这次讲课活动不仅让我感受到万泉这个团结的大集体带来的温暖，更让我在年级组团结奋进、互助互学的小集体中感受到了那种亲如姐妹的温暖，是组内的同事带给了我无限的动力和力量。回想起我们在一起研究教案的认真氛围，我肃然起敬；回想起我们为了解决教学中一个微小的教育环节各抒己见时的直言不讳，我心情激动；回想起晚上八点手捧月饼还在教室里探讨教案设计时的场面，我更是心存感激。我忘不了周末和组内教师超过两小时的“电话会议”；忘不了王艳老师帮我备课后在夜色中独自回家的背影；忘不了白宏健老师下班后仍手携儿子在校门口说课时久久不愿离去的身影；忘不了刘莉老师每天真挚的叮咛、鼓励的笑容和为我忙碌的身影；更忘不了那一个个共同渡过的夜晚。这许许多多的难忘瞬间和难忘的画面就像颗颗珍珠，串联起我初到万泉的美好记忆……正是大家的精诚团结，才有了4月29日那天与四川省骨干教师们教研日活动的顺利完成。

——高剑，《在团队中幸福成长》

万泉的生活就像一首歌，一首绵绵不断的歌。万泉的教师就像奏响乐曲的乐队成员，乐队里有你也有我。虽然大家各唱各的曲子，各用各的乐器，各有各的唱法，各有各的奏法，但是组合在一起我们就是一支和谐的乐队。领导们无微不至的关心，给每一位教师注入了无穷动力，教师们发奋图强，使每个人的业务不断攀升。

作为万泉小学的教师，在领导、教师们的感召下，不断将自己的幸福传递给身边的同事和学生，将快乐浸入到与同事、学生相伴的每时每刻，让它发酵、升华为“幸福”。这就是万泉小学，这就是我们的大雁团队，一个快乐的团队，一个有着巨大凝聚力的团队，一个幸福的团队。

第三节　走在幸福发展的路上

无论是生活中点点滴滴的“小幸福”，还是实现人生价值的“大幸福”，都是人生的一部分。追求“小幸福”是人之常情，追求“大幸福”是人生的真谛。“小幸福”从属于“大幸福”，“大幸福”决定“小幸福”。“小幸福”奠基“大幸福”，“大幸福”引领“小幸福”。这就是生活，这就是人生。让我们手握“小幸福”，追求人生的“大幸福”，走在幸福发展的路上。

一、铸就成功享幸福

学校是教师干事业、图发展的乐土，教师只有对学校有了荣誉感、成就感和责任感，更有了一种眷恋，才能找到最大的幸福感！教师只有对自身所从事的事业有深刻理解、全面感悟，沉浸于其中，才能真正体会到职业的幸福感！当一个人从事着自己最喜欢的职业，并从中收获快乐，付出也就成了享受！

在万泉小学就有这么一大批人，他们早出晚归、夜以继日，忘记了节假日，忘记了寒、暑假，一心扑在工作上，一心想着热爱的学生们。正是有了这些人，才有万泉小学今天蓬勃的发展。金帆民乐团指挥关欣老师就是他们其中的代表。

关欣老师 1993 年 8 月毕业于沈阳音乐学院民乐系。本着对民族音乐文化的热爱，关老师来到了万泉小学，成为一位音乐教师。万泉小学的民乐团就是在她的陪伴下由小小的民乐队变为北京市闻名的金帆民乐团的。在这22年中，民乐团多次获得北京市民乐团展评一等奖，并在国家大剧院举办专场演出，还走上联合国的舞台，与同行的舞蹈团、武术团等一起为各国驻联合国大使们展出中华民族文化的盛宴。关欣老师带领民乐团先后出访过英国、美国、日本等国家和香港、台湾地区。多年的教学实践和积累，让她成为海淀区民乐管理的先锋，她先后获得海淀区音乐学科带头人和海淀区优秀教师、海淀区艺术之星等荣誉称号，多次荣获北京市中小学生艺术节合奏最佳指挥奖，是中国民族管弦乐学会资深会员。

2012年5月的一天，在沈阳音乐学院校友聚会的餐桌上，一位同学拿出手机读道：“知道吗？据统计世界上最幸福的职业前十名分别是：神职人员，最不谙世事的工作据说是最幸福的工作；消防员，消防员的工作能给人们提供帮助；施工工程师，摆弄那些大型玩具可能是很有趣的，这使他们感觉很幸福；理疗师，社会互动和帮助他人明显使得这份工作是最幸福的工作之一；作家，写下自己心中所想会带来快乐；特殊教育教师，如果你不在乎金钱，特殊教育教师这个工作是个幸福的职业；教师，一般来说这一职业继续吸引着年轻的理想主义者；艺术家，据称是工作满意度较高的职业；心理学家，心理学家不一定能解决其他人的问题，但是似乎他们已经解决了自己的问题；金融理财销售代理，据报道65%的金融理财销售代理认为自己的工作很幸福。”

说音刚落，有几位已成为颇有名气艺术家的同学把目光转向了关欣老师，让她说说她的职业幸福感，又提出“为什么教师会排在我们艺术家前面？”这个问题。关欣老师笑笑说：“我想这个幸福职业排名可能是因为教师这个职业同时具备了神职人员、消防员、理疗师、作家和特殊教育教师的所有职业特征吧。其实人们对‘幸福’有多种诠释，但有一点是统一的，那就是做一个精神充实、有价值的人。”说完，她把献给母校的生日礼物——最新指挥录制的万泉小学金帆民乐团的光盘拿出来，给老同学们欣赏。瞬间，一段气势宏伟、婉转动听的百人民乐合奏在席间回荡起来，全场同学静静聆听，深深地被学生们高超的演奏技巧、完美的画面、大腕般的演奏气势所吸引。短短十分钟，给大家带来极强的视听享受。

——王吉根，《关欣老师记事：幸福源自坚持》

是啊，这就是关欣老师的幸福，一个把事业当作最大幸福的教师的追求。她每天都帮学生们完成着一次次的成长，每天都在为学生们灵动而灿烂的纯真生命而感动。她说："幸福源于坚持，坚持成就人生。我们只要坚持做好每一件小事，天长日久，就可以成就学生，成就我们自己，最终成就我们为之心仪的幸福事业。"

与关欣老师同样优秀的还有张晓静老师。她掌管学校的管乐团，每年花开花落，四季更迭，送走一批毕业的老学员，迎来一批新的小同学。变化的是学员，不变的是每年均在市区荣获管乐最高奖项。用她的话来说就是"在舞台上我享受的是学生带给我的幸福"，而正是这种"幸福"，使我们的管乐团从一支几十人的管乐队发展到现在有500多人的管乐团，从名不见经传发展到现在闻名北京市，从校内表演到走进国家大剧院、走上国际交流的舞台。

2013年6月2日是不平凡的一天，这天我们管乐团应邀登上了国家大剧院音乐厅这座圣殿，举办青少年管乐专场音乐会。当走进国家大剧院的一刹那，当踏上指挥台的一瞬间，我的心异常激动。当演出结束，观众们起身热烈鼓掌时，我的眼泪止不住哗哗地流了下来。此时此刻，流下的是激动的泪水，是幸福的泪水。此时此刻，一切的劳累、一切的辛苦、一切的付出，都被这幸福的时刻所代替。

2005年7月因工作需要，我调到了万泉小学。第二年，在陈宏老师的推荐下我接手学校管乐团。为了做好管乐团的工作，我有时间就把各种乐器、各项设备擦得干干净净，不仅因为它们是学校的财产，更因为这是我的家、我的事业！为了做好管乐团工作，我想了各种办法提高学生演奏水平，刚开始学生不练，我就利用中午休息时间看着他们练，即将毕业的六年级学生，我都是免费搭时间辅导他们练习，六年级毕业生这几年的走向越来越好，我在心里也为他们感到无比骄傲。教练们自不必说了，开始是被动来万泉小学，想看看学校怎么样。2008年当管乐团第一次荣获北京市二等奖时，我记得许多教练都在为另一所名校的演出名次揪心，丝毫未看到我们的进步。只有我和我的搭档王雷老师真心为管乐团喝彩，因为其他教练只是来教课挣课时费，而我们的管乐团却像我自己的孩子，比赛像考试，我当然希望好成绩。2011年万泉小学管乐团获得北京市一等奖第二名的好成绩时，我真的感到是水到渠成。更重要的是，教练看到了万泉人的付出和学校的大力支持，没有一个缺席的，都停下自己的工作来万泉小学辅导。每次专场音乐会每位教练都是真心为学校喝彩。看到管乐团的成长，看到教练们的转变，我觉得工作虽然挺累，但是值！内心幸福感油然而生。

特别是近年来，管乐团的成绩一次比一次好，专场演出一场接一场。在获奖方面：2013 年 4 月，管乐团参加北京市第十六届学生艺术节荣获管乐合奏一等奖；2014 年 8 月，参加第二届全国行进打击乐大赛荣获团体金奖；2015 年 3 月，参加北京市第十八届中小学生艺术节荣获管乐合奏一等奖。在专场演出方面：2012 年 7 月，管乐团在北京音乐厅举办“流淌的心泉”专场音乐会；2012 年 9 月，在英国切塔姆音乐学院音乐厅举办“原音之旅赴英音乐交流”演出；2013 年 6 月，应邀在国家大剧院举办“我的艺术梦”青少年管乐专场音乐会；2015 年 4 月，在解放军军乐厅参加北京市第十八届学生艺术节展演。

这些获奖与专场演出都浸透着我辛勤的汗水。每次踏上指挥台的时刻，就是我享受幸福的时刻。看到学生们很快进入演出状态，一展才华的时候，我感受到幸福；看到学生们入情入境地演奏，激情迸发时，我感受到幸福；看到学生们各个音部配合默契，形成完美的整体时，我感受到幸福；看到学生们接受观众热烈的掌声，体验成功的快乐时，我感受到幸福。幸福在每一个瞬间，幸福就在我们眼前。有人说“爱自己的孩子是人，爱别人的孩子是神”，而我不是神，我爱管乐团的每一位学生，我对现在管乐团学生的名字、班级、脾气秉性了如指掌。每次看到学生们小小的身躯背着沉重的大书包，手里还提着乐器，累得坐在排练厅椅子上喘气的样子，我都暗自下决心：不能白白练习，我们一定能成为优秀的管乐团，每个人都要成为优秀的乐手。

——张晓静，《我们的管乐团》

古往今来，教育家们关于教师职业生活幸福的源泉有三个代表性的观点：“得天下英才而教育之的快乐”“探索求解未知之谜的快乐”和“分享生命成长的快乐”。我们认为，教育是一项直面生命的事业，是与充满活力的生命共舞的教育历程，要让教师体会到职业的幸福快乐，就要让我们的教师从心底里喜欢并专注自己所从事的职业，并把学生的成长与成功当成自己的最大追求，不是把自己每一天的工作当成简单的重复而是不断的创造，不是牺牲而是享受。这样，教师的工作就变成了一种自我满足和自我享受。这是教师职业的最大特点，这就是教师的“大幸福”。万泉小学的很多教师就是在体验着这样一种特有的幸福和快乐。

二、小作家群里享幸福

在万泉小学，有一大批优秀的教师，为了学生的健康成长，为了祖国的教育事业蓬勃发展，他们把最真挚的爱献给学生，他们把学生的成长成才当作自己最大的幸福。董志琼老师就是他们其中的一员，她的小作家群的诞生是她最自豪的事情。

事情还得从2010年说起。当时董志琼老师刚刚调入万泉小学一年，在南校区接手四年级语文教学。凭借17年的语文教学经验，她逐步对学生提出写作要求，要求学生人人准备一个积累本，随时记录妙语佳句，并鼓励学生谁能及时使用自己积累的妙语佳句谁就会得到奖励。

两年下来，每位学生都积累了厚厚几本。在每一本上，董志琼老师都进行了批改，哪些语句积累得好，她都用红曲线重重地画出来。在积累内容的旁边都有“运用实践”，学生们把这些优美的语句用到自己的写作中去，形成自己的写作风格。在“运用实践”的旁边，董志琼老师会写出对学生们运用语句的评价：“你是一个学以致用的孩子！”“你有小作家的潜质！”“语言太美，不知如何下笔评价，点10个赞”……学生们把这种做法笑称是“免费家教”“精神疗法”。

通过两年的语句积累、段落训练，学生们对文字有了一定的把控能力，达到厚积薄发的程度。这时每学期写八篇大作文已经远远不能满足学生的写作欲望，学生们开始新的创作，开始从小事入手，记录生活。

从一开始单篇的叙述故事到后来的撰写系列故事，从写人记事逐步发展到抒情议论，学生们逐渐把积累的妙语佳句运用到他们的创作之中。最难能可贵的是学生们的创作内容也从家庭琐事、校园趣事过渡到对社会问题的关注。虽然看问题角度有些稚嫩，但学生们的创作热情比写作内容本身更可贵。

热衷写作的学生从一两个发展到三四个，从五六个发展到十几个。他们的创作不仅有篇幅短小的诗歌，还有超过了一万字的中篇小说。他们既是美文赏析的主力，更是引领全班学生爱上写作的功臣。

在他们的引导下，写作在全班40多位学生中蔚然成风。在学生们即将毕业的时候，董志琼老师从他们的习作中精选出近百篇文章编辑成《流年·留念》文集。

学生们手捧墨香存留的文集，激动得涨红了小脸！一位学生说：“老师，真没想到我们的习作也能印成铅字!”看着学生们幸福的笑脸，董志琼老师和他们一样也沉浸在无比的幸福中。

——王吉根，《董志琼老师记事：董老师和她的小作家群》

好的教育就是让学生们敢于有梦，勇于追梦，乐于圆梦。因此，帮助学生实现梦想就是教师最大的幸福。当一名幸福的教师，就要善待每一位学生，尊重每一位学生，成就每一位学生。在成就每一位学生中，教师才能真正体现自身的社会价值，才能成为真正幸福的人。这就是万泉小学教师的追求。

三、投入真情换幸福

学生是教师的幸福源。教师职业幸福感最重要的源泉一定是学生的成功和他们对教师的真情回报。培养出能令自己骄傲的学生，是教师的幸福。但要让学生感恩教师，教师就必须真情对待学生、呵护学生、尊重学生。只有我们真情投入，学生才会真情回报。

在万泉小学，每年的教师节来临时，楼道里、班级内满满张贴着的是学生们歌颂教师的诗句和绘画。就连教师办公室的门上，也插着一束束鲜花并附有一张张“节日快乐”的贺卡。学生们用非常节俭、环保的方式来表达对教师的爱。这天在放学后是最热闹的时候，已上中学的学生跑来母校，向教师们献上节日的祝福。最让人激动的是，2011年刚刚荣获第26届世界大学生夏季运动会有氧舞蹈、有氧踏板、健美操团体三项金牌的赵巳彤在教师节前夕回到母校看望教师，给所有的教师带来最大的惊喜。

曾于1995年9月至2001年6月就读万泉小学的赵巳彤，在万泉小学度过了小学六年美好时光。在六年的小学生活中，她得到了班主任无微不至的关怀，特别是得到健美操教练陈宏老师的辛勤培育，从此走上了健美操之路。

2011年8月20日，已在北京联合大学就读的赵巳彤同学，在第26届世界大学生夏季运动会比赛中，勇夺2枚个人金牌和1枚团体金牌。9月9日，她来到母校看望培育她成长的学校和教师。

在谈到她的教师时，她激动地说："在小学六年的过程中给我留下深刻印象的有这么三位老师。第一位是我一年级的班主任李洁老师，是她教我认字、算数，教会了我如何写自己的名字，让我对学习产生了浓厚的兴趣。第二位是我三年级的班主任郭爱莲老师。还记得郭老师是一位对工作非常认真的人，她对我们的要求非常严格，因为有了她，我们班的学习成绩在年级里也是数一数二的，郭老师一直伴随我到小学毕业。最后一位也是对我来说最重要的一位，陈宏老师。记得我从学前班开始就跟着陈宏老师练习舞蹈，陈老师总是耐心地纠正我的错误，让我在技术上不断提高，也获得了北京市舞蹈比赛的各大奖项。这样让我在同龄人中有了很大的优势。后来为了帮助我升学陈老师还向我介绍了健美操这个项目，可以说陈老师在我的健美操道路上起着重要的作用。还有一点就是，陈老师不仅仅帮助我提高业务上的能力，她还在潜移默化中教我如何成为一个为人正直、受大家欢迎的好孩子，所以今天的我才会有这样的成绩，还能做到胜不骄败不馁。"

在谈到万泉小学时，她说："我非常幸运能够成为万泉小学的一员，我为之感到骄傲和自豪。在这三块金牌的背后离不开万泉小学对我的教育和培养。'饮水要思源'，正如这句话所说的，没有万泉小学就没有我今天的一切。我要谢谢我的母校——万泉小学！"

——王吉根，《世大运会冠军赵巳彤回访母校感恩师》

赵巳彤的感谢，道出了她的心声。在万泉小学还有许多像李洁、郭爱莲这样的班主任，他们对学生默默无闻地培育，潜移默化地熏陶，把自己的青春和热血都献给了学生，献给了他们热爱的教育事业。他们的一言一行让学生们记忆犹新，一举一动为学生们带来深刻的影响，我们感谢他们的付出。

在这里特别要提一提赵巳彤的健美操启蒙教练陈宏老师。陈宏老师1991年7月毕业于海淀区艺术师范学校，毕业之后担任音乐教师，她以一片赤诚的心对待每一位学生。2003年，根据学校需要，从没有练过健美操的陈宏老师着手组建健美操队，她凭着一股敢闯敢拼的韧劲，不会就学、不懂就问，硬是自学取得了健美操教练的资格证。功夫不负有心人，陈宏老师第一次带领学生参加健美操比赛就取得了2005年全国健美操联赛上海赛区“延安杯”三人组集体第一名、五人组集体第一名的好成绩。这次成绩，给她带来做好健美操教练的信心。2005年以来，在她的悉心辅导下，健美操队先后夺得了世界健美操比赛有氧舞蹈冠军、竞技健美操三人操世界冠军、北京市中小学生健美操比赛团体冠军、海淀区中小学生健美操比赛团体冠军。陈宏老师的付出终于换来了累累硕果。

没有陈宏老师的付出，也没有赵巳彤优异的成绩，更没有健美操队辉煌的硕果。只有教师的真诚付出才能赢得学生真情回报。我们为赵巳彤而骄傲，更为学校有着更多的陈宏老师而自豪。正是因为有这么多的李洁老师、郭爱莲老师、陈宏老师，学校才能成就学生们心中千千万万的梦想！毕业生回访母校是学生们献给学校、献给全体教师最好的、最珍贵的、最令我们自豪的礼物！这不仅是教过赵巳彤同学的幸福，更是万泉小学全体教师的幸福。

这就是我们万泉小学的教师，这就是我们万泉人的“大幸福”。幸福不是GDP(国内生产总值)，不能用数字来衡量，更不能用公式来计算。幸福不是写在纸上的东西，它深藏在我们心中，绽放在我们的脸上，源自我们的双手。

“笨人寻找远处的幸福，聪明人在脚下播种幸福。”面朝通往幸福的康庄大道，我们才刚刚出发。幸福就在你、我、他的手中，也在你、我、他的脚下。让我们抖擞精神，整装再发，永远行进在幸福成长的路上。

第四章　携手走向教研深处

追求最好的教育，营造绿色教育生态，离不开教师，更离不开教师的专业成长。而帮助教师实现成长的，莫过于开展以校为本的教学研究。早在国家新课程刚刚启动之时，我校就开始了校本教研的探索，并且取得了一定的成效，先后于2003年、2004年、2005年，在我校成功召开了海淀区、北京市和全国的校本教研先进经验现场会。在此后，我们继续探索，其中语文教研团队探索出了以课例研究为载体的“课堂接龙”式教研模式，出版了《飞翔吧，大雁团队》一书。同时，这项研究成果还获得了北京市基础教育优秀教学成果二等奖。

然而，随着教育的进步、学校的发展，我们愈发感到我校的校本教研工作还有很多不足，难以满足飞速发展的教育变革要求。因此，2011年，学校参加了海淀区课题“校本教研方式创新研究”，力图继续通过课题研究的方式，来推进我校的校本教研工作向深入发展。而UDS项目组也为我们带来新的思维碰撞和思想变革。在“改进在日常”理念的引领下，我们以行动研究为范式，将对日常教研工作的反思作为切入点，以关注学生的学习为生长点，以学校课程建设为着力点，稳步实现校本教研活动从“反思”到“行动”、从“学会”到“会学”、从“课堂”到“课程”的转变，努力成就“爱教、会教、能教”的反思型、研究型教师队伍，致力于培养“乐学、会学、能学”的创新型、发展型学生，并努力构建融基础课程、主题实践活动课程和拓展课程为一体的多元化、多层次的绿色教育生态课程体系，与专家、教师、干部共同携手迈向教育变革研究的深处。

第一节　从“反思”到“行动”

牛顿第一定律告诉我们，任何物体在不受任何外力的作用下，总保持匀速直线运动状态或静止状态，直到有外力迫使它改变这种状态为止。按部就班的行动往往会阻碍事物的发展，而立足日常的反思通常会成为发展的动力。为了实现更有效的教学，我们需要反思，需要对已经发生或正在发生的教育教学活动以及这些活动背后的文化、理论、假设，进行积极、持续、周密、深入的思考，在思考过程中，去发现、清晰表征所遇到的教育教学问题，并积极寻求多种方法来解决问题，从而改进实践活动，使我们的工作充满智慧和创新。

为解决上述问题，学校将“为我们喝彩——青年教师课堂展示活动”纳入到学校的“玉兰工程”之中，改为“为我们喝彩——‘玉兰杯’课堂展示活动”，并做出如下改进。首先，由部分参与改为全员参与：大家共同商讨上课内容，集体备课，组长和骨干教师发挥示范、引领和指导作用，青年教师的学科教学知识得以积累，教师成为学习型共同体。其次，从“就课论课”转向“就课论道”：各学科团队结合自己学科的规律和特点，寻找到适合自己学科的研究主题并将此作为“为我们喝彩——‘玉兰杯’课堂展示活动”的核心和主旨。最后，更加重视研究过程，明确教研流程。我们将各学科的“为我们喝彩——‘玉兰杯’课堂展示活动”的整体流程策划为：研究阶段（围绕研究主题选择一节课，制定研究方案，调研学情，分析教材，试讲）——上课阶段（骨干教师、组长上展示课）——再研究阶段（青年教师改进教案，再试讲）——课堂展示阶段（青年教师为大家上展示课）——反思总结阶段（形成研究报告）。

实践证明，改进后的“为我们喝彩——‘玉兰杯’课堂展示活动”让每一位教师都“动”起来、“研”起来了，我们的教研活动更具有计划性、系统性和统领性了。

从“课堂接龙”到“为我们喝彩——青年教师课堂展示活动”，再到“为我们喝彩——‘玉兰杯’课堂展示活动”，我们的校本教研行动不断改进，呈现不断上升的状态，这源于我们深入、持久的反思。而当反思成为学校工作的一种思维习惯时，语文、数学团队的成长也因反思的影响而焕发出勃勃生机。

一、重新起航的语文“大雁团队”

2011 年，在对“课堂接龙”式教研模式实践探索十周年的时间节点，我们逐渐放缓脚步，重新审视语文团队的发展现状。蓦然回首，我们在欣喜地发现语文教师认认真真研究、扎扎实实教学的同时，也开始发现制约“大雁团队”可持续发展的两大关键因素：一些教师的自我意识和自主能力欠缺，在面临新任务时，“等”“靠”“要”的思想较为严重；教师学习空间局限在学校内部的研讨，学习渠道单一。这些都在无形之中制约了教师的专业成长。教师队伍的自主性、创新性不足，教研方式单一的直接后果是课堂教学手段陈旧落伍，教学效能无法得到有效保证。如何才能改变这一现状，建立让学生受益的高效课堂呢？我们决定从问诊课堂开始。

课堂是学生学习的主要渠道，教研活动的核心追求应是为师生每天置身其中的课堂服务。踏上转变路程的语文教研团队决定从了解真实的课堂问题开始，借助两大维度、多个指向的课堂观察表，诊断课堂教学中的问题进而采取改进措施。“亡羊补牢”不如“未雨绸缪”。为了让“大雁团队”的每一位教师都能明确我们课堂的最终指向到底是什么，我们又在反复研磨中制定了万泉小学“大雁团队”的语文培养目标和评价标准，让教师在上课之初就对语文教学的目标胸有成竹，进而游刃有余地展开教学。

(一)课堂观察表找问题

发现不到自己的问题，恰恰是最大的问题。自我感觉良好势必会带来停滞不前的结果。我们的课堂中到底存在着哪些问题？这个问题还要回归到课堂中去寻找、发现。当我们走进语文课堂的时候，在感叹教师理解教材更加深入和驾驭课堂能力提升的欣喜中，也凭借经验发现了一些比较重要的问题。例如，授课教师对于语文教学目标把握比较模糊，对授课环节和策略缺乏优化的意识，随意性较强，更严重的是，教师在课堂上忽视了学生学习主体的地位，常常越位。我们认为，这些问题都会直接影响到课堂实效性。但是，当我们把这些意见反馈给授课教师的时候，由于教师经验还不够，所以有时还不能感受和理解，让他们直接接受别人的观点，往往得不到很好的效果。那么，怎样才能让教师自己认识到自己课堂上的问题呢？我们找到了一种科学的研究方式作为媒介——课堂观察表，帮我们引领教师发现自己语文课堂中的问题，使我们的课堂进一步走向实效。

一节 40 分钟课的有效性到底有多少？我们怎样才能客观评价一节课是高效还是低效呢？在不断寻找答案的过程中，我们发现不同的课堂观察表可以针对课堂实效的各个方面进行科学的数据分析，以发现的主要问题为原点，准确地呈现课堂的情况。为此，我们的“大雁团队”从“教师的教”和“学生的学”两大维度设计了七份课堂观察表。例如，针对授课教师对于语文教学目标把握上的模糊问题，我们设计了由作课教师填写的课前和课后教学目标对比表；针对授课环节和策略缺乏优化的意识，随意性较强的问题，我们选用了对提问及回答等策略实效性评价表；针对教师在课堂上忽视学生学习主体地位的情况，我们则选用了针对每位学生回答问题跟踪评价的量表。课堂上，一位教师在实施课堂教学行为时，其他教师分工合作，边听课边完成课堂观察表。这样不仅从“教师教的行为”，即目标达成程度、问题有效性、对问题反馈方式、课堂教学评价、语言使用情况等方面看课堂，还从“学生学的效果”，如学生的参与性、学生的课堂表现和师生占用的时间比例等角度去关注课堂的效果。课后，授课教师会拿到原始的课堂观察数据，从一个个真实的数字中去分析自己的课堂效能，随后，教研组长会给授课教师一份课堂有效性观察报告书，综合呈现课堂教学中高效和低效的指标，并从专业的视角去揭示课堂教学行为背后的真实问题。

这样的科学量表最终呈现的数据，可以说给教师们带来了极大的震撼。

阳春三月，我参加了学校组织的“为我们喝彩——‘玉兰杯’课堂展示活动”。我讲的是北京师范大学出版社版本(以下简称北师大版)的语文第四册中著名作家冰心写的一首小诗《雨后》。在经历了说课、两次试讲之后，我开始正式讲课。短暂的 40 分钟很快就过去了，下课铃声响起的那一刻，我知道这节课有精彩也有遗憾，可是一时半会也很难说清。

此时，教师们给我送来了他们填写的课堂观察表，让我明确地意识到自身的问题。

统计后我发现，在这堂课中，我“对学生回答不理睬”或只用“真好”等简单的方式回应有 15 次；重复自己的问题或学生的答案有 16 次；而对学生回答鼓励、称赞有针对性仅为 3 次；借问题或接学生的话把学生思维引向深入有 6 次；打断学生的回答、自问自答有 2 次。在有关学生的参与性上，本次讲课的班级共有 42 位学生，参与课堂发言活动的有 24 位，其中在本节课中发言 3 次以上的竟然有 9 人。这些数字触目惊心，也让我清醒地意识到自己在课堂教学中的很多行为都是无效或者低效的。

随后刘莉主任拿给我的课堂有效性观察报告书，又引导我从外部事实走向内部影响因素，从自身挖掘影响课堂教学效能的众多因素。首先，这节课在问题设计上，有效性问题只有3个，分别是“听了他们读，你觉得哪儿美?”“在这个感叹号中藏着小哥哥的什么心情?”“读完了外貌这句，你头脑中浮现出了怎样的形象?”其次，问题设计存在无效与低效问题：从数量上看，问题比较多、比较碎，缺乏对文章的整体把握；从质量上看，个别问题的指向性不够强，学生不明确教师的要求。例如，教师说：“小哥哥摔跤后怎么样呀?”其实，教师是想让学生们说觉得特别痛快、骄傲，可这个问题让学生摸不着头脑，不知该如何进行。这个问题可以换成：“老师采访采访你，小哥哥，你摔了一跤为什么还这么骄傲呀?”从实效上看，不用学生回答的问题比较多，如“对不对呀?”“对吗?”“是他的动作吗?”等，给学生的回答范围只留下了“对、不对”“是，不是”，很多是学生心知肚明，不用回答的。

这节课在有效性反馈中，有3次鼓励针对性强的反馈，如表情配着诵读，抓住了学生诵读的优点进行点评，有6次借学生的回答把问题或学生的思维引向深入。这节课在无效与低效反馈上，有自问自答的情况，教师等不及学生答，或有学生答错后不知如何引导，造成自问自答；重复学生的答案或自己的问题及简单反馈的情况比较多，其原因是对学生回答预设不够，或学生回答与自己的目标之间缺乏引导策略。

无论是课堂观察表还是课堂有效性观察报告书，它们都在帮助我认识到自己的问题所在。今后在常态课的教学上，我必须关注自己的问题语言，改掉自己的坏习惯，力求做到锤炼自己的语言，使之简练、有效。在备课中，我要更充分地进行预设，才能在宝贵的课堂教学时间里引导学生进行有效学习。对于学生回答问题后的评价语言，我也要平时多听课学习，钻研教材，今后努力做到评价到位精准。

——李迎教，《课堂观察表及课堂有效性观察报告书给我带来的反思》

引导学生有效、高效的学习是教师在进行教学设计和教学实践中永恒的追求。课堂观察表的意义在于它将这种宏观维度上的“有效”转化为形象的、具体的和可落实的环节、对象和行为。这种微观领域量化评价的方式让教师能更加自主地、细致入微地反观这节课和以往上课过程中存在的问题，也能让教师从意识和行动上明确今后如何提高课堂教学中的效能，为学生的有效学习保驾护航。

(二)课堂常规评价表定方向

课堂观察表的推进确实使教师们开始主动地思考如何使我们的课堂更具实效性，并且在行动中开始调整自己的教学策略。在针对众多课堂观察表进行整体梳理时，我们开始认识到了我们对于语文发展目标还需要有更清晰、明确的理解，需要真正明确“我们要去哪里”，也需要通过评价标准来帮助我们了解“我们是否到达了目的地”。

首先，我们对现有的语文评价标准资料进行了查找。在查找过程中，我们发现目前的评价标准大多以年段来进行梳理，而且过于笼统，虽然比较清晰，但是教师在具体操作时往往很难把握。如何架起课程标准与各年级教师科学有效实现目标的桥梁呢?

我们认为，评价标准要体现的是科学性和针对性，为此，在制定万泉小学语文评价细标时，我们依据《义务教育语文课程标准(2011 年版)》，结合万泉小学学生特点以及我们对学生的发展预期进行进一步细化，力求构建起一至六年级相互衔接，呈阶梯状发展，具体可操作的目标和评价标准，帮助教师做好每个年级的把关工作，使得语文教学更富有实效性。

在这个过程中，我们集合全体语文教师之力，以年级为单位，对《义务教育语文课程标准(2011 年版)》先进行了深入的分析，努力先构建起一至六年级整体大的框架。在构建大框架之间联系的时候，资料中并没有更多能提供给我们的素材，而我们有的是一颗认定必须去完成它的心。因此，我们以国内外相关理论为媒介，结合我们的实践及面临的问题不断进行梳理、调整，制定了各年段的“听”“说”“读”“写”“朗读”“演讲”“作业”以及“各年段学习习惯”的培养目标和评价标准。以万泉小学在“听”方面的培养目标和评价标准来说，对于一年级学生我们关注了倾听习惯的一些具体的培养目标和评价标准。例如，“认真地听”中包含倾听时眼睛专注地注视对方，手脚不乱动，及时给予回应等。只有有了这样的标准，才能使学生在此基础上为更高年级“听”的发展打好基础。在这个过程中，我们也不断在学生的发展情况中查找问题，及时把它纳入应培养年级的目标中去，不断实践，不断审视，不断完善。语文教师们在实践中也会提出自己新的理解和想法，再加上各年级之间研究共同体的构建，使得细化培养目标和评价标准得以更好实现。

在实践应用过程中，教师们反映确实以此避免了因培养目标缺失导致的教师在语文教学中出现的课堂“云里雾里”“不知所措”的局面，让教师们的语文教学实践活动更有目标，更有抓手，最终促进语文教学实效性的提升。同时，为使课堂观察表的效能最大化，我们要求各班张贴评价标准，教师和学生共同学习、明确评价标准，鼓励教师在语文教学实践活动中转变思维，创造多样的方法去落实评价标准，提升学生的语文素养。

教师们正是用我们的“培养目标和评价标准”来帮助学生更好发展的。

众所周知，小学阶段是习惯培养的关键时期，而语文又是众多学科中至关重要的一门课程，如何让刚刚走进校园的“小豆包”们养成良好的语文学习习惯呢？身为小学低年段语文教师的我肩负重任。作为一名青年教师，我深感自己责任重大。

“小豆包”们在刚开学时，他们的状态真的可以用“自由散漫”来形容。上课铃声响起，他们无动于衷。课上他们注意力不集中，不经允许随意说话，个别学生甚至离开座位。我自己的状态呢？不夸张地说，要用“手忙脚乱”来形容。上着课，不是小北所答非所问，就是小西举手说他的铅笔丢了要我破案，真恨不得自己拥有三头六臂。

虽然我一直纠正学生的种种不良习惯，但是他们却对此不太领情，对于我说的“坐好”“认真听”“注意拿笔姿势”之类的话也充耳不闻。这是怎么了？难道真如人所说：现在的学生越来越难管了？正在我苦恼之时，学校为一年级每个班下发了一份《语文课堂常规评价表》。

这里面涉及听、说、读、写四个方面，对于每个方面都有细致的评价项目及达到目标，并且有每个习惯养成的时间训练点。例如，在听的方面，第一周要做到：听到叫自己时，能马上做出反应，眼睛直视，站直，手脚不乱动，手里的事先停下。见到这份《语文课堂常规评价表》，我恍然大悟：原来不是学生太难管，而是我的方法不正确。我要求学生在听讲时要“坐好”，什么叫“好”呢，学生不理解，所以他们不知道怎样做。而现在这张《语文课堂常规评价表》说得清清楚楚，在听讲时要做到：眼睛往前看，双臂放在课桌上，身体摆正，背挺直，双脚落地，手脚不乱抖晃动。所以在要求学生听讲时我不会再说“坐好”这类的词，而是教他们要如何坐，告诉他们怎样坐才叫“坐好”。就这样我严格按照这张《语文课堂常规评价表》中要求的听、说、读、写四个方面的要求来引导学生，慢慢地，学生们真正地知道了语文学习时要怎样做了。语文学习习惯初步养成。

由于一年级小学生的一些认知特点，他们很难一下子记住上课时的这些规矩。那么新的问题又来了，如何让他们清晰记忆又不乏兴趣呢？我找到了一个小妙招——创编儿歌。从古至今，儿歌都是幼儿最早接触的文学作品。因其语言浅显易懂、通俗明快、韵律优美，成为幼儿最易接受、最喜欢的文学样式。所以我针对语文听、说、读、写这些方面的要求创编了一些儿歌。

在听方面，要求学生：眼睛往前看，双臂放在课桌上，身体摆正，背挺直，双脚落地，手脚不乱抖晃动。那么我们的儿歌为：铃声响，教室静，脚放平，身坐正，向前看，认真听，比一比，谁最行。

在说方面，要求学生：对他人给予适当的评价。我教给学生在为他人鼓掌时说儿歌：棒，棒，你真棒，继续努力会更棒。

在读方面，要求学生：学会指读、听读。坐端正，书放平，左手扶书，右手食指指在字的下方。坐端正，背挺直，书立放，目视课本。于是我们的儿歌为：他来读(师说)，我来听(生接)；拿起书(师说)，认真读(生接)；左手扶书(师说)，右手指字(生接)。这样的师生配合，既帮助学生养成良好习惯又激发他们学习的兴趣。

在写方面，要求学生：左手按本，右手书写，坐姿端正，做到三个一，握笔姿势正确，专心书写不做其他事情。于是我们的儿歌为：写字做到三个一，眼离书本一尺远，胸离桌子一拳远，手离笔尖一寸远。执笔姿势儿歌为：一指二指捏着，三指四指托着，小指在里藏着，笔尖向前斜着，笔杆向后躺着。在这些儿歌的帮助下，班里学生的语文学习习惯得到巩固，一堂课下来，我不用再单独停下维持纪律了。

为了让学生们能够自律些，我设计了一个评比表。以学生小组为单位，评比的内容为课堂表现(涵盖听、说、读、写四个方面)，最后一项为“总分”，即这张评比表施行积分制。我在每周的班会课上都会对上一周情况总结，并且选出分数最高的组为获胜组，在第二次总结时除了选出本周获胜组外还要选出本周进步最大组，予以发奖。奖品都是我亲自挑选购买的，学生们非常喜欢，都想自己的组获胜得奖，所以学生们都很努力，争取做得很好。而且我发现学生们为了让自己小组的成员得到表扬而为组内加分，同学之间有了相互提醒，有了相互帮忙，班级更加团结了，上课氛围更加和谐了。

学生良好的语文学习习惯养成，不仅靠教师的引导、学生的努力，还要得到家长的支持。所以在这一年中我一直在培养学生行为习惯的过程中和家长经常沟通，让家长们了解本学段学生应养成的良好学习习惯，并取得他们的信任。有了家长的支持，我的工作进行得更顺利，学生们的习惯养成更理想，达到双赢的局面。现在班里的“小豆包”们上课时聚精会神，积极发言。各科教师也都反映学生们进步很大，他们现在真的是“合格的小学生”了。

就这样，慢慢地学生们懂规矩了，守规矩了，养成了良好的语文学习习惯。在这一年中，我借助《语文课堂常规评价表》《听、说、读、写目标及评价量表》一步步带学生扎扎实实地前行，学生们就这样一步步迈向更高的阶梯，借着学习的“惯性”不断成长，既扎实又迅速。我也陪着他们体会着成长的快乐，感受着成功的喜悦。《语文课堂常规评价表》的作用真是太大了！

——张旭，《“小豆包”们的语文学习习惯养成记》

《语文课堂常规评价表》是在教师们不断实践、不断审视、不断完善中产生的。在这个过程中，我们也不断在学生的成长中查找问题，及时把有利于学生终身发展的元素纳入到培养目标中去。《语文课堂常规评价表》的制定进一步明晰了语文课堂教学的目标和方向，让我们感受到语文教学不仅应传授知识，在学习过程中形成兴趣、习惯、学习方式同样重要。《语文课堂常规评价表》的实施，让我们看到了学生在学科素养、能力、表现方面巨大的变化，也让我们感受到全面发展才是学生真的发展，才是素质教育的必然要求。

(三)“三教三反思”促改变发生

教学方式变革的背后是研究的不断深入。相比于原来追求以经验和散点发展的“课堂接龙”式教研模式，“三教三反思”则更注重重点问题在实践中有目标地、层层突破的过程。在“三教三反思”过程中，我们努力把每个环节都和细化的培养目标相结合，用评价标准来验证课堂的落实情况，在此基础上，再继续研究，并在反思中寻找突破之处。

落实“听、说、读、写”的评价标准，培养学生“听、说、读、写”的能力，提升学生的语文素养，最终是要靠一节又一节的语文课来实现的，因此，提高课堂实效性就显得尤为重要。我们期望通过引导教师努力做到启发性地教、针对性地教、创造性地教、发展性地教来帮助学生实现积极、深度和独立学习。为了引导教师通过“少教多学”建构高效课堂，我们借助“三教三反思”的教研方式促进教师在集体备课、实际作课、课后反思的过程中提升自己的教育教学能力，提升课堂实效，最终服务于学生语文素养的提升。

“三教三反思”的流程分为三个阶段：“一教一反思”是指先由组内最年轻的教师进行说课展示，说课后组内一起研究保留点和改进点；“二教二反思”是指年级组长和说课教师之外的人员抽签决定一轮上课者，并严格按照“5分钟课前演讲—30分钟高效课堂—5分钟好书推荐”的流程展开教学设计和上课，作课后，组内教师一起研究反思保留点和改进点；第三次上课是由组内最高水平的教师上课，并请专家点评，之后，教师们要参照专家的建议对课进行深入反思和交流，梳理研究历程，最终完成汇报，完成“三教三反思”。与传统的“课堂接龙”式教研模式相比，“三教三反思”的改进主要体现在三个方面：研究主题的确定让课堂教学的方向性更明确；教学反思使课堂教学向纵深方向发展；教师思维方式的转变让课堂更宽广。“三教三反思”让我们的很多教师都从中受益，快速成长。

1. 反思，在研究之前

传统的教研活动多是“就课论课”，教研主题往往不明确，甚至缺失或者泛化。在确定“三教三反思”的教研思路之后，我们决定从“就课论课”走向“就课论道”。在说课、上课之前首先明确一些问题：我们研究课的道理在哪儿？背后的依据是什么？我们如何研究这节课？要走过怎样的路程？在不断的提问、追问过程中逐渐明确研究主题，进而围绕研究主题开展课例研究。这种方式不仅有助于提升研究的效果品质，也有利于通过高效研究提升课堂实效，提高教学质量。在这种思路的引领下，各年级教研组在开展以“三教三反思”为主题的“为我们喝彩——‘玉兰杯’课堂展示活动”前，多了一些思考与研究。

“三教三反思”促进课前诊断

以往一听“为我们喝彩——‘玉兰杯’课堂展示活动”作课，我们就匆匆拿出教材，选取要讲的课文，确定目标。可是学校提倡以“少教多学”建构高效课堂之后，我们不想再匆匆忙忙地决定上哪节课了，因为我们不想再毫无根据地乱研究，而是想有根有据地真研究。既然我们要提升课堂实效，那我们现在上的课有效吗？如果无效或低效，是哪些因素导致的呢？

我们五位教师分头行动，开始了第一站，通过“望、闻、问、切”诊断我们课堂的实效性。

“望”：在运用课堂观察表进行数据分析时，我们发现，一节40分钟的课，教师们的平均用时为29分钟，学生用时仅为11分钟，课堂上教师一人占用的时间将近学生的3倍。我们继而对教师29分钟中的问题和话语进行分析，发现了一些“明知故问、自问自答、非是即否”的问题。我们反思，如果教师用这样的问题和话语占据学生大量的时间，肯定是达不到真正的实效的，那么我们该用什么来替换课堂中这些低效的问题和话语呢。

“闻、问”：学生是教学中最准的“尺子”，任何实效都需要在学生身上得以体现。因为是低年段，我们二年级组采取各班抽调问询的方式来了解学生对语文课的期待。约有42％的学生觉得课堂上应该有更多让他们活动的时间和环节，而37％的学生希望课堂更有趣、吸引人。看来，学生们也在期待自己成为语文学习真正的主人，他们也在期待着语文课堂能多一些实效性、趣味性和自主性。

“切”：“行有不得，反求诸己”，问卷调查的结果和学生的回答让我们开始反观、剖析自己，我们开始审视课堂中的我们到底是怎样的状态。原来是我们的“教”出现了问题：我们的提问多，学生质疑少；对课文内容理解多，语言揣摩少；教辅用书多，工具用书少；表演作秀多，务实创新少……

“望、闻、问、切”的诊断结果都指向了“教”和“学”的关系问题，我们该采取措施提高课堂实效了。那么如何才能构建高效课堂呢？我们决定“两手抓，两手都要硬”。学会放手，让学生学出实效，让教师教出实效。在课堂教学中，我们要教好重、难点，教好规律，教好方法，教好易混点，教好易错点，教好易漏点，并将培养学生思维的准确性、广度、深度和独特性作为出发点和落脚点。

研究方向和主题确定后，我们才开始确定上哪节课。在组内教研会上，起初，大家都把视线放在记叙文上，因为记叙文研究得多，可借鉴和挖掘的内容丰富。但是当我们统观全册，发现在24篇课文中，有9篇课文是儿童诗，纵观六个年级的教材，诗歌所占的比例也非常大。但学生通常觉得诗歌没什么意思，教师也往往低估学生的感悟能力，觉得二年级学生那么小，很难体会出诗人那样简练语言的妙处，所以作课很少选择诗歌，讲好不容易，反而往往陷入浅白的误区，这才是我们的真困惑、真难点。几经研讨，大家最后把目标锁定为《风》这篇课文。原因就是越不好讲的课文越值得我们研究，同时，它的教学突破可以对今后的诗歌教学起到以点带面的作用。

确定好课之后，围绕研究主题，我们又进一步明确了如下几个研究突破口："用教材教"的多一些，"教教材"要少一些；读的指导多一些，为读而读的次数少一些；生本对话多一些，师生对话少一些；学生练笔多一些，教师讲析少一些；启发式思考多一些，直接给的内容少一些。做好这些工作之后，我们才开始踏上"三教三反思"的历程。

——王亚喆，《在研究中碰撞火花，在共研中启迪智慧》

"行成于思，毁于随"，我们的"三教三反思"也如此。对研究问题、主题和突破口的思考让我们的教研活动不再盲目、茫然，也让我们在教学设计、课堂教学时更具针对性和有效性，更为教学反思提供了抓手。

2. 反思，在教学中

教学反思是指教师对教育教学实践的再认识、再思考，并以此来总结经验教训，进一步提高教育教学水平。在"三教三反思"中，我们加强教师对课堂教学的反思，在每一次上课之后，通过集体反思和个人反思的方式，参照语文学习评价标准，对宏观层面，如课堂学生参与性、教师问题有效性、教师对学生反馈等，对微观层面，如学生的写字、朗读、口语表达、认知方式甚至课堂中每一个细小的环节，都进行反思。在一次又一次的反思过程中，教师的教育教学理念得以提升，也是在持续不断的反思历程中，我们的教育教学方式更加贴近学生的思维方式，课堂效率更高。

"三教三反思"促进课中的反思

《义务教育语文课程标准(2011 年版)》指出，要让学生"喜欢学习汉字，有主动识字、写字的愿望"。因此，我把识字学词作为本节课的重点，通过多种识字方法，运用形近字辨析、扩词等策略，让学生读准字音，记清字形，意会字义，使学生扎扎实实地掌握本节课的生字词。在学写"游"字时，结合汉字的演变，我在"三教三反思"中做了三次调整。

第一次试讲，我出示"游"字，再给学生们出示甲骨文演变的图片，一闪而过。这样学生只知道甲骨文"游"字大致长什么样，不明白意思，也对认"游"字没什么帮助。

第二次试讲，我在大家提建议后，开始把“游”字的现代汉字和甲骨文进行比较，学生就知道“氵”表示水，“方”和“丿”“一”指手拿方方的旗子，“子”就是这个小孩。这次学生对“游”字的字形和意思理解、记忆得更扎实，就不容易写错了。

在我第三次试讲时，我们组又在此处进行反思、研究：如果教师告诉学生“游”字每一部分代表的是什么其实挺无趣的，我们的学生们能不能自己通过看图，对甲骨文、汉字和图画进行联想猜字？其实学生正是在这样的联想加分析的训练过程中，进行自学自悟的，事实证明，这样的效果更好。让二年级的语文学习能踩在一年级教学的肩膀上，不是从零起步，不是好高骛远，而是一个个台阶攀登、一个个能力点设置、一点点深入和开放，让学生学会自己学习。

一节丰富充实的课，无论是从时间上来看还是从内容上来说，“游”字所占的比例只不过是冰山一角，可是为了让学生们真正地掌握这个字，我们经历了三次反思和研究，最终取得了满意的效果。而这最后一次讲课对“游”这一个小小的字的调整也让我真正明白了在“少教多学”中，只要教师相信学生，释放学生学习能量的小宇宙，学生就能在自主学习和探究的过程中做到学有多得，课堂的实效性也不再是空中楼阁。

——蔡志玲，《“三教三反思”：让课堂自然流淌着诗情》

3. 反思，在教学之后

教研，最充实的是过程；教研，最美的也是过程。在“三教三反思”的历程中，教研组内的每一位教师也面对着一次次的挑战，但是大家相互启发、相互支持，一起改进、蜕变着。“三教三反思”的磨炼，让“大雁团队”的教研气氛更浓了，教师们的研究意识在不断增强。我们不再仅仅满足于经验的丰富，而是更自觉地追求思维方式的逐步转变，对一节课的效能也开始有了新的思考。

“三教三反思”促进课后的反思

短短40分钟的语文课到底能承载多少内容？到底能对学生一生的语文学习有多大的影响？我们在研究中越来越感觉到：我们不光要深挖一篇课文的内涵，还要积极拓展其外延，我们要通过一篇课文的学习为学生开一扇窗，让学生看到外面更广阔的世界，引发学生自主地去探知更精彩的语文学习外延。就像在这节课中，我借“风”为引，引出有关“风”不同形态的四字词，还引出了有关“风”的诗文名句，既完成了积累，又辅助学生更深入地理解文本，虽为二年级的课堂，却一点也不浅白。在结尾处，我们还进行了巧妙的“钓饵式”阅读推介，只展示精彩小诗的一部分，唤起学生继续读下去的兴趣，把学生引向更广阔的书的海洋。当我们的课堂的起点不再是小小的教室，当我们的终点不再是一篇课文，我们坚信，以课堂教学为轴心，向学生生活的各个领域开拓延展，让他们的课堂生活、学校生活、家庭和社会生活进行全方位有机结合，我们的课堂就不再只是三四十分钟，而是为学生一生奠基的，是向学生的一生一世传递幸福的。

当我想到这儿的时候，我开始思考：我教了十几年的语文到底能给予学生什么？是简简单单掌握识字、读书、朗诵的技能吗？不是，这应该是最基本、最底层的能力。语文是要为学生们的生活服务的，我们在语文教学的过程中更多的是要教会学生学会生活，诗意地生活，在诗歌、散文的陶冶中收获一双发现美、感悟美、享受美的眼睛，这双眼睛能让我们的生活更美好。

——蔡志玲，《“三教三反思”：让课堂自然流淌着诗情》

借助“三教三反思”式的教研方式，我们逐渐从“就课论课”向“就课论道”过渡。这条与课堂实效有关的“道路”是脚踏实地、真真切切的。我们在上课之前研究真问题，在一次次的说课、一轮轮的讲课过程中进行真思考，在一次比一次深入的反思中真成长。蕴含在课堂实效中的“道理”也是简单的，我们的教学要给学生更大的学习空间，要在学生语文学习能力的砖石垒积上，不断建构万泉小学学生语文素养的大厦。从团队发展的深度反思，再到以学生发展为前提的个人反思，我们一步步超越自己，一步步以学生发展为“航标”不断前行。正是这样的不断探究、不断反思的模式，推动了“大雁团队”飞向更高远的地方……

二、从内打破焕发数学团队活力

一个鸡蛋，从外打破是食物，而从内打破是生命。对团队而言，从外打破是压力，从内打破则是改变。万泉小学的数学团队就经历了从内打破获得重生的过程。

从2001年开始，语文团队的“课堂接龙”式教研模式凭借其“龙头”地位和强大的影响力在引领学校整体教研活动中发挥着示范、引领、指导作用，当时的数学团队在学校主流趋势下，也按部就班、循序渐进地发展。日趋成熟的“课堂接龙”式教研模式和推陈出新的“为我们喝彩——青年教师课堂展示活动”，为数学团队赢得了众多精雕细琢的公开展示课。然而，静下心来细细反思数学团队的教研活动，我们开始意识到随波逐流的数学“课堂接龙”式教研模式虽然轰轰烈烈，却在无意之中丢了本该具有的“数学味道”，少了对源于数学课堂真实情境的真问题的研究，也脱离了我们数学教师自身的优势和特点。如果我们继续在语文团队的引领下亦步亦趋，那注定我们只会原地踏步、停滞不前。改变势在必行，数学教研活动必须要回归自我，扎根数学，努力寻找符合数学学科的规律和特点、适应数学教师队伍的特色教研方式。

就在数学团队探寻自身教研特色时，学校将“为我们喝彩——青年教师课堂展示活动”纳入到学校的“玉兰工程”之中，改为“为我们喝彩——‘玉兰杯’课堂展示活动”，鼓励语文、数学、英语、体育、美术等各学科积极开展适应本学科的性质、目标、特点和规律的教研活动。当数学团队努力追求自我发展和突破的意愿与学校整体强调学科特色教研的契机不谋而合时，我们数学团队果断抛弃了“就课论课”，开始踏上追寻具有数学味道的特色教研活动。从聚焦小问题、落实真研究，到探索新问题、边学边研究，再到正在进行的围绕大专题展开的多维度深究，我们的数学教研活动从“微小”走向“宏大”，从“亡羊补牢”走向“未雨绸缪”，从研究一个又一个的问题点转向系统有秩序地突破专题面，最终将问题点和专题面融为一体，开展立体化、多层次的教研活动。在不断反思、总结与改变的过程中，我们的数学教研活动的特色愈发明显，一支具有较高的学习力、研究力、凝聚力的数学教师团队也应运而生。

（一）聚焦小问题，落实真研究

对教师而言，最实际、最有效的教研方式就是发现和解决自己在日常教育教学中遇到的问题。如何围绕课堂教学中的真问题因地制宜、因时制宜地做好教研计划、开展教研活动是我们亟须解决的问题。恰在此时，课例研究进入我们的视野，这种将“选题—选课—设计—实施—反思”作为基本操作流程的教研方式不仅能保留“课堂接龙”式教学模式的成功经验，还能消除数学教研无问题、少主题的弊端。

努力方向和研究思路明确后，我们将课例研究分为三步走。首先，挖掘问题、确定主题。我们引导全校的每一位数学教师有意识地去挖掘日常课堂教学中较为棘手的问题，然后以年级为单位一起汇总、筛选、归纳并提炼出具有典型性和普遍意义的问题，将其作为年级组课例研究的主题。从2006年开始，我们已经针对“如何关注学生，满足学生的需求”“如何开展复习课教学”“如何进行计算教学”等问题开展了系列研究。其次，以课为载体来解决问题，各年级组围绕着本组集体确定的研究问题选定作为试验田的“课”，从全组数学教师共同经历的“初次教学设计——首轮上课——课后反思——第二次教学设计——第二轮上课”这种螺旋上升的作课过程中不断寻求解决问题的有效机制。最后，回顾梳理研究历程。各年级组的教师以研究报告的形式真实记录团队经历的完整研究历程，在此基础上提炼出围绕着研究问题积累形成的研究智慧和策略。

在集体备“数的认识”这一单元内容时，如何来选择适当的直观模型更有利于促进学生的思考？多种直观模型如何取舍？这样的问题困扰着我们，于是我们想进行深入的研究。我们以“有效利用直观模型，理解位值制，体会十进制关系的研究”为教研主题，通过文献研究确定创新点在于借助直观模型，帮助学生理解位值制，体会十进制关系。于是我们就选择“11～20各数的认识”这一内容作为课例进行研究。在研究过程中，我们认为：认识11～20各数，是学生数的认识的一次飞跃，让学生建立十进制的概念，理解计数单位“10”是培养数感的基础。围绕“怎样摆放让别人很快地数出是11根”这个问题，学生自主地动手操作摆小棒，汇报交流，呈现出多种摆的方法，通过比较让学生真真实实地感受到把10根小棒扎成一捆最容易看出是多少根和10根扎成一捆这种方法的优越性。通过比赛如何快速清楚地摆出13，让学生进一步感受10根扎成一捆方法的优越性。这种无声胜有声的教学设计，突破了10个“1”就是1个“10”的难点，帮助学生理解了数的意义，建立了正确的数位概念，为培养数感奠定了扎实的基础。教师让学生通过操作模型、比较、探讨、交流，使学生在头脑中形成计数单位“10”的概念，清晰地建立起“一捆”就是1个“10”的概念，让学生从直观到抽象，主动构建自己的认知结构，经历知识形成的过程。

本次课例研究使我们感觉到这个团队是团结的、温暖的。课例研究就如同一个精彩的大舞台，我们在一线工作中的理论知识和实践经验，在这个舞台上被演绎得淋漓尽致。

——崔冬莲、张雪寒，《借助多种模型，理解位值制》

聚焦小问题的螺旋式研究课让数学团队的校本教研活动避免了盲目性和随意性，逐渐向科学有序的方向发展，变得扎实、有效。微观领域、小而实的问题在成为教研活动的出发点、生长点的同时也成为数学教师专业成长的突破点。它提高了教师的问题意识，提高了教师研究问题的能力，教师整个教研过程的状态发生了转变，从盲目到有所准备，从随意到有主题。教师不再聚焦一节课，而是带着问题去参加教研活动，去作课，去观察课，去反思课，在实践、参看和反思过程中实现自身的专业成长。

(二)探索新问题，边学边研究

在聚焦问题开展课例研究的初期，我们更强调对教师问题意识与研究问题能力的培养，这种看似微小的改变却有力地唤醒了教师的问题意识，教师开始有意识地用一双慧眼从司空见惯的日常教育教学生活中挖掘问题点。但是，随着课例研究持续、深入地开展，我们发现了一些新出现在我们习以为常的日常教学基本工作中的问题，包括我们对教材蜻蜓点水的解读、对学生浅尝辄止的理解、对陈旧教学方法的固守。只有读懂教材、读懂学生、掌握多元的教学方法，我们才能真正履行“传道、授业、解惑”的职责。于是，我们以“心中有 shu”为主题，从“对教材，脑中有‘树’”“对学生，心中有‘数’”和“对教学，手中有‘术’”三个领域进行边学边探究。

1. 对教材，脑中有“树”

以往我们的教材分析通常局限在论述一节课在教材中发挥的承上启下的作用上，是片面、肤浅和直线式的。在组织教师参加“如何有效进行教材分析”的专题培训后，我们意识到线性的教材分析必然导致对教材的理解深度有限，唯有从纵向维度和横向维度上立体化地把握教材我们才能真正读懂手中的教材。于是，我们在做教材分析时不仅纵向分析不同学段对学生学习发展水平的要求，而且横向比较不同版本教材的优势与不足，整合不同版本教材的优势。

王秀琴老师对“我们一起去游园”这一课的教材分析是我们现在解读教材的方式。

“我们一起去游园”——租车，是北师大版三年级下册“数学好玩”这一单元的内容。北师大版把租车这一生活问题，在小学阶段分三次呈现。第一次是以习题的形式呈现在二年级上册的拓展练习中，这时的租车问题只考虑人数，其意图是拓展学生的思路，为后续学习做好铺垫。第二次是在三年下册编写了“我们一起去游园”中的租车问题，这时的租车问题和生活中的租车问题很接近了，既要考虑人数又要考虑钱数。第三次是在五年级上册“设计秋游方案”中作为计划的一个方面再次呈现租车问题，触类旁通，让学生发现利用表格能解决更多的问题，发现生活处处有数学。

对教材进行纵向梳理之后，我们又对教材进行了横向对比，发现了它们的不同点。江苏教育出版社版本(以下简称苏教版)在研究租车这一问题时只考虑人数是否能够坐下，并没有让学生考虑钱数，这和实际生活有些脱节。人民教育出版社版本(以下简称人教版)引导学生在研究租车问题时表格中只出现了两种租车方案，如果方案少学生就不能更好地体会出使用表格的优势。北师大版是通过情景图把租车这一问题抛给学生，引导学生根据生活经验发现：租车不但要考虑人数能否坐下，还要考虑价钱，租车的方案有很多种，我们可以根据需要选择不同的租车方案。租车方案很多，这时需要对众多的租车方案进行整理，在整理的过程中逐渐引出表格，学生在对比中发现表格的优势和价值。北师大版教材的意图是让学生亲身经历表格的形成过程，从中发现表格的优势。北师大版、苏教版和人教版的相同点都是引导学生利用表格策略解决租车问题。

通过对教材的横向、纵向对比，我们发现策略的多样化是让学生体会表格的优势和价值的关键，从而确定了本节课的教学重点和教学策略：让学生先独立思考解决问题，在交流中提出新问题，整理租车方案，很自然地引出列表策略，让学生主动去学习。北师大版教材小小的调整，使学生的学习方式发生了巨大的变化，学生由原来被动接受列表变为自主发现列表的优势。

——王秀琴，《“我们一起去游园”教材分析》

在横向、纵向地分析和对比教材的过程中，教师逐渐在大脑中建立起课堂教学内容的“树”，它让教师对课堂胸有成竹，在上课时也能做到游刃有余。

2．对学生，心中有“数”

学生是一切教学设计的出发点和依据。以往我们的学生调研比较干瘪，主要局限于该年龄、该年段学生的认知特点、思维特征等，相对笼统、概括，忽略了该年段学生在解决数学问题时的认知特点和思维特征，也忽略了班级内学生之间的差异。而现在我们的调研则比较充分：在调研目标上，我们变“为教师服务”为“为学生服务”；在调研方式上，我们通过访谈、问卷调查、作品分析等多种途径了解学生的困惑，理解学生的思维方式和思维过程，使我们的日常教学更有针对性，能够在学生出现疑惑的地方着重笔墨，作为教学重、难点；在调研内容上，我们不仅关注学生的思维特征，还关注学生的个性化特征，考虑学生已有的知识基础是什么，学生的生活经验及学习该内容的经验主要是什么，学生的兴趣点在什么地方，学生在什么地方学习有困难，本节课需要的学习方式学生是否具备，课堂上可能会出现什么样的情况等，教师们在打造精品课堂的背后做了大量的学生工作。

学生已有的经验会对本节课的学习产生什么影响呢？我从知识经验和操作经验两个角度对学生进行了调研。

首先我进行了第一次调研，调研的对象是二(5)班的41名同学。这次调研主要是想了解学生能否运用已有经验解决问题。于是我设计了如下题目：你能用几种方法计算“133＋55”，看谁的方法多。

通过分析我们发现：这个班41名同学中100％的同学都能用竖式计算这种方法；41名同学中还有17人用到了口算的方法，占参测人数的41.5％；13人用到了画小棒的方法，占参测人数的31.7％；14人用到了画计数器这种方法，占参测人数的34.1％；还有17人用到了数线的方法，占参测人数的41.5％。

通过数据可以看到这个班学生的思维比较活跃，能够用不同的方式解决问题。

学生对于用竖式计算来解决上述问题根本没有问题。是不是数据比较简单，没有满十进一的情况，学生才做得这么好呢？学生对于三位数进位加法的计算会不会有困难呢？于是，我进行了第二题的测试，测试的题目是：竖式计算“453＋129”。同样还是对二(5)班的 41 名同学进行测试，目的是看对于三位数进位加法的计算学生能否顺利完成。

结果显示 41 名参测同学中 38 人都能顺利解决，占参测人数的 92.7%，说明学生对于“个位满十向十位进一”这样的三位数加法计算是不存在问题的。

对学生调研后得到的数据引发了我的思考：这节课的知识内容学生都会了，那么教师到底要教什么？怎么教？是不是学生们会算了就能表示出算理呢？能不能运用以前的工具帮助说明算理呢？于是我又关注了学生的操作经验，进行了第二次调研。调研对象同样是二(5)班的 41 名同学。

根据上面第一题，我发现学生有自己动手画计数器的，但大多数学生只能给出一个结果，或者给出一个算式。

随后，我对学生进行了访谈，让学生说说他的图表示的是什么意思，目的是看学生是否明白算理。

师：能讲讲你画的计数器表示的是什么意思吗？

生：1 个百，3 个十，3 个一加 5 个十，5 个一合起来是 188。

学生能说出是怎么算的，但是算理说不太明白。我感觉学生画计数器表示算理是有困难的，学生独立画计数器不利于正确表示算理。

全班学生在数线上表示计算的过程又是怎样的呢？我又对学生在数线上记录“38＋27”的计算过程进行了调研。对这个题目的测试，目的是看学生在数线上表示计算的过程。

结果显示 41 人中有想法的有 16 人，占 39%。其中有 4 人是用“38＋10＋10＋7”这种方法表示的，有 2 人是用“38＋20＋7”这种方法表示的，有 4 人是用“38＋10＋10＋1＋1＋1＋1＋1＋1＋1”这种方法表示的，有 2 人是用 5 个 5 个相加这种表示方法的，还有 3 人是用 1 个 1 个相加的方法的，直接加 27 的有 1 人。

数线在前面的学习中是出现过的，但是为什么学生不会去表达呢？我又翻看了教材，对比后发现数线在本节课是第一次出现了不等距的情况，学生缺少利用数线表达计算过程的经验。

那么学生能不能看懂数线表示的计算过程呢？于是我又进行了第三次学生调研：给出一条数线，在上面表示“27＋39”。目的是看学生能不能看懂数线表示的计算过程。结果显示用“27＋30＋9”这种方法表示的有 29 人，用

“27+39”这种方法表示的有7人，不会的有5人。通过调研，我发现学生能够明白数线表示的意思。

——李聪璐，《“回收废电池”学情分析》

通过问卷调查、访谈、一对一观察等学生调研，教师们渐渐体会到，深入地了解学生，无论是学生好的思考方式还是学生暴露的困难，及时捕捉这些资源，有助于教师们对教学设计的进一步思考，以这些为依托来计划课堂教学，规划学生的发展，可以让教师们对于学生的情况做到心中有数，课堂更加贴近学生，扎实有效。

的确，教师在上课前进行学生调研，可以帮助教师了解学生的真实起点。这种起点不仅仅是指知识起点，还包括学生学习知识的心理起点和情感、态度、价值观的起点。学生调研可以帮助教师确定适合学生现在状况的学习方式。在课堂教学中教师很清晰地知道该怎样改变常规的教学程序，该在什么环节大胆放手，将课堂的主动权还给学生。学生调研可以帮助教师认识到：教师的主观感觉和经验推断与学生的真实情况还有很多差异。认识到这点，教师能够及时调整教学目标，优化教学设计。

学生调研带来许多好处：其一，改变教师以自我为中心的观念和状态，激发教师去关注学生，不仅关注班级之间的差异，还要关注学生个体之间的差异；其二，从关注学生会到注重学生的学，从关注学生知识的掌握到注重学生的学习过程以及学生的思维能力和学习能力的提升，从关注结果到重视过程，从关注学生的成果到注重学生主动参与、乐于探究、勤于动手，培养学生收集和处理信息的能力、获取新知识的能力、分析和解决问题的能力以及交流与合作的能力；其三，有利于教学的预设和生成，教师在上课的时候能更加游刃有余，并机智、适时调整自己的教学；其四，学生调研到位之后，教师就不用反复磨课，提高了教研的实效。

3. 对教学，手中有“术”

对教材，教师脑中有“树”；对学生，教师心中有“数”；对教学，教师手中更要有“术”。我们要根据学生的心理特征和教材实际，适当地选择观察、操作、启发和情境教学等教学策略以及采用小组合作、探究学习、自主学习、重视体验等多种学习策略，激发学生学习数学的兴趣和养成学生良好的合作学习态度，力求培养学生的数学应用意识、表达能力以及初步的判断和推理能力。

“重复的奥妙”是二年级下册的教学内容。在讲授这一内容的时候，我对教材和学生情况进行了分析。从教材角度看，这是本套教材第一次设置独立的课节引导学生探索规律，主要是引导学生通过观察、思考，体会简单的“重复”的规律。从学生角度看，二年级学生具有认识以无意注意为主的年龄特点，对有规律的现象有体验，但缺乏感知提升，所以需要教师引导学生在情境中体验，帮助学生积累感性经验，学生在循序渐进的过程中认识重复出现的现象就是有规律的排列。

在设计教学过程中，我反复思考：“重复”的奥妙到底是什么？怎么才能让学生在看似简单的事情里面体会到更多的数学知识，并发现其中的奥妙呢？在前期调研过程中，我们发现学生对于“重复”有感觉，但是由于年龄特点，用数学语言表述清楚还存在一定的困难，而且对于“同样的东西再次出现”的略有复杂的“重复”寻找起来也是有一定难度的。

正是由于前期的大量的工作，我形成了自己的教学策略：教师应尊重学生的发现，通过交流规律的不同表示方式以及就同一种表示方式寻找有不同的现实表象，更加清楚地看到“按组有序地重复出现”的规律，从而帮助学生感受数学的简洁特征，体会数学的奥秘。

第一，从具体的实物(灯笼图)入手，使学生充分体会“重复”。

就灯笼图这一幅图让每一位学生经历观察、寻找、表示这一系列的过程，给予他们独立思考的时间，促使学生都要仔细观察规律，并且想方设法地用自己喜欢的方式去表示规律。通过自我展示，让学生能够充分地分析表达自己的表示方法，从而让学生亲身感受到一组事物的规律可以用这么多不同的方式来表示。

第二，在所有图中自由寻找“重复”。在研究过灯笼图中的规律后，我给出主题图，由学生自主选择喜欢的图案找规律，并用自己喜欢的形式或更有创意的形式表示出来，之后按图中的顺序依次汇报。这个环节的优点是把所有的找规律放开，让学生再次投入独立的思考过程中，再次经历观察、寻找、表示的过程。通过后续的汇报，我发现学生对规律的表示形式更加丰富了，这是学生们在思维碰撞后的慢慢提升，也是学生们逐步体会在课堂中相互学习的过程。通过选取学生的思考小样，我发现，学生的表达很丰富，不同的学生思考方式所达到的层次也是不同的，也是有从具体到抽象的循序渐进的发展变化的。经过交流，学生们认可各种形式的表达，通过观察规律、寻找规律、表示规律、分析表示方法、明确表示方法的多样性，为后续的学习做好铺垫。

第三，在对比分析中深入研究“重复”。在对比分析所有图中的规律时，由于学生前面大量的找规律分析、分享的铺垫，学生能够发现规律间的共同规律——“重复”。到底是如何“重复”的呢？我的灯笼图教具启发了学生，通过规律找到重复的组，用教具逐一演示，每一组都是相同的，于是学生就能很轻松地确定重复的部分，再由学生亲自在图上圈一圈，再分析、分享，让学生能够在一个循序上升的活动中，充分体会“重复的奥妙”。

第四，寻找生活中的“重复”现象。本节课班级布置的场景贴近学生的生活，从生活中的设计引入教材中的场景，在充分体会和理解了“重复的奥妙”后，再次回到身边的生活，使学生发现这些贴近生活的事情蕴含着很多奇妙的知识，体会到数学学习不是孤立的知识学习，数学在生活中也是很有用处的。

——张纯静，《重复的奥妙》

通过张纯静老师的课堂我们可以看到，整节课体现了对学生认知的尊重，教师从生活入手，联系已有的生活经验，通过一些有趣的活动，让学生在观察、比较中发现数学的美。

（三）转向大专题，开始新阶段

无论是小问题，还是新问题研究，它们在唤醒教师的问题意识、提升教师的问题研究能力等方面都发挥了重要作用。但这毕竟只是针对微观层面上某一具体的问题，如果要全面提升教师的学科专业素养，仅仅依靠解决一个个相对零散的问题点是远远不够的。如何站在学校高度，自上而下地从宏观层面引领教师的专业成长呢？这又成为亟须解决的问题。

我们将视线投向国家最新颁布的《义务教育数学课程标准（2011 年版）》，试图从这儿寻找到问题的突破口。数学是研究数量关系和空间形式的科学，义务教育阶段的数学课程结构划分为“数与代数”“图形与几何”“统计与概率”“综合与实践”四个专题，低、中、高三个学段的学生要掌握的水平、层次、程度不同。深思熟虑之后，我们决定将数学课程的四大专题统筹规划为数学团队长期教研的大方向。每一学年，我们将一个数学专题作为课例研究的主题，以“为我们喝彩——‘玉兰杯’课堂展示活动”为载体，全校的数学教师以年级组为单位展开研究。

思路确定之后，学科教研主任以专题为依据推荐具体的研究课，然后各年级组的数学教师或从推荐课中选择，或自主选择典型课，在专题引领下历经“研究阶段（课堂评价标准制定、学情分析、教材分析、说课）—上课阶段（第一轮展示课）—再研究阶段（再修改、再跟进）—再上课阶段（第二轮展示课）—反思总结阶段（形成研究报告）”。在整个过程中，我们以专题为核心，以学情分析、教材分析为切入点，以第一轮展示课为试点，以第二轮展示课为改进点，将最后的课堂展示和研究报告作为落脚点，循序渐进开展专题引领下的课例研究。为保证专题引领下课例研究的有效落实，我们在每学期初制订教研计划时，都会将教研活动的时间固定，让教师明确知道每一个时间阶段内的内容，并统筹安排说课教师、第一轮展示课上课的教师、第二轮展示课上课的教师等，做到分工明确、责任到人。

从 2011 年到 2014 年，专题引领下的课例研究成为每个学年、每个学期数学团队开展教研活动的主线。这几年，我们对“数与代数”“图形与几何”“统计与概率”“综合与实践”展开研究。凭借其高度概括性、宏观统整性，这种教研方式一方面有助于各年级数学教师全程参与本年级的专题研究，在做中学有所获，另一方面，教师在听课、观摩的过程中也能纵向把握其他年级对该专题的研究层次和水平，在相互参看中有所成长。这种既有纵向维度又有横向层面立体化地掌握不同年级对同一专题的研究水平的方式能帮我们建立起一棵包含基本概念、规律、方法的大“树”。

2012 年，我们从整体把握小学数学教材知识间的联系的角度出发，确定主要研究“数与代数”专题。针对这一专题的内容，大多数教师集中关注的问题是“新课程背景下计算教学的价值”“计算教学是重算理还是重算法”等。根据这些需求，各年级组统一选定“计算”单元来重点研究。根据各年级“计算”的相关内容，教研组在选择内容时，注重数学知识的整体性，尽可能找相互联系的内容来体现研究过程，最终确定将二、三、四年级纵向有关联的“除法”内容拿来研究。

二年级教材以让学生在分一分、画一画、圈一圈等多种分物的过程中去体验“平均分”的含义，发展学生的数感，为学生理解除法的意义打下坚实的基础。

三年级教材创设了猴子两次分桃子的情境，组织学生操作实物模型，体会分物的过程，把操作与思维有机结合起来，让学生真正理解竖式每步的含义。

四年级教材为学生提供了方格图这个直观模型来帮助学生理解算理，学生通过画一画、圈一圈、算一算的方式来解决问题。学生对于除法、商的含义及位值制等抽象概念的理解，同样需要有模型的支撑。

通过研究，教师们深刻地领悟到“除法”的教学离不开“平均分”，离不开模型的支撑，离不开沟通模型与知识间的联系，更离不开从模型中抽象出数学知识的过程。教师在这样打破年级纵向的研究中提升了对教材的认识，对知识的本质进一步理解，领悟了“计算”的基本教学策略。

2013 年，我们整体启用了新版课程标准的配套教材后，重点关注到教材整体上。我们发现新教材增加了“数学好玩”这一单元的内容，属于“综合与实践”领域，是新教材变化最多的内容，它到底传达着什么样的教学理念，对我们来说是全新的。到底这样的内容该如何驾驭？综合运用知识解决问题到什么程度？到底是重知识还是重实践？

我们将“数学好玩”单元“综合与实践活动课的教学策略”作为研究专题，在大专题的研究下，每个年级都确定了各自研究的课例，有的凸显实践的内容，有的凸显数学规律探索的内容。

新版课程标准的变化引发了我们的思考，我们对新、旧版本的课程标准进行了对比。旧版课程标准是要求学生通过数学活动了解数学与生活的广泛联系，学会综合运用所学的知识和方法解决简单的实际问题，加深对所学知识的理解，获得运用数学解决问题的思考方法，并能与他人合作交流。旧版课程标准重在使学生输出知识，应用知识。新版课程标准对于“综合与实践”领域的要求更加丰富了，不但是让学生经历有目的、有设计、有步骤、有合作的实践活动，还要学生结合实际情境体验发现和提出问题、分析和解决问题的过程，感受针对问题提出设计思路、制定简单的方案解决问题的过程，并且通过应用和反思进一步理解应用的知识方法，了解所学知识间的联系，获得数学活动经验。新版课程标准重在使学生经历研究过程，积累经验。

2014 年，我们确定综合与实践活动课的总目标是：经历以问题为载体，以学生自主参与为主的学习活动；经历发现问题和提出问题、分析问题和解决问题的全过程；鼓励学生"从头到尾"思考问题。

在历经完整研究过程后，我们得到了综合与实践活动课教学的几点策略：培养学生的问题意识；重视在课堂上渗透数学思想方法；训练学生综合运用知识解决问题；鼓励学生在解决问题的过程中不断交流、反思、总结；允许学生在活动中充分经历成功与失败，积累数学活动经验。

——胡益红，《综合实践领域教学实践与思考》

这一年，四年级数学教师在两位主任的带领下，历经了认真钻研教材、反复研磨、不断修改完善的艰苦过程，终于编写完成了《数有引力》四年级上、下册校本教材。为了更好地使用这两本校本教材，使它们成为统一教材的有益补充，我们打破班级限制，实行走班式大课堂，由两位数学教师分别在全年级讲授。同时，我们还推选学生代表在全年级开展"学生小讲堂"，极大地调动了学生的积极性，产生了很好的反响，也得到了学校领导的高度评价。

动手实践，丰富数学课堂。我们结合校本教材中不利于讲授、更适合学生亲自动手实践的内容，开展特色活动，将校本教材的使用落在实处。例如，使用校本教材四年级下册时，为了让学生体会三角形的稳定性，我们让学生自己动手，用牙签制作各式各样的"牙签桥"。学生通过自己动手制作、欣赏同伴的作品，更加深了对三角形稳定性的理解。学生还通过自主评价，选出各班的优秀作品，在全校展览。

结合本年级特色，举办"数 you 引力"欢乐数学节活动。例如，抓住南校区建新楼的契机，我们开展了"我的校园我做主"主题活动，以小组为单位，设计美丽的校园，为学校设计献策，培养学生的主人翁意识。学生积极参与活动，充分发挥想象力、创造力，亲手绘制校园的设计图，综合运用一至四年级所学的知识，为学校的建设出谋划策。各小组制作演示文稿，解读设计方案，学生不仅是小小设计师，还是小小演说家。经过小组自评、同学互评、班级筛选，我们选出最佳的设计方案，在全年级展示。

——吴玉平、康战平、甄富城、刘静、张虹、苏占，《课程改革实施策略》

围绕大专题开展研究的显著效果是让教师从宏观视角去审视数学教学工作，当教师看到一节课时，他既能从纵向维度又能从横向层面去研究这节课，能以研究所得的共性策略为指导去创造性地上好这节课，我们的课堂也因此越来越高效。

从聚焦小问题到探索新问题再到后来转向大专题，我们数学团队的教研活动由一个又一个问题点转向系统有秩序地突破专题面，最终形成了一种多层次、立体化的教研活动状态，在这个过程中，一支具有较高的学习力、研究力、凝聚力的数学教师团队也逐渐组成。这一切来源于“改变”。这种改变的动力来源于自身，我们数学团队由内向外寻求自我的过程，正是我们寻找自我、突破自我的征程；这种改变发生在日常工作的点点滴滴中，无论是司空见惯的学情分析、习以为常的教材分析，还是改变每一位学生的课堂、影响每一位教师的教学反思，我们都在努力用研究的视角去挖掘更深，发现更多；这种改变不是一蹴而就的，而是循序渐进地发生在每一学年、每一学期、每一个月的教研活动中的，我们追求的是每天进步一点点。

第二节　从“学会”到“会学”

日趋扎实、高效的“为我们喝彩——‘玉兰杯’课堂展示活动”在提升教师的凝聚力、研究力的同时，也在使我们的反思向纵深方向发展：教学的本质是什么？教师和学生在课堂中的“主导主体”地位到底该如何协调？如何让学生学会学习？如何让学生的学习不只是停留在课堂上，而是让他们能有意识地从生活的点点滴滴中学习，将所学知识运用到生活中的时时处处？……一连串的追问与思考使我们的思路逐渐清晰，我们要改变传统教学中以教师、书本和讲授为主的方式，逐渐建立起以学生为主体的学习方式，激发学生学习的自主性、合作性、趣味性，在引导学生主动参与、合作探究、勤于动手的过程中致力于他们创新精神和实践能力的培养。

恰在我们的教学观、学生观、学习观在反思中发生转变之时，教育部颁布了《小学生减负十条规定》。减负的真正目的是在减少学生课业负担的同时全面提高教育教学质量，让每位学生学得轻松、快乐。在落实《小学生减负十条规定》时，我们将“减量不减质，减负不减效”作为努力方向，把“作业有效变革”作为减负增效的切入点，以行动研究的方式在螺旋式上升的历程中对作业的实用性、有效性和趣味性开展了一系列的研究。令人欣喜的是，“作业有效变革”之旅宛如星星之火引燃了学生由“学会”向“会学”转变的燎原之势……

一、“作业有效变革”之旅

作业是教师根据教学目标和学生原有的认知基础，有目的、有计划地编制并指导学生完成的一种教学活动形式。学生完成作业的过程，实际上是学生自主、独立学习的过程，是学生运用所学知识解决问题、体验学习乐趣的过程。现在，万泉小学已经开展了“分层次的常规作业、个性化的特色作业、综合类的实践作业”设计，为学生开启了高效学习、个性化学习、趣味学习和综合性学习的大门，而这一切都要追溯到我们且行且创新的“作业有效变革”之旅。

(一)作业，一直以来的难题

在落实《小学生减负十条规定》之初，为真实、客观地了解加重学生学习负担的关键因素，我们精心设计了“有关学生课业负担的影响因素”的调查问卷。令我们深感意外的是，大部分学生和家长将矛头指向了作业，提出了一些尖锐的问题：作业数量多，学生做作业时是一种应付的心态；作业质量不高，关注知识，忽视能力；各科作业之间没有协调，导致作业耗时长，学生做作业的效率低；语文作业是“抄”和“背”，数学作业是“套”，作业毫无意义……

家长和学生对作业的严厉控诉让我们意识到作业变革已是迫在眉睫。但是，作为作业布置者、批改者和反馈者的教师对作业又有着怎样的认识呢？为客观且深入地挖掘真相，我们邀请各年级组老、中、青教师代表进行了有关“学生作业负担的现状和未来”的座谈。

座谈中，有的老教师眉头紧皱地说：“我们一直以来不都是这样留作业的吗？有问题吗？”

有的中年教师愤愤地说：“学生写了，我们就得判，学生写得多，我们判得更辛苦，学生不理解就算了，家长怎么也不知道这是负责任的表现呢！”

有的刚参加工作的青年教师面面相觑：“我真不知道留什么作业更恰当。”

还有的教师苦笑：“一天忙得晕头转向，连搭班教师都见不到面，哪里有时间去找各科教师协调、商量作业呀。有时事一来，没忘了留作业就是好事。”

——刘莉，《作业的变革》

作业，作业，当学生的就应该完成作业，这是自古以来不变的“真理”。作业让学生收获丰富，作业也让学生“恨之入骨”。一旦教师说今天不留作业，学生会欢呼雀跃；一旦学生经常不做作业，教师急得像热锅上的蚂蚁。作业一直以来对教师和对学生都是难题。

(二)深思考找方向

家长望子成龙，学生叫苦不迭，教师紧追不舍，作业似乎成为课业负担的焦点。为落实减负政令，提高工作效率，在调研的基础上，我们初步梳理了导致作业数量多、效率低的原因：教师的作业观陈旧，作业视角单一；教师布置作业时缺乏目标性、计划性；学科内与学科间的作业布置缺乏研究与协调；等等。教师是布置作业的实施者，“作业有效变革”需从教师开始。

在更为深入地观察、调研、反思中，我们反复问自己：“作业有效变革”我们在哪儿(起点)？我们要去哪儿(终点)？我们怎么去那儿(方法与策略)？我们怎么证明我们到那儿了(评价)？在研究中，我们发现课程改革以来，其他教学环节的改革日益深化，但是，“统起来”和“一刀切”的作业和考试仍占主导地位。个别教师传统观念根深蒂固，每天忙着应付解习题、辅导学生解难题，很少有时间去钻研教材，去改进教学方法，去研究教育教学理论。这导致评价方式仍然固守在知识学习结果评价上，还没有把学生的知识学习过程、学生的创新精神和动手实践能力等纳入评价的范围。

调查表明，中、小学生睡眠少的最重要的原因是作业太多，大量重复性的作业侵占了学生休息、娱乐及睡眠的时间。有的教师错误地认为，如果没有大量的作业学生就会放任自流，只有通过“题海”战术才能使学生掌握所学的知识。然而实际情况是，学生熬夜完成作业，却影响第二天课堂的听课效率。更糟糕的是，有的家长为了让疲惫不堪的学生较正常地休息，不得不帮助学生完成作业，这就助长了学生弄虚作假的不正之风。此外，大量的作业使教师无暇认真批改，这就失去了检查和巩固学生所学知识的意义。

问卷调查和教师座谈让我们明确知道“作业有效变革”的起点在哪儿，深入思考和理性分析让我们明确“作业有效变革”的终点在哪儿。接下来摆在我们面前的问题是如何从起点到终点，即如何把理想状态转化为现实，如何从“作业有效变革”的实然状态向应然状态转变，于是我们开始了一步一步脚踏实地的行动研究。

(三)走在行动研究的路上

1. 启动研究转观念

能否有效实现“作业有效变革”取决于教师作业观的转变，因此，改变教师对作业的态度是我们实现“作业有效变革”的第一步，也是关键的一步。2012 年 2 月 12 日，张立副校长和金毅副校长启动了主题为“让我们站上云端”的作业改革课题研讨会。根据前期调研结果，她们详细总结、分析了作业中存在的主要问题和必须要改变的现状，从观念上给教师们带来了一股冲击，引导教师们开始反思自己的教学活动和作业观，带领教师们思考：我们该留什么作业？留什么作业学生喜欢，对学生有帮助？会后一些教师没有走，说：“真挺震撼的，自己每天都留作业，可从没想过这些问题，这个研究挺有意义的。”

2. 深入背后找问题

在引导教师跳出作业布置者这一角色，转而站在为学生终身可持续发展服务的高度重新审视作业进而发现自身问题后，我们又按学科采用学段就近原则将教师分成若干研究小组。教师们在研究小组的带领下，针对各学科作业中出现的问题，进行了进一步的梳理和归因。教师们感到：作业目标不明确是课堂目标不明确，作业内容重复是课堂教学内容研究不深入，作业方式单一是缺乏创新思考，学生不喜欢是缺乏调查学生需求。

通过研究，我们更加清晰地发现作业问题只是冰山一角，单调、重复、低效、盲目的作业背后其实是课堂教学的低效甚至是无效。从本质上来说，作业问题实际上是日常教育教学过程中的低效能的副产品。

3. 聚焦课堂提实效

“作业有效变革”走向课堂教学这一“深水区”，也让我们意识到能否提高课堂实效性是“作业有效变革”成功与否的核心与关键。于是，我们决定以学科为单位开展有关“通过提高课堂实效来促进作业实效”的研究。在研究中，我们注重三个关注。

其一，关注有效教学目标制定对作业目标的带动。共同制定切实可行的有效教学目标，进行集体备课，对 40 分钟内的教学内容、教学方式和时间进行优化，然后配合着课堂安排来确定作业的安排，使作业能起到补充、巩固、扩展、知识运用等作用。其二，关注教材内容的更好运用对作业实效的提升。引导各学科、各年段教师对每课知识的重、难点以及能力培养要达到的目标做到“胸中有丘壑”，进行学科阶段性重、难点梳理。其三，关注对课堂实效和作业实效标准的分析。关于怎么讲、怎么用好 40 分钟，我们开展了“关注课堂实效”的研究课活动，研究怎么向 40 分钟要实效。

在针对课堂教学采取了一系列的有效措施之后，我们发现抓课堂效能的同时，作业也在悄然发生着变化，表 4-1 是同一位教师在研究前后针对同一课作业的布置对比情况。

表 4-1　同一课作业的布置对比情况

	研究前	研究后
作业内容	日记	日记
作业目标	无(看其他班做，我也做)	在教学《松鼠日记》后，引导学生了解日记的形式，结合对生活的观察，运用日记来表达自己在生活中的发现、感悟等，初步体会“我手写我心”
作业前测	无	课前问学生对日记有什么了解
作业要求	写完上交，其他无	1. 素材源于学生生活中的点滴观察。 2. 内容范围不限。 3. 可参考《松鼠日记》，但不能按照其中的内容和形式仿写。 4. 不抄别人的思想和成果。 5. 字数在 150 字以上
反馈方式	写“阅”后发给学生	将学生作品分类，展板展示精彩作品，做全班全校的展示、交流。 对作业问题进行梳理，在全班做点评
从学生角度分析作业效果	学生不明确写日记的目的；不同层面的学生都没有提升；认真完成的学生看到教师的反馈，觉得自己的付出没有得到认可	学生获得鼓励和指导；目的性强，知道该怎么做；学生对日记的了解和运用提高
从教师角度分析作业效果	无明确目标和要求；作业前与作业后学情都不清楚；没有深入反馈	有明确目标和要求；了解学情后展开深入研究
整体评价	无效	有效

通过这样的对比，我们可以感受到作业的针对性和实效性提高了。

4. 兼顾实效与趣味

在对作业实效进行初步研究后，我们发现教师在设计作业时，无论是目标制定还是内容选择、作业要求，都在从关注知识掌握转向重视能力培养，从低效走向高效。然而，在欣喜地看到初步成效之后，我们也清醒地认识到作业中的另一个问题却越来越凸显，即作业的可接受性和趣味性有待提升。

为了让学生不再把完成作业当成学习的负担，而是从完成作业中找到学习的又一大乐趣，我们将“作业有效变革”的研究重点转向作业形式的创新。我们拒绝作业只有数字和文字，鼓励教师将作业与手工、绘画相结合。丰富多彩、形式多样的作业迎合了学生的兴趣，可是却在无形之中大大降低了作业的实效性，而且在某种程度上还加重了学生负担。例如，有的教师布置作业时要求采用“文配画”的形式，即抄一遍课文画一幅画。问教师为什么布置“文配画”这样的作业时，教师说：“学生喜欢做，而且展示出来漂亮。”可这不是我们需要的。这仍然不是我们对“作业有效变革”的预期，我们又陷入了烦恼之中。

我们为什么要布置作业？作业的依据来自哪里？当我们把研究视线退回到各年级阶段目标的制定上，我们猛然发现作业布置的目标也应该是三维的，以往我们的作业形式单一是因为我们总是围绕知识目标打转，而且总在运用最直接、简单的方式去实现知识的传递。于是，我们尝试围绕三维目标，各学科以教研组为单位组织“如何有效实现作业创新”的头脑风暴研究座谈。座谈伊始，受传统作业布置方式的影响，教师们的思路还很受限制，但是随着教学干部提供的一些资料的介入，再加上教师之间思维的碰撞与交流，许多创新的作业方式让我们眼前一亮。例如，在语文学科上，我们把列作文提纲与漫画进行整合，创造出了万泉小学的“校园漫客”，它既调动了学生的兴趣，又达到了列提纲和积累素材的目的，深受学生喜爱。在数学学科上，我们让学生进行生活中的数学调研，把调研、统计、计算等数学能力的培养整合在一起。在英语学科上，学习“旅行”这一课后，我们引导学生编写旅游英语小贴士。诸如此类的作业兼顾了作业的实效性与趣味性。

在这一阶段，教师和学生的创造热情被点燃，师生携手围绕作业在日常教学中开展的小尝试、小变化都令人欣喜不已。与此同时，我们对教师和学生对作业的态度进行后测，结果显示，教师布置的作业已经从无效走向有效，学生喜欢和接受作业的程度也从之前的18%上升为现在的74.6%。

5. 多学科整合新探索

在“作业有效变革”的历程中，各学科作业改革小组的教师们都积攒了许多光彩熠熠的“珍珠”，但随着研究深入，我们想要的不只是珍珠，而是珍珠项链，因此我们开始尝试把上一阶段的特色作业进行积累、梳理、优化和系统化，各学科教师以年级组为单位进行特色作业的梳理。然而，新的问题又摆在了大家的面前。我们发现，当每个学科都在推陈出新，争先恐后地进行作业创新时，学生有些招架不住了，“作业有效变革”背离了减负的初衷。看来，进行学科整体在时间、内容方面的整合已是势在必行。

要减负，就要进行学科时间和内容的整合，要想整合就需要各年级所有教师在一起进行大学科的探讨和整合。这个创意一提出，就引起了各科任教师们的兴趣，大家首先在本年级各自学科内展开讨论，拟定作业的内容和形式，然后所有科任教师以年级为单位，围坐在一起各抒己见，努力找寻学科整合的点，最终迸发出群体的智慧。

“以培植白菜花”为主题的作业整合了语文、数学、科学、思想品德、美术多个学科。它让学生亲身经历了数学学科中包含收集数据、整理数据、分析数据、运用结果在内的完整的统计研究过程；它通过语文观察日记的形式引导学生除了用颜色、形状等描述性语言记录白菜花的生长过程，还可以把“用数据说话的思想”融入观察日记；而对于植物生长的观察，温度、光照等外部环境的控制，则是科学学科的主要研究范围。最难能可贵的是，学生在精心呵护并观察记录白菜花每一天的变化的过程中，懂得了付出、承担责任、珍爱生命，心灵受到了洗礼。

回顾“作业有效变革”的整个研究历程，我们不难发现，“作业有效变革”的聚焦点在持续不断地发生变化，经历了关注作业实效—作业趣味—作业实效和趣味相融合—综合性作业的一系列阶段。在不断地发现问题、解决问题的过程中，表面上呈现出来的是作业的目标、内容、形式在发生变化，而背后隐藏的却是我们对学生“会学”的重视。当我们主动通过增强课堂教学的实效来提升学生作业的效能时，我们实际上是在为学生的高效学习提供条件；当我们努力设计内容丰富、形式多样的作业来调动学生完成作业的积极性时，我们实际上是在不遗余力地为实现学生的趣味学习创造基础；当我们聚集各科任教师，在打破学科之间壁垒的基础上设计综合性作业时，我们追求的是学生的综合性学习，培养的是学生学以致用的能力；在教师布置作业的过程中，我们也不忘关注学生的差异，满足学生的不同学习需求，使每位学生都能得到充分的发展，这从本质上来讲也是在为学生的个性化学习服务。因此，从本质上来讲，“作业有效变革”历程实际上是开启了学生由“学会”向“会学”转变的大门。

二、“学生小讲堂”诞生记

“作业有效变革”之旅在深入有效贯彻《小学生减负十条规定》的同时，也为学生由“学会”到“会学”的深入变革提供了有利的发展契机。这背后是金毅副校长和杨朝晖教授的一次峰回路转、柳暗花明的有趣经历。作为“学生小讲堂”策划者的金毅副校长对这次由“作业有效变革”引发的连锁反应依旧记忆犹新。

(一)“学生大讲堂”闪亮登场

在六年级的一次寒假作业中，数学教师们精心设计了一次以环保为主题的社会实践活动，让学生把所见、所思、所想用数学知识表现出来，给学生一个发挥想象力和创造力的机会。但是，结果却不尽如人意。因为是第一次做，教师们缺乏经验，不能有效指导，学生也说不会写。怎么办呢？于是我们有了让学生上大课的设想，以避免不同教师指导方法各异的问题。

记得 UDS 项目的杨朝晖教授像往常一样走进干部们的办公室，询问我们的近期工作。我们向她讲述了给学生上大课的想法，计划让张彦老师给全年级的学生介绍应该如何做数学应用的调查和如何进行小论文的撰写。杨教授听后感觉我们的想法很好，只是没有什么突破，建议我们用写得好的学生来做文章，让教师讲不如让学生自己讲，变为学生的讲堂。于是，2012 年 4 月 10 日这天的上午，我给杨朝晖教授发了这样一条短信：

亲爱的杨教授：今天中午 12：30 万泉小学数学“学生大讲堂”开讲。欢迎您的到来！——金毅。

没想到杨朝晖教授连午饭都没顾上吃就和景校长一起走进了学校礼堂。中午 12：30，六年级 350 多名学生齐聚礼堂，5 位学生相继登台发布他们的数学研究成果。他们有的研究了超市塑料袋的成本，有的研究清明节烧纸带来的空气危害，有的研究课间噪声的分贝……可谓丰富多彩，精彩纷呈。学生们不仅自己精心制作了演示文稿，而且娓娓道来，论证有力，有的学生甚至还能脱稿演讲。我们坐在下面真为学生们的精彩表现而激动。终于让学生站到了这么大的讲台上，成了主人，这是一种观念的转变。

——金毅，《数学学科的小讲堂》

学校礼堂曾经是专家和教师进行讲座的地方，让学生登上这么正式的地方为专家、教师和同学做演讲真的是第一次。对于演讲的学生来说这是历史性的时刻，当大家报以热烈的掌声时，他们沉浸在研究后获得成功的喜悦之中，感受到了前所未有的尊重与认可。而我们越发意识到，在开放性的学习活动中，学生是自觉学习的主体，为了实现自身价值，学生会自觉自愿、自主自发地去调查、统计、分析。这种学习活动的中心不再是教师的“教”，而是学生的“学”。

(二)不和谐引出新发现

在我们强烈地感受到“学生大讲堂”的成功和突破时，我们也注意到会场上始终有不和谐的声音：一直有学生在说话。当时我们只是简单地认为六年级学生的行为习惯养成出现了问题。杨朝晖教授也发现了这一问题，晚上，杨朝晖教授打来了电话，谈了活动后她与学生交流的情况，这让我们对此次活动、对学生有了不同的认识。

杨朝晖教授和学生的交流是这样的：

杨：同学，今天中午的活动，你觉得怎么样？

生：没有意思。

杨：为什么？

生：我就不同意他们的观点，凭什么春节不许放鞭炮，那非物质文化遗产怎么保护？

杨：还有什么原因？

生：上去说的都是(5)班的，没有我们班的，没劲。

杨：还有吗？

生：时间太长了，我都困了。

杨：就你觉得困吗？

生：我身边的同学也睡着了。

杨：他也觉得没意思吗？

生：他上什么课都睡觉，反正他也听不懂。

杨：还有谁会感觉没意思？

生：我觉得女生可能会觉得没意思，因为她们可能更喜欢听文艺方面的……

听完杨朝晖教授的叙述，金毅副校长突然意识到，这次活动设计也许真没有我们想象的那么好：第一，活动安排在中午，而且时间又很长，很有可能引起学生们的疲劳；第二，能做数学小研究的学生一定是素质不错的，写出来的论文也有一定的高度，而这些似乎离一般学生的水平有些远，所以，“学生大讲堂”也许未必就适合学生的认知需求和发展水平；第三，反思一下那位同学的话，这里涉及了学生的心理问题、性别问题、个性差异问题、学生水平问题，可能在设计“学生大讲堂”的时候，我们更需要从学生的角度来思考，而不能用成年人的思维去想当然地做这件事。由此，金毅副校长和杨朝晖教授一起开始反思：这次活动为什么称为“大讲堂”，而且要全年级一起来听？为什么我们不能分层次、有针对性地推进？我们是不是已经习惯了“大一统”式的轰轰烈烈的“高大上”活动呢？……有了对这些问题的思考，我们稍作调整，让六年级的这五位学生给五年级学生又上了生动的一课，效果果然更好。

(三)持续跟进探真相

在“学生大讲堂”的听众更有针对性后，“学生大讲堂”的最初追求也实现了，但是，我们并未浅尝辄止、止步不前。活动之后，我们觉得我们干部团队应该反思的地方更多了，但苦思冥想之后却一直没有找到突破口和切入点。这时，杨朝晖教授建议我们利用大队干部通过调查问卷到各班去了解一下学生们的真实反应，发现事情的真相。

看到学生们上交的纸条，我们感觉虽然反映了一些学生意见，但是仍然不能反映出活动的效果到底怎样。好还是不好？有多少认为好，多少认为不好？于是，我们结合前两次的活动，分别对五、六年级开展了问卷调查。

在回答“你觉得这次以环保为主题的数学建模论文小讲座有意思吗？”这个问题时，感到“有意思”的学生，五年级比六年级比例高，分别是68%和

50%。在回答“你如何评价本次活动?”时，五年级选择“有创意”“可以丰富知识”“对今后学习有启发”的比例较高，分别是21.5%、31.3%和22.9%，三项占总人数的75.7%；同样的问题六年级的比例分别是19.4%、31.8%、21.1%，占总人数的72.3%。这说明相当一部分学生是喜欢这种活动形式的。还有的学生在问卷中写道：让我们了解了论文不是那么难，觉得很有意思。

那么学生不喜欢这种活动形式的问题出在哪里呢？我们的调查发现，六年级学生选择“时间太长”“内容不新颖”“中午太困”的比例较高，分别是18.8%、18.8%和12.5%。在五年级学生中同样存在这样的问题，选择“时间太长”“内容不新颖”“中午太困”的比例分别是13.6%、17.9%和11.1%。六年级部分学生不太认同春节不放鞭炮踩气球的观点，而五年级学生的认同度高。六年级不赞成率高达20%，五年级也有13.7%，这说明学生非常具有个性和主见。

问卷调查让我们陷入了深深的思考：在教育教学过程中，我们常说学生是主体，但是，我们有没有真正站在学生的角度想问题？我们真正知道学生在想什么吗？学生的需求是什么？（如时间太长，我们很困，我们希望自由选题，我们希望互动，感兴趣的听不感兴趣的不听）事实证明我们还没有走进学生心里，还没有契合我校的理念：学生在我心中。学生们还提到一些很尖锐的问题，如“一定要都参加吗”。是不是活动越大、越轰轰烈烈，效果越好呢？我们是只想看到表面现象，还是要将事做实呢？我们是不是应该进行调整，将“学生大讲堂”改为“学生小讲堂”呢？我们是否可以将环境布置得更温馨些，采纳学生的建议让学生自由选择、自由参加，让活动的形式更新颖些呢？就这样，一次新的机遇伴随思考来临了。

（四）“学生大讲堂”改为“学生小讲堂”

2013年6月5日、6月6日，经过精心策划的“学生小讲堂”在学校礼堂举办，由五、六年级的20组学生作为主讲者的“建模论文发布和答辩会”终于如约而至。由“大”变“小”的学生讲堂体现在：选择内容变小，他们以生活中的常见现象为研究对象，对“法定假日的放假分析”“洋快餐的利与弊”“我的饭盒无剩饭”“粉笔对比白板笔”等常见的问题进行探究；每个人承担的工作任务变小，整个活动中大家分工明确，有的制作调查问卷，有的开展调查分析，有的撰写报告，有的制作演示文稿，有的现场发言。这种“小而实”的讲堂终于成功了！它既给学生搭建了平台，也调动了作为倾听者的学生的积极性，让他们终于能兴趣盎然、入情入境地去思考、学习。

后来，“学生小讲堂”活动在各学科如火如荼地展开。例如，在科技信息组全体教师的协助下，金鹏科技论坛学生成员提议并策划了“我的论坛我做主”沙龙活动；金帆民乐团、金孔雀舞蹈团、清溪书院的小歌唱家、小舞蹈家、小书画家齐心协力共同主持了“艺苑漫步”活动；等等。而最令人欣喜的是，现在的“学生小讲堂”的组织、实施不只是停留在学校各学科层面，凭借强大的影响力和无法抵挡的魅力，它已经渗透并扎根于每一个班级里、每一节课中，每周五的“午间秀场”成为学生展现自我的舞台，每节课的“课前三分钟”成为学生自主演讲的时刻。

“在人的心灵深处，都有一种根深蒂固的需要，就是希望自己是一个发现者、研究者、探索者，而在儿童的精神世界中，这种需求特别强烈。”在传统教学中，由于教师过多地指导，在不知不觉中他们成了课堂上的主讲、主演、主角，而学生被动地成了听众、看客、配角。学生讲堂的出现，无论是启动之初的“学生大讲堂”还是紧随其后的“学生小讲堂”，它们都成功地将教师的角色地位“降”下来，让学生的学习地位“升”上去，教师成为学生学习的组织者、策划者、指导者，学生在研究性学习的过程中成为学习的主人翁、主角。在围绕问题展开研究的过程中，学生成为问题的发现者，把问题变成研究专题，在教师的指导下成为资料的收集者，学以致用去解决问题。它不仅锻炼了学生们的自主实践能力和合作精神，更让“小老师”们学会了用事实说话，用数字说话，为学生的终身可持续发展奠定了基础。

支撑学生讲堂由“大”变“小”的动力源于我们的“学生在我心中”的教育理念、科学有效的研究、锲而不舍的反思和行之有效的改变。而事实也证明，当我们敢于放手为学生搭建学习成长的平台时，具有与生俱来的学习力的学生也会用他们潜力无穷的创造力送给我们意想不到的惊喜，为我们继续引导学生由“学会”到“会学”提供源源不断的动力。

三、“玩转学习”诞生记

就在各学科、各班级、各课堂如火如荼地开展颇受欢迎的“学生小讲堂”时，新的问题又出现了。这些内容丰富、形式多样的“学生小讲堂”在锻炼主讲者的研究能力、合作能力方面发挥了良好的效果，学生的学习力、合作探究能力在研究性学习过程中也得以有效提升。可是，当我们走进教室随堂听课时，我们发现学生在课堂上的积极性、幸福指数却随所在年级的递增呈现明显的下降趋势，越到高年级，我们发现学生举手回答问题的频率越低。课下，我们随机访谈了一些学生："你觉得学习是快乐的吗?"大多数学生都无奈地摇头，认为学习是苦差事。的确，"不要让孩子输在起跑线上"的教育理念让低年级的学生过早地承受了沉重的学习压力，知识容量的加大和难度的增强让中年级的学生消化不良，教学质量的检测和升学的压力更让高年级的学生苦不堪言，再加上家长们对教育潮流的盲从，盲目地给学生报名参加各种各样的特长班、补习班，学生的学习真可谓是"苦、累、繁、烦"。

心理学家布鲁纳说：学习的最好刺激源是对所学材料的兴趣。兴趣对学生的发展起定向、保持的强化作用，学生对所学的知识一旦产生了浓厚的兴趣，就可以主动地、轻松地、持久地集中投入到学习中来，这有助于学生知识和能力的提高，有助于提高学习和教学效果。为了让每一位学生在学习的过程中都感受到学习的乐趣，进而爱上学习，我们策划了"玩转学习"活动。它提倡学生们将"学习"和"生活"贯通，主张学生"在做中学""学以致用"，引导学生将所学的各学科知识融会贯通，培养学生的综合学习能力。我们期待通过"玩转学习"逐渐影响并转变学生的学习方式，让学生爱学、会学、乐学、善学。

(一)乐在其中的学习节

"玩转学习"的想法得到了教师们的高度赞同。于是，我们一起策划"玩转学习"的开幕式，共同商议各学科的活动计划，探讨活动的评价方式。经过我们的共同筹划、准备，2013 年 3 月 11 日，万泉小学的学生齐聚在操场上，共同庆贺一个我们特有的节日——学习节。一位学生用他童真的语言真实、生动地记录了这次学习节的开幕式。

阳光洒遍绿茵茵的操场，春暖花开的时节，也有微风轻拂我们稚嫩的面庞。在这风清日暖、万紫千红、百花齐放的日子里，我们万泉小学迎来了它的第一个"玩转学习——快乐成长"学习节。

语文团队的节目真是精彩。我们不仅见到了《格林童话》中的白雪公主、奇幻故事中的魔法师哈利·波特，还有伟大的工匠鲁班、善良的护士南丁格尔和亚历山大的老师亚里士多德。更有一、二年级的小同学向大家介绍了字典的好处，还朗诵了一首小诗——《字典大楼》。

随着《甩葱歌》响起，几个手持着小风车的“花仙子”在台上踏着有节奏的舞步，接着数学任老师办成国王上台招聘大臣。国王出的题目对我们来说都是小菜一碟，好几个同学跑上台，一下就答对了题目，成了数学王国的大臣，我真是为他们感到高兴。

同学们集体合唱的两首英文歌曲更是优美动听、扣人心弦。听到了这样美妙的歌声，我们不禁又鼓起了掌，雷鸣般的掌声霎时传遍了整个操场……整个学习节在欢声笑语中逐渐步入了尾声。

学习节的开幕式让我深深体会到，学习不仅仅是死记硬背，在实际生活中，我们还能学到更多的知识，就像教导主任说的那样，“玩转学习”，让学习变得更快乐。这些节目的展示与精彩的演出，使我们对学习的兴趣更加浓厚了，我在学习中感受快乐，在快乐中学习。

——张彦，《改变学习方式，提升学习效能》

学生的教材呈现的是语言符号的世界，是由一系列单调、抽象的文字、数字堆砌起来的世界。它缺乏色彩，缺少变化，是以一种冰冷的形式和姿态呈现出来的。而学生的生活却是丰富多彩，富有朝气和惊喜的。如果学生所要学习的知识局限于书本中，那他很容易将学习视为一种负担、一件苦差事，而不会体验到学习的乐趣。长期以来，我们传统的课堂教学如铜墙铁壁一般阻断了学生的生活与学习，我们精心设计的学习节就是要通过与语文、数学、英语三个学科内容相关的寓言童话、情景模拟、舞蹈等形式多样的活动搭建学生生活世界与客观知识世界的桥梁，引导学生理解知识实际上来源于生活，更引导学生要学以致用，将掌握的知识用于分析、解决生活中的问题，让学生从日常生活的点滴中发现学习的契机，在用一双慧眼捕捉问题、用大脑解决问题、用心感受学习的满足感和意义的过程中爱上学习。

(二)趣味横生的数学庄园

以“玩转学习——快乐成长”为主题的学习节开幕之后，数学教师开始思考，如何激发学生的好奇心、求知欲，培养学生的探索精神和实践能力，如何让学生喜欢数学、热爱数学。在分析了各年级学生思维发展水平和认知发展阶段之后，数学教师决定引导学生“在做中学”“在游戏中学”，将数学学习与游戏、比赛、运用、研究相结合，为学生精心设计了汇集智慧与思考、趣味与操作、分享与合作的“数学摩尔小庄园”的“旅行套餐”。

一年级教师精心设计了“扑克牌游戏”，把加、减法按规则有趣地玩儿了起来。课上、课下学生们经常一对一对的玩儿，在“扑克牌游戏”中学生们不仅巩固了各种数学技能，而且同时享受了与同伴、家长、教师一起玩耍的乐趣。

二年级学生在教师和家长的精心策划下举办了班级义卖活动。学生们把自己的旧玩具、看过的图书、闲置的小工艺品贡献出来义卖。这不仅帮助学生巩固了本学期所学的数学知识，培养了实践能力，积累了数学活动经验，锻炼了学生的交往能力，也培养了学生热心公益的良好品质。活动后，学生们委托“中国狮子联会”(慈善服务团体)把义卖所得全部捐赠给需要帮助的贫困儿童。

三年级学生开展了“玩转24点”的数学游戏。在玩扑克牌算24点的数学活动中进行加、减、乘、除的口算练习。他们的另一项活动“玩转魔方”不仅能帮助学生提升空间想象力，建立空间感，还能锻炼学生破解难题的毅力与信心。

四年级学生在掌握了图形的旋转之后开展了“玩转图形”的比赛。学生们综合运用不同的方法设计图案，感受图形中的对称美，体会平移、旋转在图案设计中的运用。当一幅幅精美的图案展示出来时，全体学生发出一阵阵赞叹的声音。

五年级的教师和学生们一起参与到“玩转数独及七巧板”活动中。数独是一种运用纸、笔进行演算的逻辑游戏。玩家需要根据9×9盘面上的已知数字，推理出所有剩余空格中的数字，并满足每一行、每一列、每一个粗线宫内均含数字1～9，且不重复。它看似简单却又充满挑战，学生在玩数独的过程中也锻炼了自己的逻辑思维和推理能力。而巧拼七巧板则充分提升了学生的空间想象力。

“孩子天生懂数学，孩子天生会研究。”六年级教师大胆尝试着在假期里给马上就要结束小学生活的六年级学生布置了学术性较强的研究性数学作业，并将此次作业的完成变成一系列过程：布置作业—学生自主完成或与同伴合作完成—开展学生讲堂活动并分享作业感受及成功经验—组成学习小组合作完成新的任务—论文答辩—完成论文集。

——张彦，《改变学习方式，提升学习效能》

与“玩转学习——快乐成长”的开幕式相比，横穿“数学摩尔小庄园”的“旅行”在改变学习方式上又迈上了一个更高的台阶。它让全校的每一位学生都以主人翁的身份参与到热火朝天、妙趣横生的数学实践活动中来，让学生动手操作、乐学善思、学以致用、互动交流、自主合作探究。学生们在精彩纷呈的数学实践活动中感受到数学不再是单一的数字，而是充满着丰富的情趣，数学不再是枯燥的公式，其实它蕴含着无穷的精彩。这种状态下的学生不再是死气沉沉的，而是生机盎然的，他们对学习的态度也不再消极被动，而是积极主动地去探究，并在探究的过程中发现、享受学习的乐趣。“玩转学习”，让学生玩出了趣味，玩出了精彩，玩出了智慧！

(三)兴趣盎然的“玩转复习”

一直以来，复习都是一件让学生备感烦恼、头疼不已的事情。连续不断的考试、漫天飞舞的试卷、滔滔不绝的讲评、高低起伏的分数让学生在每个学期末的几周都过得分外辛苦。如何才能让复习变得趣味横生，让学生对复习兴趣盎然？我们想到了借助“玩转复习”这个杠杆来撬动学生的趣味复习。其中，英语学科的圣诞节演出活动将趣味复习推向了高潮。

2014 年 12 月 25 日，由英语组教师们精心策划，学生主持、表演的圣诞节演出活动在学校礼堂拉开帷幕。学生们流利、地道的英语电影配音，优美、动听的英文歌曲，幽默、风趣的英语原创剧表演为全校师生提供了一道英语大餐，让全校的师生度过了一个难忘的圣诞节。但是，让我们骄傲和自豪的不只是人人点赞的演出效果，而是我们在让英语复习由索然无味的“苦”变为学生们为之欢呼雀跃的“乐”上做的各种尝试。

每个学期末的英语口语考试，都是一件让学生头疼、令教师烦恼的事情。为了让英语口语考试变“乐”、变“甜”，英语组的教师们尝试将本学期末的口语考试与“玩转口语”活动相结合，针对各年级学生的学习阶段性特征因地制宜地开展了丰富多彩的“玩转口语”英语系列活动：一、二年级开展了“唱儿歌，学英语”活动；三年级开展了英语朗诵比赛；四年级开展了英语朗读比赛和情景剧表演活动；五年级开展了英语电影配音比赛；六年级开展了英语原创剧表演活动。教师根据学生参与"玩转口语"活动的表现给出口语等级，这种考试评价方式除了能有效摆脱传统考试的弊端，还以一种"任务驱动"的方式激发学生学习口语的兴趣和热情，让更多的学生能从不爱开口变得主动开口，原来发音不准确的学生，现在也能做到口语地道、流利，"以评促学"的目标终于在小小的改变中得以实现了。

在圣诞节演出活动中，为了给更多的学生创造参与活动的机会，我们从舞台表演者和看台观众身上做起了文章。台上的主持人、拍照者、演示文稿制作者、表演者都由学生担任。活动在学生中间产生了很大的反响。五(4)班的高子涵同学说："给电影配音的活动真有趣，我们在不知不觉中就提高了英语水平。这样的学习真酷！"在英语情景剧《喜羊羊和灰太狼之万泉行》中扮演红太狼的四(5)班孙宇苓禾同学用精准的发音、流利的口语、出色的演出征服了全校的观众，现在她俨然成了班级"小明星"，这种成就感也激发了她更为浓厚的英语学习兴趣。台下观看本次圣诞节演出活动的观众则是各年级在英语"玩转口语"活动中表现优异的学生。当这些学生拿到活动的入场券时，都感到无比的骄傲和兴奋。

——郭立军，《复习，由苦变酷》

截至目前，我们的"玩转学习"活动已举办了两届，第一届"玩转学习"是以"玩转学习——快乐学习"为开幕式，数学组精心策划的"数学摩尔小庄园"活动成功地发挥了龙头牵引作用，语文组在扎实中又不失灵动地展开"玩转作文"和"玩转阅读"活动，英语组将英语歌曲联唱、英语竞赛作为增添英语学习趣味性的佐料，科技信息组金鹏科技论坛举办的"我的论坛我做主"、艺术组设计的"艺苑漫步"也给学生们留下了深刻的印象。各学科在精心设计、稳步推进本学科的"玩转学习"活动中始终将"转变学生的学习方式，让学习更有生活性、趣味性、实践性和自主性"作为核心追求。第二届"玩转学习"活动在延续前一届经验的同时又有了众多的创新之处：更加注重对学生思维能力的培养，如数学学科思维导图的引入；更加关注学科的整合，培养学生综合学习和学以致用的能力，如"飞叠杯"对体育和数学的整合；开始关注学生复习的自主性、趣味性和高效性。

求知、探究的欲望是人与生俱来的本能，是创造性滋生的胚胎，也始终伴随着生命的成长。教育的艺术不在于传授知识，而在于唤醒、激励和鼓舞。因此，我们的教学拒绝让学生变成盛水的木桶，而更加关注如何才能让学生成为“泉眼”，能自内而外、源源不断地向外流淌出创造的泉水，让学生在获取知识的过程中提升思维能力、想象能力和创造能力。无论是“作业有效变革”之旅、学生讲堂的开设，还是“玩转学习”的开展，我们的出发点和归宿都是要变革学生的学习方式，是要引导学生在自主学习、快乐学习、探究性学习、动手操作类及实践类作业中，最大限度地发挥自身的潜能，让学生养成良好的学习习惯和自学能力，并具备浓厚的学习兴趣、持久的学习情感、坚韧的学习意志，为他们的终身可持续发展奠基，为幸福人生奠基。

第三节　从“课堂”到“课程”

学校课程建设是一个整体的、系统的工程，是以学校为主体进行的国家课程、地方课程和校本课程的构建和统整，是在学校情境中可能对学生的身心发生影响的一切因素的综合。它既是衡量一所学校办学水平和办学特色的重要标准，也能最大限度地满足不同学生的兴趣和需求，更有利于教师专业素养的提升，使我们的学校更富有特色，学生更彰显个性，教师更有风格。

由反思触动的改变让学校教师群体的学习力、研究力和凝聚力日益提升，而在关注学生、关注学习，引导学生从“学会”向“会学”转变的过程中，我们也欣喜地看到了凝聚在学生身上的创造力和学习力。为使教师专业成长和学生的个性化发展获得源源不断的动力，从2013年开始，我们将学校课程建设作为教研工作甚至学校工作中一个新的着力点和突破点。以培养“健康体魄、阳光心态、乐学善思、创新发展”的学生为课程目标，借助自上而下的课程方案引领和自下而上的课程实施两条路径，我们在不断地实践探索过程中逐渐建设起了多元、开放、立体的绿色教育生态课程体系。

绿色教育生态课程体系围绕着“健康体魄、阳光心态、乐学善思、创新发展”四大领域设置了课程内容，旨在促进学生德、智、体、美、劳的全面发展。为满足处于不同发展阶段和水平的学生的差异性需求，我们又将课程划分为三个层次，包括为学生的一生奠基的基础类课程以及为满足学生的个性化需求、特长发展提供平台的拓展类课程和旨在丰富学生的校园生活、培养学生的综合运用能力和动手操作能力的主题实践活动课程。四大领域和三个层次之间既彼此独立，又相互渗透，共同致力于满足学生多样化、差异性、开放式的需求，促进学生的全面可持续发展。

加拿大著名教育改革专家富兰认为，“变革是一个过程，而不是一个事件”。绿色教育生态课程体系的形成不是一蹴而就的，而是经历了一个复杂的、持续不断的过程。它开启于学生对“我的课程我做主”的强烈呼吁，在学校干部的课程领导力和群体智慧中形成学校课程建设方案，在学校师生的共同努力下形成了集微课程、校本教材、班本课程、年级课程、融合型课程、综合型课程、实践活动类课程等于一体的学校课程体系。

一、遇见万泉，预见未来

（一）我的课程我做主

了解本校学生的学习需求是学校课程开发中必不可少的一个环节，也是学校课程建设能否成功的重要保障。这就要求我们在课程建设之初要充分关注学生的学习背景，了解学生对所学学科、使用的教材、参加的活动的认识，正视学生的学习方式方法以及学生对教师的教学风格、特点、方法的看法，重视学生对学校、教材、教师、学习内容和课堂教学的期望。只有真正地了解学生的需求，我们的课程建设才能符合“生本理念”，才能更有针对性和适切性地为学生的个性发展和学业成长奠定基础。

在课程建设之初，我们通过发放调查问卷、观察、访谈等方式了解到学生对学校现有课程的建议和对学校未来课程构建的憧憬，并形成了学校整体的研究性报告。然而，当向全体教师呈现学生对学校课程建设的迫切需求时，景校长和金毅副校长并没有采取领导干部做报告的形式，而是另辟蹊径，精心酝酿并策划了由六年级学生作为“小老师”，教师成为“大学生”，以“遇见万泉，预见未来”为主题的课程改革启动会。

2014年6月20日下午，万泉小学全体教师齐聚在礼堂。主席台上，六年级学生胸有成竹、落落大方地向台下的教师们展示自己数学建模论文的成果。在这些汇报中，最大的亮点是六(9)班的七位学生研究的“我的课程我做主”。为了能启发学校将现有的课程做一些适当调整，让学弟学妹们接受更好的课程教育，七位即将毕业的学生对两个毕业班展开调查，以课程设置、课时安排和教学方法三个方面为研究重点，通过访谈、调查问卷、观察等方式了解到周围学生对学校原有课程的态度和对学校课程改革的期待和需求。

调查结果显示，绝大部分学生对学校现有的课程是不满意的，大家有着强烈的学习欲望，希望学校能给他们增加一些全新的教学和体验，特别是了解世界和生活技能的培养。结合学校现有课程的现状和国外小学课程设置的优势，七位同学还为学校的课程建设提供了一些建议：在课程设置上，减少主科，增加副科，能够在中午适当时候增加有意思的活动或休息时间；在课时分配上，尽量平均分配课时，一样的课不要连排，增加与艺术品鉴赏、世界地理和各国历史文化相关的课；对于课堂教学，在学习中增加一些游戏、研讨、沙盘演练等，以让学生拥有“快乐课堂”。

——张旭，《遇见万泉，预见未来》

学校的显性课程和隐性课程是学生在学校的全部的生命体验，是学生个体精神生命成长的不竭的资源。当学生用真实的数据和客观的分析表达他们希望改变课程设置、调整课时安排和摒弃传统的教学方法时，学校课程建设的方向就更加明确了。提供让学生满意的课程是我们的终极追求。

(二)未来扑面而来

在台上的“小老师”向观众席的教师们发出“我的课程我做主”的强烈呼唤之后，景校长又为教师们做了具有前瞻性和引领性的讲座——“未来扑面而来”。景校长声情并茂地讲道：

“这是一个千变万化的世界，也是一个日新月异的时代。当前，学生获得信息与知识的渠道不再只是学校里的教材和教师，网络、旅游、书籍、课外辅导机构等已经丰富了学生的学习路径，这种多渠道、多元化的学习方式让学生变得博闻多识、视野开阔。面对这些正自信满满、兴致勃勃地大踏步走向未来、拥抱未来的学生，作为教育工作者的我们也应该静下心来去思考：学校现有的课程设置还能满足学生日益多元化、立体式的需要吗？如果不能，我们是否应该像这个瞬息万变的世界、像这群由学习引领改变的学生一样做出一些改变呢？”

学生的报告和景校长的讲座为教师们推开了一扇重新认识学生、认识课程、认识未来的窗户。有教师在调查问卷中这样写道：

“学生们能联系生活，从生活中的小事出发，通过各种方法去解决问题，真让人兴奋，引以为傲。”“学生们能关注生活，利用所学的各学科知识，收集资料数据进行分析，撰写论文解决生活问题。在此过程中可以感受到学生们的创新性、较强的信息处理能力、与人沟通的能力。”

这些凝聚思考能力和研究能力的学生也在无形中带给教师们巨大的压力：

“我有些害怕，感到有种危机感，我需要赶上时代的需求，不断学习，不断充实自己。”“学生们的思考能力和研究能力让我们耳目一新。他们选择研究对象的视角很独特，研究能力很强。可见，教师也应该提高研究能力，要有很强的挖掘能力，教育的观念应该改变。”

对于课堂教学，教师们有了新的想法：

“未来我们应该教学相长，跟学生们一起成长。”“改变现有的教学观、价值观、教学方式。学生们在发生变化，如果教师依旧停留在陈旧的教育方式上，是不能适应当前的学生的，只有不断地提升自己、改变自己，才能适应当今的教育。”

而关于学校的课程，几乎所有的教师都认为我们现有的课程已经无法满足学生的需求，建议我们在巩固学校基础课程、精品课程的同时，打破学科之间的壁垒和界限，适当融合、整合已有的课程，并大力开发和挖掘新的、适合学生的课程。

教师是学校课程建设中的关键人物，只有教师理解课程、接纳课程变革，主动参与课程的开发和实施，课程变革的种子才能破土而出，发芽长叶最终开花结果，理想的课程才能转化为实践的课程。“遇见万泉，预见未来”的课程启动会的意义在于它从本校学生需求和当前课程改革大形势的两个角度向教师们证明学校课程改革已经是势在必行。它不仅让教师对课程建设的必要性和重大意义达成了共识，更重要的是它成功地唤醒了教师的课程意识，调动了教师参与学校课程建设的积极性和主动性，迈出了学校课程建设具有开拓性的一步。

二、仰望星空与脚踏实地的探索

面对学生对课程多元、自主、可持续的发展需求，面对教师对学校课程融合、整合和新增的追求，我们积极推动学校课程建设的动力更强了。可是，对于学校课程建设我们依然有着太多的困惑：学校课程建设的目标是什么？我们该如何一步一步、扎实有效地落实课程？我们依靠什么去引领学校课程建设的整体方向？又如何有效利用学校现有的课程资源最终为学生提供开放、多元、立体的课程体系？经过反复论证，我们探索出一条将“自上而下的学校课程方案引领”和“自下而上的学科课程推进”相结合的课程建设方式。

(一)自上而下明方向

在教育实践中，学校课程方案是学校课程规划的主要内容之一。学校课程方案能从宏观整体的视角去审视学校课程建设的理念、总目标、课程内容的选择、课程实施的方式、课程的组织与管理、课程评价等。对中观层面的学校课程领导、微观领域的课程具体落实发挥着引领和指导作用。因此，在全面开展学校课程之前制定一个具有前瞻性、规划性和引领性的课程建设方案成为学校进行课程建设工作必不可少的一个环节。在制定万泉小学的课程建设方案时，我们采用“头脑风暴”的方式，各学科主任在民主、自由、开放的氛围中争相发表自己对学校课程建设的认识与建议，在不断的思想交流与碰撞中擦出了智慧的火花。

2014 年 7 月 11 日和 12 日，围绕着“万泉小学课程建设的目标、方向和路径”，学校的领导干部展开了沙龙式研讨活动。我们在“营造绿色教育生态，传递教育幸福”办学理念的引领下，围绕着“开放式、国际化、高品位的魅力学校”办学目标，依据学校的培养目标“做人、做中国人、做现代中国人、做现代世界人”和校训“健康体魄、阳光心态、乐学善思、创新发展”，将学校课程建设的目标确定为：培养身体健康、心态阳光、乐学善思、有创新精神的万泉学子。

在对课程建设目标达成一致之后，语文、数学、英语、科学、体育和德育等部门的主任又分别从各学科的已有课程、待开发课程和拟打造的精品课程三个维度对学校课程内容进行梳理，从满足学生全面、个性、差异发展的需求出发，将学校课程体系的内容不断丰富、充实和拓展。同时，为了避免课程的繁多冗杂、重复低效，我们又果断打破各学科之间的坚固壁垒，系统整合、重组各学科之间具有联系的课程，建立融合型、综合型课程。在经过反复交流、碰撞和启发过程后，我们最终确定了分为四大领域、三个层次的

“绿色教育生态课程体系”。四大领域和三个层次之间既彼此独立，又相互渗透。

对于学校课程的实施路径，我们最终决定采取“点面结合”的方式。先以四年级为试点年级进行探索实践，充分发挥四年级的先锋带头作用，待在实践中摸索出一套适合我校的学校课程建设的渠道和路径之后再全面辐射到六个年级。

两天的沙龙式研讨活动之后，我们的学校课程建设方案和学科课程建设方案已是呼之欲出。于是，我们一鼓作气，将研讨的结果通过文字整理进行固化、细化，为之后与四年级教师和全体教师解读方案提供依据。正是在持续不断的语言交流、思想碰撞和文字梳理的过程中，学校课程建设的核心追求和整体目标越来越清晰，课程内容不仅在数量上得到极大丰富，而且在质量上也因为打破了学科内和学科间的壁垒而得到极大的改善。干部对课程的领导力和驾驭能力也得以有效提升，为下一阶段全面、协调、有序地推动实施课程奠定了基础。

(二)自下而上促学科

学校全体干部群策群力制定的课程建设方案只是完成了学校课程建设的顶层设计，能否将课程的蓝图转化为现实还需要干部和教师的齐心协力，尤其是作为学校课程实施中的核心人物教师的努力。只有教师理解、接纳课程建设方案并且主动参与课程建设方案的实施，课程改革才能落到实处，理想的学校课程蓝图才能转化为实践的学校课程。为发动教师的力量，引导教师积极参与到学校课程建设的整个过程，我们通过学科主任和教师共同研究、讨论、制定本学科课程建设方案的形式让教师从单一的课程实施者转变为学校课程的规划者、组织者、实施者和评价者。

2014年7月13日，四年级的语文、数学、英语、体育、艺术、科学学科的所有教师与本学科的教研主任齐聚一堂，围绕着“如何推动本科课程实施”进行了充满智慧火花的研讨。各学科的教研主任围绕着课程的目标、内容、形式、评价方式和实践等与教师们展开讨论，教师们更多地站在课程实施的可行性、学生的真实需求、学生的兴趣点和关注点、学生学习方式的变革、课程资源的获取、教师实施课程的难度等角度对学科课程的建设提出疑问、想法和建议。语言交流和思维碰撞的过程中，各学科的课程建设方案和实施步骤也越来越明细，大家对下学期的课程建设充满了期待。

激烈讨论之后，语文学科的教研主任刘莉说道："幸亏我和老师们一起坐下来探讨、交流了语文学科课程建设的方案，要不然很多不成熟、不全面的想法一旦付诸行动就注定会以失败告终。老师们在对学生需求了解上得天独厚的优势、对课程实施独具匠心的见解、对课程资源独辟蹊径的开发也给了我很多充满智慧的启发。和这样一群充满智慧、散发工作激情和生活热情的老师一起去开发课程建设，真的是一件幸福满满的事情！"参与到四年级课程建设研讨的吴玉萍老师也发自肺腑地感叹道："课程建设，在我们的千呼万唤中终于动起真格儿了。这是一件有意义的事情，我们万泉又迈入了一个新的发展阶段！参与学校课程建设这件事情我觉得虽然有些苦，有些累，但想一想，还是很值得，很有意义的！我愿意一直坚持做下去！"

——王芳(小)，《四年级课程建设研讨会纪实》

这次干部和教师之间围绕着学科课程建设方案展开的研讨活动让更多长期处于被领导地位的一线教师被真正赋权参与到课程的改革中去，充分发挥了一线教师在课程建设中的优势，教师们的热情、创造力和建设性意见为课程方案的修订、丰富与具体化注入了新的力量。更为重要的是，它成功地营造了干部与教师之间合作、对话和反省以及慎思的课程文化。干部通过倾听教师的想法和建议，对学科课程的价值追求、具体实施有了更高位的认识，教师通过与学科教研主任的交流，不仅能更清楚地了解课程改革的思想和价值，而且能对自己即将开展的课程实践活动做出规划、思考和反省。这种合作共赢的文化最终将在学生丰富、有意义的课程体验中得到体现。

三、自主高效绽精彩

在完成学校课程建设的顶层设计，勾勒出学校课程发展的蓝图之后，从2014—2015学年度第一学期开始，我们的工作重心是将课程设计付诸实践，将预设的课程方案转化为具体的教育教学实践活动。我们以相互适应和创新的课程实施观为导向，坚持"理念引领、稳步推进、量力而行、注重实效"的原则，以在落实课程的过程中不做硬性规定，给各学科、各年级组和各位教师以极大自主性的方式，将课程改革落到实处，融入学校日常工作的点点滴滴、方方面面中。在这种理念引领下进行的课程建设的实践探索，使得我们在课程课时的调整、校本教材的研发与运用、教师自主开设课程以及班本课程和年级课程开设等方面，都呈现出独具特色的创新性和长远的发展性。

(一)独具特色微课程

微课程即容量小、持续学习时间短的课程，是一种非常灵活的课程类型，在发展学生的兴趣和爱好方面具有天然的优势。启动课程建设工程以来，我们的微课程如雨后春笋般大量涌现。这些微课程包括以下四类。一是微小到时长不过一两分钟的“铃声课程”。语文学科积极打造铃声微课程，把国学经典植入学生每节课上课的铃声中。每节课上课前诵读一两首古诗，一天 9 首的自然融入，一周近 50 首的自然积累，再加上一月一次的新旧更替，一年下来近 500 首，学生在国学经典上的底蕴日益丰厚。二是融入每节课前 3～5 分钟的“学生小讲堂”。教师们在提高课堂实效性的基础上将更多的时间与空间留给学生，学生就自己感兴趣的内容进行绘声绘色的演讲。三是响彻每天清晨的“国学诵读”。清晨，校园到处回荡着的是学生们琅琅的读书声，低年级的学生在兴致勃勃地大声朗读着《弟子规》，中年级的学生在声情并茂地吟诵古诗，高年级的学生在专心致志地诵读国学经典《论语》，他们在太阳升起的时候共同沐浴国学经典的光辉。四是集中在每天中午的 20 分钟的“多彩微课程”。为了丰富学生们的校园生活，在每周一到周五的中午我们都精心安排了微课程，周一是精心的书法课，周二、周四是美文阅读时间，周三是英语歌曲联唱，周五是“午间秀场”。

除了这些由学校整体、各学科自主开发的微课程外，各学科之间还进行了不同程度的整合，如数学学科和体育学科携手为学生们呈现了“飞叠杯”活动课，语文学科与书法学科齐心协力为学生们打造书法微课程。与此同时，我们还积极借助校外课程资源，开设满足学生兴趣与爱好的微课程，如体育学科为万泉小学莘莘学子精心策划、准备的每个年级每周一次的“梦想之巅”篮球微课程。

从 2014—2015 学年度第二学期开始，每周我们体育组与北京梦想之巅花样篮球俱乐部为万泉小学的全体学生以年级为单位举行一次篮球盛宴。中午 12：30，学生们就兴高采烈地涌往操场，像击鼓传花似的从教练手中接过篮球，听从主席台上篮球教练的指导，进行专业的篮球基础动作学习。当学生听不懂指令、动作不规范时，总会有辅导人员走到他们身边告诉他们如何做，纠正他们的姿势。从杨柳吐露嫩芽的春天到小荷才露尖尖角的夏天，学生们在寓教于乐的篮球微课程中渐渐掌握了篮球活动中基本的动作。更为重要的是，这些课程激发了学生们的学习兴趣，让他们爱上了打篮球。

——王芳，《2014 年体育工作总结》

“夫尽小者大，积微者箸，德至者色泽洽，行尽而声问远。”短暂不过一两分钟的、最长不过 20 分钟的微课程虽然微不足道，却融入学生生活的点滴瞬间。阿基米德说：“给我一个支点和一根足够长的杠杆，我就可以撬动地球。”正是这些如雨后春笋般涌现的微课程成为撬动学生成长的支点，成为学生成长过程中必不可少的精神养料。

(二)校本教材凝智慧

校本教材是学校校本课程的载体，是教师个体或者集体在教育教学实践过程中基于经验、思考和研究编写的一套适合本校师生的教材。自启动学校课程建设的工程以来，为了弥补国家教材的封闭性、模式化特征，我们根据各学科的特点和发展规律开发了一系列的校本教材，包括语文“大雁团队”集体智慧的成果《预习手册》《写字本》《作文本》《阅读小银行》等，数学学科的《数 you 引力》，英语学科教师编写的《英语歌曲》，体育学科的《少儿禽戏》等。这些注重创新性、实用性和趣味性的教材既是实践智慧的结晶，更成为在教育教学工作中教师有效教学的重要依据，也成为学生快乐学习的得力载体。在校本教材的开发过程中，发挥先锋模范作用的四年级数学教师们群策群力，汇聚集体智慧形成数学实践活动课的根据地——《数 you 引力》。

2014 年 7 月初，我们四年级组成为学校课程建设的实验组。如何推动四年级的数学课程开发，说实话，我们心中真是没底。于是我们开始思考：数学校本课程的初衷应该是什么？在充分讨论之后，我们决定将课程目标定为：以校本课程为载体，开阔学生的视野，在培养学生的好奇心、求知欲的同时增强学生的创新精神和实践能力。

在目标的引领下，我们将课程内容划分为数学文化、数学妙招、数学游戏、数学小讲堂和数学小研究五大板块。我们希望让数学文化滋养学生，帮助他们拥有良好的数学素养；希望让数学游戏吸引学生，帮助他们爱上数学；希望让数学方法陪伴学生，帮助他们学会思考；更希望用数学解释生活、解决问题，帮助学生掌握生活的本领。在南、北校区的全体领导、教师的关心下，所有数学教师在多个假期中一路积累，一路收获，一同研发的《数 you 引力》数学校本教材于 2014 年 11 月 21 日跟大家正式见面了。当制作精美的《数 you 引力》发到每位数学教师的手中时，他们啧啧称赞。当学生拿到《数 you 引力》时，他们爱不释手，纷纷向教师问，什么时候才能上这里面的课。

——胡益红、管立，《校本教材发布会发言》

张耒《食笋》诗曰："荒林春雨足，新笋迸龙雏。"学校课程建设的春雨让学校的校本教材雨后春笋般地大量涌现。但是，这些欣欣向荣的竹笋不是突然冒出来的，在它映入我们眼帘之前必是积蓄了巨大的力量的。同样，校本教材精彩亮相的背后是教师们长期付出的诸多努力，汇聚的是教师丰富、充满智慧的教育教学实践经验。在校本教材成功开发出之后，我们没有将其束之高阁，而是将这些教材作为更富创新性、更具实效性的教学工作的载体。在以这本教材为载体进行课堂教学的探索过程中，四年级组的数学教师们更是发挥自己的聪明才智，探索出一套与众不同、颇具特色的课程实施方式。

《数 you 引力》是在统一教材教学基础上向课外延伸的校本教材。四年级统一教材内的任务教师们已经觉得非常重了，但是为了充分运用好这本校本教材，实现激发学生对数学的兴趣、提高实践活动能力、积累数学活动经验的课程目标，四年级数学教师采取走班制教学，统一将全年级每周三的第一节课调成数学课，四位数学教师分别精心备课，选择最适合自己教学的内容，利用每周三的第一节数学课，将教学内容向八个班传授，教学效果良好。这样既减轻了教师的备课负担，同时又使每一位教师了解该课的实施情况，便于今后校本教材的完善和修改。学生们在这一过程中，同时接受了四位教师的教学，感觉既新鲜，又领略了不同教师的教学风格，充分发挥了《数 you 引力》这本校本教材的作用。

——吴玉平，《关于校本教材的实施》

校本教材的开发与运用不是一劳永逸的，它是一个动态生成的过程，一直处于持续发展的阶段。在未来的日子里，我们要让这些教材成为更富创新性、更具实效性的教学工作的载体，让这些校本教材在持续不断的运用过程中加以完善、日趋完美。

(三)教师课程展其才

传统课程观认为，为保证课程的科学性和专业性，课程开发的主体只能是各个学科领域的专家、学者，教师、学生只能是课程的忠实实施者或者灵活调试者。在基础教育课程改革中，教师首次作为课程开发的主体参与到课程建设中来，对课程资源和学生需求、特点洞若观火的教师开始成为校本课程开发的主体。为了提升学校课程的丰富性与多样性，我们努力唤醒教师在课程开发中的意识和行动，鼓励教师根据自己的兴趣、爱好、特长等申报、开设课程。学校里的书法教师李德凌老师对篆刻情有独钟，当学生对篆刻的浓厚情趣与教师的特长优势相遇后，学校就出现了一门传承中国传统文化的课程——篆刻。李德凌老师独具匠心、另辟蹊径开发、实施万泉小学颇具特色的篆刻课程，无论是课程的内容、课程的实施方式，还是课程的评价都形成了自己的风格与特色。这种通过篆刻社团开设的篆刻课程不仅吸引了众多学生的眼球，而且在教师开设新的课程上发挥了强大的引领作用。

孩子总喜欢在地上、墙上涂鸦，其实喜爱“刻画”是人的天性。为了保护孩子们的这种天性向正向发展，我在学校成立了篆刻学生社团，开发了篆刻课程。在课程内容上，我选择了特点平实质朴、章法简练的汉印作为范本，学生从临摹汉印开始，通过临刻古印，使学生不仅学习刻印的技巧，而且培养学生正确的、合乎传统的鉴赏美、追求美和创造美的能力。在教学活动中，我采取的是演示与讲授相结合的方式。例如，讲解切刀法，书中有言：“切刀，执刀角度较冲刀直，至60度左右。”这句话成人看起来简单，小学生却很难读懂如此艰涩的描述。于是我采用演示讲授方式，边讲边动手操作，让学生听、看、感觉，从而获得最直观的体验。除了自己亲自动手、示范以外，在上课过程中我还有意识地运用图片、录像、幻灯片等作为辅助教学的资料，通过这样的直观性教学，不但让学生掌握了知识，开阔了视野，也提高了他们学习的兴趣。篆刻课程的设置中学生的动手实际操作往往较多，但是，学生的手中能否诞生美观、精致、令人称赞的作品也与学生的感觉有关。为了让学生对篆刻越来越有感觉，我收集了几千幅印章资料供学生们欣赏，开阔学生的视野。在课程评价上，我采取的是展览学生作品的方式，学生之间交流、观摩，互通有无，通过评价发现自己的长处，也看到自己的不足。与此同时，我组织学生参加区级比赛、全国比赛，借助比赛检验自己的学习成果。

——李德凌，《我的篆刻社团》

现在，由万泉小学本校的教师自主开设的课程已多达18门，包括：旨在提升学生艺术修养的软笔书法、硬笔书法、儿童画、合唱、舞蹈、乐理班；重在培养学生信息技术素养的计算机编程、无线电、计算机绘画、电子制作等；意在满足学生体育特长需要的武术、棒球、花样跳绳、围棋、击剑、软式网球、五禽戏等。如此丰富多彩的课程有助于实现课程在广度与深度上的全面发展，在满足学生的个性化需求，凸显学科的品性、特色，促进学校课程的改革上发挥至关重要的作用。

(四)班本课程显匠心

班本课程是由校本课程演化而来，是以班级为平台，充分利用班级资源，班主任、科任教师、学生、家长和社会人士等共同参与开发的课程，旨在满足本班学生特殊的发展需求。在班本课程中，班主任是班本课程的组织者和管理者，家长、科任教师和学生都可以在班主任的带领下深度挖掘自身优势，开发班本课程。在万泉小学，有一大批经验丰富、智慧丰富的班主任，他们充分调动利用班主任工作的优势，结合所带班级学生的特点和家长优势，开设了具有引领性、趣味性和创新性的班本课程。每周五的“午间秀场”、每周一的班会课都成为学生课程开展的平台，“爱心爸妈进课堂”更是调动了各行各业的家长资源，开阔了学生们的眼界，为学生们创造更好的发展平台。这些班本课程从开发到实施都与班主任、学生和家长的付出密不可分，也正是在这些以班级为单位的活动中，家长、教师和学生一起收获了乐趣。

人都说谁带的班随谁，可我们六(2)班的学生们在体形上可远远超过了三位瘦弱的主课老师，在学校里是出了名的“胖子军团”。可就这阵势、这排场居然还在拔河比赛中连连失利，真是大挫人心。为了给学生们鼓舞士气，我左思右想，如何才能充分发挥我们班的真正实力呢？唉，太有难度了，只对吃感兴趣的团队我们能做什么呢？对！我们就围绕着“吃”开展班级活动，并将其定名为“舌尖上的诱惑”。

围绕着“吃”，我设计了三个板块。一是美食大搜寻——吃出文化。由来自祖国五湖四海的学生“食客”组成的美食调查团对家长进行访谈，为同学们详细介绍家乡的特色食品、家乡特产。二是厨艺大比拼——吃出乐趣。学生跟家长学切菜、练刀功，洗菜择菜，煎炒烹炸，摆拼盘，忙得不亦乐乎。在家长们的细心指导和大家共同的努力下，一桌色香味俱全的菜肴就展现在了我们面前。学生们还给自己的菜取了名字，“垂涎欲滴”“望眼欲穿”“亲情蜜语”“海底总动员”等听着都让人感觉食欲大振。三是健康大讲堂——吃出健康。我们邀请学生家长营养膳食专家来到班里做客，给学生和家长们上了一堂生动活泼、有益健康的营养膳食讲座。她不仅带来了很多宣传海报和学生们一起张贴在班级墙壁上，还精心准备了信息丰富的课件和视频，带给学生们全新的视听感受。

以美食为主题的活动在调动起学生们兴趣的同时也让他们意识到良好饮食习惯的重要性。之后我们班的小胖子们也更加主动地加入到了晨练的行列中，在减重的同时减压，真可谓一举两得！

——杨秀侠，《舌尖上的诱惑》

在我们学校，还有很多的班主任根据自己班级学生的特点开设了一系列的班本课程，如林波老师开设的旨在引导学生实现学校培养目标“做人、做中国人、做现代中国人、做现代世界人”中“做现代世界人”的“小学生话大世界”班本课程，由“煮法国”“炖美国”“炖巴西”“炖朝鲜”“煮西游”“品苏轼”等模块作为充分调动学生积极性开设班本课程的代表。杜英民老师在一学年的时间里邀请班级16位家长利用午休时间为学生们举办主题为“安全知识”“技术警察”“学会感恩”“孝心”“预防感冒”“中国汉字听写大会初赛”“剑桥的故事”的讲座，来自各行各业的家长从自己专业的视角为学生们讲解在教材上学不到的东西，让学生们受益良多。

班本课程的创设让班主任、学生和家长融为一体，拉近了彼此之间的距离。班主任虽然花费了很多心思，消耗了很多精力，但是站在学生的角度，找准兴趣点的班本课程能充分挖掘学生们的潜力，他们也凭借自己的努力创造了奇迹。在创设班本课程的过程中，我们也调动了家长资源，让他们融入班级活动课程中，家长在整个过程中看到班主任所表现出来的坦诚和良苦用心，平易、谦和和亲切的个人品质，在不知不觉中就能促使家长产生一种积极配合学校、配合班主任工作的热情。

(五)年级课程放异彩

在六年的小学生活中，最初的一年级和即将结束的六年级在学生童年阶段具有深远、持久的影响。一年级是幼儿园到小学的过渡阶段，是“小豆包”们逐渐适应小学生活，培养学习兴趣，养成良好的学习习惯的关键时期。为了帮助学生顺利适应小学生活，我们设计了“平稳度过一年级”的课程。我们将课程目标设置为：满足学生的依恋、安全、被照顾、被关注、被认同、交往、归属、求知的八大心理需求；激发学生的学习兴趣，培养良好的学习习惯和生活习惯；帮助学生树立自信，学会自我保护，培养他们的爱心。为实现这三个层面的目标，除一年级的基础课程外，我们还以时间为线索，设置了学生开学第一天、第一周、第一个月、第二个月、第一学期的课程内容，涵盖熟悉校园环境、了解学校规则、同伴交往和共处、行为习惯培养、学习兴趣激发、上课习惯养成等方方面面。为了保证课程的有效实施，我们还安排了新生见面会、家委会、家长培训会、家长会、“爱心爸妈进课堂”等多种形式，充分发挥家校合作力量，实现学生“平稳度过一年级”的目标。

六年级，正处在结束小学生活、升入中学的衔接点上。在这段日子里，学生总会不由自主地回忆在母校成长的过往，对同伴、教师和校园的一草一木恋恋不舍，同时，他们也对即将到来的中学生活充满了好奇与憧憬。六年级也是学生身体和心理开始发生微妙变化、呈现青春期特征的萌芽阶段。为此，我们精心为六年级的毕业生设计了包括“渐渐长大的我们”“悄悄变化的我们”和“拥抱明天的我们”三个模块的毕业课程。在“渐渐长大的我们”课程模块中，六年级学生以班级为单位在班主任的引导下自己亲手制作能展现自己成长历程的纪念品，作为自己送给自己的最美好的毕业礼物。这些礼物包括：学生在六年级开展研究性学习的成果汇集《小故事大智慧》，汇总学生一到六年级每个学期写作成果的作文集，满载学生成长文字、照片和视频的创意U盘，记录全班每位学生的照片、自我介绍和点滴成长的毕业纪念册等。

景校长曾经说过，我们应该让学生们带着收获、成长毕业。作为班主任，我们有必要为他们的这个人生阶段做好我们的工作，为他们留下一个难忘的回忆，送给他们一份宝贵的人生礼物。经过思考，我把毕业纪念品的设计定位在纪念、小巧、实用、收获成长上。对于毕业纪念品的形式，我还拿不定主意。为学生服务，当然创意也要来自于学生。既然是班级的毕业纪念，就应该让学生们自己参与，我发动他们去询问家长、上网搜索。最后我们全班讨论，达成一致：我们可以设计制作一个U盘，由学生自己设计电子纪念册和纪录短片，一并复制进U盘。它既凝聚着深深的怀念可以珍藏，又小巧别致可以方便拿来使用；既经济实惠，又环保实用；既可以留念反复回味，又可以不断更新补充。这样一来不就让这份毕业纪念品有生命力了吗？接下来，全班学生开始分工合作，大家筛选了U盘的式样，拍摄了集体照，撰写了U盘表面的纪念语，制作了电子纪念册，摄制了电子纪念短片，完成了外包装盒的选样……当拿到这个小小的别致的U盘礼盒时，大家都爱不释手。

——张莉萍，《别致的毕业小礼物》

"悄悄变化的我们"课程模块设计的依据是六年级时青春期的萌芽阶段学生对自己身体微妙变化的感知，对异性情感的渴求和艳羡，对性的好奇和思考，这是一个躁动的特殊的阶段。为了帮助学生平稳度过六年级，适应青春期的各种变化，我们为六年级的学生安排了一系列的"男生""女生"课程。例如，2014年4月10日，我们邀请专家为学生们举办了"健康度过青春期——男生课堂，女生课堂"的讲座。4月14日，学生们聆听北京大学教授刘丽萍老师讲解《青春期同学的沟通之道》。2015年3月25日，女孩子和她们的妈妈共同在礼堂听讲解青春期减压的"玫瑰课堂"。除了专家举办的青春期讲座类别的课程，我们还为六年级的学生量身订制了各种体验活动，如南校区德育处精心安排的"交换男孩"活动，北校区林波老师为本班的学生私人订制的"化蝶少年行"活动课程。

一年级和六年级在年级课程的开发上已经日趋成熟并取得了令人满意的效果，二、三、四、五年级的系列课程也在稳步开展，我们相信，只要我们肯研究、能坚持，我们的年级课程一定会越来越系统、完善和成熟。

回望学校课程建设走过的路程，我们享受着进步的喜悦。它唤醒了教师的课程意识，打破了不同学科、不同课程之间的壁垒，形成了学校特有的课程教育资源群，也成功实现了多种学科、多种方法、多种能力、多种教育功能、多种教育空间的整合，有效促进了整体特色的凸显。但是，我们也深知，学校课程建设就如同化妆，一个人化妆不是为了让别人知道她化了妆，而是为了让别人看到她的美。我们的课程建设不是为了让别人看到我们在作课程，而是为了让教师教得更好、学生学得更好，让师生的生活和生命因为课程而更加愉悦和充实。我们要让绿色教育生态课程体系的建设和完善走在自然本真的路上。

5 第五章　小课题引出大变革

随着社会的进步，家校合作越来越成为教师、家长、社会关注的热点。从教育角度看，一个问题孩子的背后就是一个问题家长或问题家庭。因为孩子一生下来就生长在环境当中，走到小学阶段他已经接受了许多的家庭环境的教育。如果我们不在问题的源头上加以解决，经常和孩子较劲，那么我们经常做的就是事倍功半的事情了。从学校的功能本质角度看，如果我们的教育由师生和家长共同组成的话，我们说学生就是我们的上帝，家长就是我们的客户，教育就是服务。如何让我们的学生快乐生活？让家长满意？这是我们学校应该承担的责任。从学校发展的角度谈，家长是学校最重要和最可靠的外界资源。任何学校都不是与外界隔绝的象牙塔，都是一个与外界不断进行信息交流的系统，如何利用外界资源，将其作为自己成长发展的动力，这是学校必须面对的课题。学校的家长资源是学校最稳固、最有利、最好的宝贵资源，善于利用家长资源的学校是最明智的学校。从教师发展的角度出发，改善家校合作关系就是在优化自己的生活环境，认识交往一个家长或一个家庭，就是在拓展自己的生活空间和生活世界。从家长的角度说，良好的家校合作将能有效地帮助家长快速成长、获得有效教育的经验，为每个家庭带来希望和欢乐，同时也让我们的学生感受幸福成长的快乐。万泉小学要办“开放式、国际化、高品位的魅力学校”，要营造可持续发展的绿色教育生态，就要将“家校合作”问题放到学校发展的战略高度进行思考和建设。基于以上认识，在 UDS 项目的引领下，我们开展了以“平稳度过一年级”研究为切入点的家校合作探索，由此引发了家校合作文化的变革。2010 年，我校班班都成立家委会。2011 年，我们形成了“参与互动式家长会”工作模式。2012 年，我们成功地举办全区家长会现场会，形成了广泛的影响。中国教育科学研究院陈如平主任评价道：“万泉小学两个问题解决得比较好：第一，通过更新和完善内容来提高家庭教育与家校合作的针对性；第二，通过创新家长会的形式并不断完善它来提高家长会的实效性。”

第一节　让我们一起做研究

随着曾经的独生子女政策的实施，广大家长们对孩子的教育越来越重视，在“不能输在起跑线上”的口号影响下，以致发展到几近疯狂的程度。出生后要喝最好的奶粉，稍大后要上最好的幼儿园，再大点要上最好的小学，紧接着各种补习班、兴趣班蜂拥而至，孩子们没有节假日、休息日，每天从早到晚都在疯狂地学，似乎稍微停顿一下就要“输在起跑线上”。这样疯狂地、焦虑地、恐惧地抢跑，似乎没有人有停下来的迹象。

这些现象也为我们开展教育教学工作带来不小的问题。在期末的人事分工时我们发现，教师越来越不愿意教一年级，都愿意教高年级甚至是毕业班。因为教师们感受到了一年级的家长对学生、对学校的关注和期待最多，我们经常可以看到有的专职妈妈整天在学校门口转悠，总有无数的理由要“关心照顾”孩子。在学校门口还经常会看到一年级的家长们三个一群、两个一伙地谈论班里的事情，议论教师的好坏，比较班级的差异等。这些现象说明孩子上学以后家长急于了解学校，了解教师，了解孩子在学校的生活，他们不放心把心中的宝贝儿交给自己不甚了解的教师。

一年级学生处于幼儿园小学衔接的发展阶段，会遇到很多身心发展和行为习惯养成的问题，因此，一年级教师有太多的责任和工作需要承担，工作烦琐，没有成就感。同时也有太多的各种各样的学生需要教师加以应对，教师的心理压力、工作压力可见一斑。恰逢此时，北京大学陈向明教授带领她的学生们正在开展北京市十一五教育科学规划重点课题“教师实践性知识研究”。陈向明教授的学生——首都师范大学的杨朝晖教授，其女儿也正好成为我们的一年级新生。借此之机，我们将“教师实践性知识研究”的课题进行校本研究转化，以“平稳度过一年级”课题研究为载体，探索有关家校合作方面的实践性知识。杨朝晖教授则以多重身份与我们共同研究，对我们进行同步引领。我们学校的干部、一年级教师与杨朝晖教授组成了共同的研究团队，针对一年级学生的特殊问题进行换位思考，客观分析，在实践中共同探索如何以家校合作的方式帮助学生“平稳度过一年级”的实践性知识。

一、让孩子开心地上学

入学第一天的前后，孩子们处于极度兴奋状态，觉也睡不好，坐也坐不住，充满自豪感，个个表现好，都有当个好学生的愿望，这个时期我们称为兴奋期。如何帮助孩子开心度过第一天，是需要我们研究的问题。我们认为第一天对于每一个孩子来说是最为关键的一天，这一天不同于以往家长陪同来学校参观，也不同于幼儿园教师陪同到学校参加活动，这一天是他们可以像许多大哥哥大姐姐们一样真正作为一名小学生进入学校校门的一天。因此，我们设计的欢迎场面一定要隆重、温馨、热情，让孩子上学第一天就感到上学是一件最开心的事情、最自豪的事情、最受大家欢迎的事情。

9月1日开学第一天，万泉小学举办隆重的欢迎新同学仪式。在学校大门处，高高支起的红色拱形门上"欢迎新同学"五个大字格外耀眼。大门的一侧，管乐团的团员们列队奏起了欢迎曲。欢快的管弦乐一曲接一曲，一首接一首。

几位着装优雅、神态亲切、面带微笑的教师伫立在学校大门口，从家长手中迎来一个又一个的一年级新同学。一个亲切的微笑、一声"欢迎你"的甜美问候和必要时的一个搂抱，打破了教师和孩子们之间的陌生感，拉近了教师和孩子们之间的距离，使孩子们紧张的心情轻松起来。在这一刻一年级新生们对学校、对教师的亲切感油然而生，将要离开父母的恐惧和依恋悄然消失。

进入大门之后，高年级的大哥哥大姐姐们更是服务热情，送上神奇的魅力小红花，那闪闪发光的小红花深深吸引着孩子们，对于初次见面的孩子们来说，那就意味着鼓励、表扬，就意味着述说着孩子们第一天来到学校的勇敢精神。

别致的胸饰、贴花也送了上来。漂亮的胸饰和各种图案的贴花吸引、抚慰着孩子，孩子们情绪稳定了、恐惧感消除了，新的生活开始了。为了让一年级新生尽快找到自己的教室，我们让高年级的大哥哥大姐姐们手牵手把他们送到相应的教室。为了让班主任尽快熟悉一年级新生，我们在胸饰上还写上了孩子们的名字便于教师辨认，把贴花贴在椅子上，让孩子们找到与自己名字相对应的贴花位置就座。

细心的安排、温馨的话语、贴心的服务，让一年级孩子们备感高兴和激动，学校、教师、高年级的大哥哥大姐姐们给他们留下了美好的印象。

——王吉根，《高高兴兴上学来》

对于孩子来讲，第一次进入学校以后，意味着今后很长的时间就生活在学校。学习就是孩子的生活，生活就是孩子的学习。一个孩子对待学校的态度，决定着孩子学习的效率高低，决定着孩子学习的成绩好坏，也决定着孩子自尊心、自信心的强弱，可以说，开学第一天将深刻影响孩子成长的幸福与快乐。

我们知道，刚刚入学的小学生还处在幼儿园小学过渡期，他们是从以游戏为主的幼儿园生活过渡到以学习为主的小学生活时期，他们的思维还是以形象思维为主，依赖成人的监督和引导，崇拜权威，服从教师的指导，能够按照教师的要求养成良好的生活、学习习惯。这些发展特点决定了教师这一阶段的基本任务：要帮助孩子们做好入学适应，激发学习兴趣，培养良好的基本学习习惯和生活习惯；要培养孩子们的注意力和想象力，根据孩子们的注意力以及其他认知能力开展教育教学活动；帮助孩子们树立自信，学会自我保护，培养他们的爱心；帮助他们建立与教师之间尊师又亲师的关系，引导家长与学校相互配合让他们尽快适应学校生活，喜欢学校、喜欢老师、喜欢同伴、喜欢学习。

二、初步适应第一周

良好的开端是成功的一半，但是入学第一周是孩子们最不适应、最不稳定的一周，是适应新环境的重要时期，也是最容易形成差异的阶段，这个时期我们称为适应期。这一时期孩子们真正从幼儿园生活向小学生活过渡，他们需要关心，需要鼓励、激励，需要理解，需要帮助，更需要规范。而这些需求和渴望，孩子会通过不同的方式反映出来，等待教师和家长去解读。

“爸爸……我要爸爸……”突然迸发的一声号啕大哭，让我吓了一跳。发出这痛哭声音的，正是站在我身边的一个小女孩。正值放学时间，学校门口被挤得水泄不通，接孩子的，找家长的，与教师谈话的，人声鼎沸。但这突如其来的一声号啕大哭，还是引起了大家的关注，人们纷纷朝我这边张望，而我，只感到脸上一片火辣辣……

这是我正式参加工作、接触学生的第三天，与学生不仅仅是“零距离”接触，也是“零经验”接触，刚刚暗自庆幸又顺利度过一天的时候，身边的这个小女孩就因为家长没有按时来接而大哭起来。

我连忙弯下腰，轻轻搂着她，说：“好孩子，不哭，不哭……”孩子依然闭着眼睛大哭。我又用手轻轻帮她抹掉泪珠儿，安慰道：“没关系的，爸爸一会儿就来了，你别着急。”谁知一听这话，哭声更加响亮了，大有愈演愈烈之势。我干脆双手把住她小小的肩膀，严肃地对她说：“你再这样哭下去，爸爸来了叫你你都听不到，也看不到，怎么办呢?”这句话仿佛起了点作用，哭声渐渐小了些，她也睁开泪花闪闪的眼睛，开始四处环顾。我急忙抓住机会，又用坚定的声音对她说：“好孩子，你看……”我摘下腕上的手表，指给她看。“我们再等五分钟，也就是这根小棍儿走到这儿的时候，如果爸爸还没来，那老师就先给爸爸打个电话，然后送你回家，好吗?”“嗯!”小女孩点点头，双手紧紧拿着我的手表，认真地数着“小格”。

终于不哭了！我长吁了一口气，直起腰来，抬眼正好看到小女孩的爸爸从远处急急赶来，小女孩看到爸爸后立刻扑了过去。这位家长连连向我道歉，说路上堵车，来晚了。我抚摸着孩子的头，特意大声对这位家长说：“没关系，孩子可乖了，刚才看您没来有点着急，但是她特别坚强，是个懂事又听话的好孩子。如果您实在来不了，我也可以把孩子送回去。”家长看了看孩子，会意地向我笑了：“谢谢您的夸奖，小学生就应该坚强又勇敢的。对吗，孩子?”小女孩把小脸儿埋在爸爸怀里，偷偷看了我一眼，笑了。

无巧不成书，第二天下午，我收到一条短信，正是这位家长发来的。短信中说由于临时开会，所以刚刚通知孩子奶奶来接，可能会晚来几分钟。我把小女孩叫过来，给她看手机里显示的号码，问她：“这是爸爸的电话号码吗?”“是的。”小女孩回答。我又打开短信内容，读给她听，并对她说：“你看，爸爸今天有重要的事情，换奶奶来接你，奶奶年龄大了，可能走路有点儿慢，如果放学时没有看到奶奶，那你就和老师一起等奶奶来，好吗? 就像昨天等爸爸那样。”小女孩眨眨眼睛，用力地点了点头：“好的。”这天放学，她一直安静地站在我身边，不哭也不闹，只是小手紧紧地抓着我的手，直到奶奶来接她。当天晚上，我特意给她爸爸打电话，大力表扬了孩子，并要家长也为此事而鼓励她。

刚刚离开家长，对教师又感到陌生，使她总是处于一种不安中，这种不安在看到其他同学都被接走，而自己爸爸还没有来时，彻底爆发。号啕大哭一方面能够缓解她内心的恐惧，一方面也是在寻求一种安全感，我对她无效的安慰后所做出的承诺“送她回家”，使她得到了安全感，知道自己不会被丢在学校，也因此而能够平静下来。而我在她爸爸面前特意表扬她，也是向她传递了一个信息“老师值得信任，老师会保护我”，于是，家长第二次晚接时，我提前给孩子做了思想工作，放学时情况就好很多了。虽然孩子紧紧抓着我，透露出她内心深处的恐惧与不安，但是我相信，对老师的信任，对校园生活的逐渐熟悉，一定会使她消除不安感受，从而更好地融入新的班集体。

——刘丹娜，《孩子，不哭》

经过研究，我们认为一年级学生初入校门主要有“三个不适应”：新的作息时间不适应、新的空间环境不适应、新的人际关系不适应。

新的作息时间不适应。幼儿园和小学的作息时间有着明显不同。幼儿园的作息时间安排得比较轻松，休息、活动、游戏的时间非常宽裕；而小学的作息时间安排则比较紧张、紧凑。小学课间休息只有十分钟，午餐时间要比幼儿园推后一小时，餐后休息时间也较短，并且没有安排午睡时间。小学下午上课时间早，提前了40分钟，也没有下午的加餐。小学与幼儿园的区别可以用这样的几句话概括：游戏时间少，上课时间早；教学课时多，活动安排少；午饭推迟吃，午觉睡不了；下午无加餐，放学却不早。

新的空间环境不适应。对于初入学的孩子来说，进入学校，成为一名小学生，改变的不仅仅是身份。让孩子感到难以适应的，还有陌生的空间环境。离开了早已熟悉的“第二个家”，进入了一个几乎可以称为全新的世界的地方，孩子眼中的不安清晰可见。也许对于幼儿园还有着很多的眷恋，那色彩丰富的活动室，那充满欢笑的游戏区，那摆满小床的休息室，都令孩子们感到安心与温暖，可是现在，那一间间看上去一模一样的教室令人难以分辨，那走廊尽头的水房显得那么遥远，就连卫生间都是分开的，不可以像以前那样男孩、女孩都进一间。教师们的办公室、各科的专业教室、医务室、传达室……学校真大呀！有那么多不认识的地方，孩子们疑惑了，好奇心、陌生感、恐惧心等接踵而来。

新的人际关系不适应。朝夕相处了很久的小伙伴们不见了，取而代之的，是几十张陌生的面孔。像妈妈一样细心、温柔的幼儿园教师不见了，站在面前的，是亲切又和蔼的小学教师。谁会成为我最好的朋友呢？谁最爱哭？谁最淘气？怎样才能和大家成为好朋友呢？老师最喜欢谁呢？……这些问题成为孩子们心中的一个个谜团，新的人际关系也由此成为孩子面临的问题。

面对学生的不适应，我们把它归纳为八大心理需求：依恋的需求、安全的需求、被照顾的需求、被关注的需求、被认同的需求、交往的需求、归属的需求、求知的需求。

还记得9月1日开学第一天，那可是个忙碌的日子，既要照顾好每一位学生，又要收齐本学期所要交的费用。当指针指向16：30，到了放学的时间，家长们都自觉地来到班门口，排起了长龙般的队伍给学生交费。我则把学生留在班里让他们看书，并对家长说："交完钱后就可以把孩子接走。"当收完最后一位排队家长的费用后，我长长地吐出一口气，猛然发现班里还有一位学生仍然坐在自己的位子上安静地看书，是笑笑。我看了看表，已经17：30了，放学都一小时了，家长还没来，她真乖，要是换作别的学生，不是大哭就是自己跑出校门找家长了。我马上表扬了笑笑，夸她是个懂事的孩子。此时笑笑的妈妈带着满脸的歉意走进班里，我忙说没关系，交完费，笑笑跟着妈妈高兴地走了。

第二天我把笑笑耐心地等妈妈来接的事在班里进行了表扬，还让其他同学向她学习。可我万万没想到笑笑居然是个离不开妈妈的孩子。在接下来的几天中，笑笑上学开始迟到了，每次进到班里眼睛都是又红又肿，问怎么回事，她要不就低头不语要不就放声大哭，闹得全班第一节课总要耽误很长时间。一到中午她妈妈就接她到外边吃饭，下午放学也准时来接，可笑笑是交了小饭桌钱和托管费的呀。这到底是怎么回事？我给家长打电话，她妈妈说："孩子离不开我，每天上学都要求我准时接她，如果我不答应，就闹着不上学。这几天都是推了工作尽量准时接她，可我周四要坐班，只能17：30接，她就跟我闹。"

怎么会这样？我的心里不禁画上一个大大的问号？回想笑笑这几天的表现，我感觉她总是一个人很安静地坐在自己的位子上，从不主动和同学交流、玩耍。是不是因为自己比较内向在班里交不到朋友，而加深了对妈妈依恋的需求呢？我把我的想法告诉了她妈妈，并说："托管费您交了，可孩子一天也没上，说您能接。中午的小饭桌钱您也交了，可上完第四节课，孩子就收拾好了书包，说您答应她到外边吃饭。由于您的一味迁就，让孩子觉得哭闹是可以解决一切问题的，您总是在满足孩子不合理的要求，于是她就更离不开您了。"她妈妈说："老师，今天就是周四，我只能 17：30 来接她了，放学时您就别让她出来了，咱们看看她的反应。"我答应了。下午放学时，笑笑又开始收拾书包，我就告诉她："妈妈说今天要你上托管班，你在班里写作业吧。"笑笑像没听见我说话似的，依然收拾书包，排路队时，笑笑坚持出来排队，她央求我："老师，我想和同学们一起出去，我只看看我妈妈来没来，她答应我了能来，如果没有，我再和您回班里。"我答应了她的请求。

出了校门，同学们很快都被各自的家长接走了，只剩下笑笑孤零零的一人了，我拉住了她的手。笑笑坚持留在原地，于是我陪她等了十分钟，这时笑笑的眼睛红了，嘴里大声地喊："妈妈，你说话不算话，你为什么不来接我。"我忙问："妈妈怎么说的？""她说她尽量准时来。""你妈妈给我打电话了说 17：30 接，你瞧现在还不到 17：00，我们回班里等吧。"笑笑回到班里，趴在桌子上号啕大哭，弄得上托管班的学生都无心写作业，于是我把她带到办公室，边擦去她脸上的泪水边说："你看，你再哭就不漂亮了。据我所知，你是个懂事的孩子，妈妈要上班不能准时接你，你已经是一名小学生了，就应该学会理解妈妈啊。"孩子止住了哭声。我说："你愿意帮老师做点事吗？""愿意。""你看我这儿有这么多本卷子，你能帮我把每本上面标有数字'1'的卷子放在一起吗？"我边说边做示范，笑笑欣然同意了，于是我和她一起分卷子。

过了一会儿，她妈妈来了，我当着笑笑的面，夸笑笑长大了，能体谅妈妈工作的辛苦，又学会了帮老师做事——真能干。笑笑的脸上露出了从未有过的灿烂笑容。看着笑笑兴高采烈的背影，我想起了心理学家威谱·詹姆斯说的话，"人性最深刻的原则就是希望别人对自己加以赏识"。赞扬、赏识，从本质上说就是一种激励，詹姆斯还发现，一个没有受过激励的人仅能发挥其能力的 20％～30％，而当他受过激励后，其能力是受到激励前的 3～4 倍。因而在成长的过程中，赞扬是一种比较有效的激励手段。学生有进步，教师给予适当的赞扬，一句鼓励的话语，一个期待的眼神，或是一个拥抱，都会在他们心中产生影响，增加学生的自信。适时适度的赞扬是学生快乐成长的营养剂。

渐渐地笑笑上学准时了，我又表扬了她。当我发现课间笑笑从不主动找同学玩时，我主动找她谈心，还让班里的同学们在课间主动邀请笑笑参加到他们的游戏中去，有意识地让她分享集体生活的乐趣，体味与同伴交往的喜悦心情，逐渐淡化她想要妈妈的心理。课上我请笑笑回答问题，当笑笑在考试中取得好成绩时我当着全班同学的面夸奖了她，还给予了“红花”奖励。我这样做只想借助老师、同伴的力量，让笑笑觉得老师、同学都十分关心她、喜欢她，让她感到集体的温暖、上学的乐趣。

现在笑笑已经不为妈妈晚接而哭闹了，她已经完全适应了小学的生活。可见，当教师面对有依恋需求的学生时，需要采取一些有效的策略。例如，分散学生的注意力，让学生时刻感受自己被教师、同学关注，每天都被爱、幸福包围着，向学生灌输“成长意识”，告诉他长大了，该懂事了，或运用同伴榜样。

教育学家与心理学家都认为，赞扬是学生健康成长的催化剂。因为，学生是自尊和好胜的，他们都希望自己能受到父母和老师的肯定与赞扬。这种自尊、上进心理是正常健康的。学生的努力得到了承认，他们的自尊就得到了满足，就会萌生幸福的体验。这种体验能进一步地增加学生的信心和进取心，激发学生采取更加积极的行动，去争取更大的成绩。

还有就是兴趣吸引，这就需要教师多观察，多和学生亲近、聊天，了解学生的喜好。美国心理学家指出，“对于孩子来说，兴趣是一种动力，它对孩子所从事的事情起着支持、推动和促进的作用。如果孩子对某一事物有了兴趣，他就会展开丰富的联想，持之以恒地去接触它、探索它。他不仅会热情地投入到这项活动中去，还会最大限度地发掘自己的创造潜能，出色地去完成它”。

因此，身为教师必须对学生不断产生的各种心理需求做出全面而科学的评价，从而确立学生健康心理需求的目标，引导学生形成健康的心理需求，促进学生心理的健康发展，通过对学生健康心理需求的评价，及时调整指导目标，使学生的健康心理需求得以强化和发展的同时，一些不健康的心理需求，如依恋也得到减弱。

——陈昊，《离不开妈妈的小女孩》

笑笑的故事典型地反映了一年级学生的心理需求。实际上，这些“需求”从学生一入学就已经出现，面对这些需求，我们的教师们应该尽量地去关爱他们、满足他们。

面对这些不适应，我们也达成共识：作为教师要善于观察学生的情绪、兴趣、身体的变化，耐心倾听学生的声音，从而有的放矢地进行引导。通过学生讲学习、讲活动、讲教师、讲同伴、讲校园，从而知道学生对什么最感兴趣、和谁最好、最喜欢哪位教师。

学生入学第一周，教师主要帮助他们了解学校、适应新生活。从幼儿园初入小学，是一个非常重要的发展阶段，面对新的环境，学生们必然会有些不适应，所以在这个阶段我们对他们在生活上的关心和照顾更多一些。我们会从说话、走路、吃饭这些看似简单的小事开始教育：让学生使用文明用语，不在公共场合大声喧哗；告诉学生走路要有良好的秩序，不追赶、不打闹，慢步轻声靠右行；提醒学生饭前要洗手，吃饭时不讲话，不乱跑，不挑食等。

“哪位同学愿意把课文读给大家听?”我的话音未落，几十只小手迅速举起，与手同步的，还有他们稚嫩的声音，有站起来直接喊的“老师，我，我……”“我读，我读”，还有皱着小眉头用鼻音的“嗯——嗯——”，更有甚者，搬出英语标新立异“I can! I can!”

这就是我新接一年级的课堂！我的课堂充满跃动的灵气，也能碰撞出炫目的火花，学生们经常情绪激昂。也许你会说，活跃而热烈的课堂气氛，多好啊。可是我却为此煞费苦心。为什么呢？就因为我所教的学生中有的不会“举手回答问题”，或者说他们还做不到在课堂上安静地“举手待答”。

有一次提问，学生们“热闹非凡”。面对几十个举着小手跺着脚的学生，我没有点名，也没有呵斥，只是轻轻地把书合起来放在讲台上，然后静静地看着他们，嘴角微翘。这时，班里逐渐安静了下来，小手纷纷落下，刚刚站着跺脚的学生也悄悄地坐下了。

班里静极了，我的眼睛扫过全班每一位学生，然后，轻轻地问道：“同学们刚才都争着要回答问题，老师却谁都没有叫，有谁知道当时老师在想什么?”一位学生有些犹豫地举起手来，我冲他点点头，他站起来说：“老师是在想我们刚才太吵了，想让我们安静。”我笑了：“你说的很对，你是怎么知道的?”他也笑了，说：“我看出来的。您刚才也不说话，就看着我们，我就知道了。”我点点头，问大家：“他是从老师的眼睛里看出来的，那你们看出来了吗?”“看出来了!”学生们异口同声。我笑着说：“同学们，老师虽然不开口，可是眼睛会说话，所以你们都能明白老师的意思。那么老师希望你们也能学会用眼睛说话，比如在举手的时候，就可以边举手边用你们漂亮的大眼睛告诉老师‘我想回答’，好吗?”“好!”学生们满脸新奇地再次异口同声。

我重新打开书，继续提问。这次，如林的小手后面出现了一双双使劲睁着的眼睛和紧紧闭着的嘴巴，而我也用自己的眼睛与学生们开始了一种新的心灵的沟通……

面对学生们边举手边出声的习惯，呵斥他们闭上嘴，重申课堂纪律是一种方法，选择做得好的学生给其他学生做榜样也是一种方法，提高自身音量压过声浪，强行继续教学内容也是一种方法，当发现使用这些方法都事倍功半后，我选择了第四种方法：教学生用眼睛说话，和老师做心灵的沟通。

现在，我的课堂依然充满跃动的灵气，依然碰撞出炫目的火花，同时，又多了另一道亮丽的风景线，那便是几十位学生用清澈又明亮的眼睛在跟我说话，在这里我们找到了师生间特有的默契，而且它还为我们的集体带来了几分“家”的温馨!

——刘丹娜，《用眼睛说话》

学生刚进入学校，环境需要逐步熟悉，习惯也需要一点一点培养。在第一天的基础上，我们的教师引导学生在第一周逐渐了解和遵守以下课堂规则：上课听讲，发言举手，声音要洪亮，站姿桌椅不响，不插话，会倾听，会看会想，会用本写作业，会读书(指读)。学会自我管理：学会铃声响进教室的儿歌，将书本摆放两边、铅笔盒摆放中间，按照课表记住每一天的课程，不同课程摆放不同的书；上课时，会正确表达要去卫生间，不影响他人上课；会写自己的名字，会拿铅笔，书写姿势正确；区别学具和玩具，会抄写简单记事。讲文明懂礼貌：对教师有礼貌，主动问好，正当游戏，不打闹，学会宽容，会说“对不起”“没关系”，同学间互帮互让，有矛盾会向教师反映，不随意拿别人东西，捡拾学具要归还或交给教师。课间完成三件事：喝水，准备学具，上厕所。

我们在规范学生一些良好习惯的同时，特别注意呵护学生们的表现欲；

面对陌生的环境，我们鼓励学生利用课间、体育课等互动交流的时间，多与周围的同伴交流，去认识新朋友消除他们对新环境的陌生感。当学生意识到“我已经是一名小学生了”的时候，行为也会发生一些自觉变化。我们鼓励他们帮忙做一些事时他们会很积极地响应，表明学生们开始明白一些社会责任了。

渐渐地，学生逐步了解了进入小学后的生活节奏和行为规则，多数学生开始有了“小学生”的模样，但少数学生还不能很快地投入到小学学习生活中去，个别学生会拘谨或害怕。这就需要教师反复提醒、细心观察，使学生逐渐打消顾虑，尽快地适应新的环境，快乐地进入小学学习生活。

三、成功度过第一月

但是，接下来，在开学一个月左右的时间内，学生由于在学校生活感到纪律上的约束和生活上的紧张，对学习知识的方法和内容感到不像自己想的那样容易，数学课不做早已熟悉的十以内的加减口算，而是说组成、讲算理，汉语拼音又不是简单的认字母练发音，拼音四声不好读，写字更麻烦，还要一笔一画地按顺序书写，因此一些学生感到学习负担重，产生不想上学、怕吃苦的厌倦心理，我们称为厌倦期。

“老师，孩子说不想来上学了，说在家里自己也能学好，我很苦恼。”2009年10月的一天下午放学，我们班田田的妈妈来到学校向我哭诉。看得出，孩子的妈妈很激动，也很苦恼，不时流下痛苦的眼泪。听田田妈妈诉说着孩子和妈妈的对话我很吃惊。一个刚刚上学一个多月的孩子，一个刚刚六岁的孩子怎么能说出这样的话呢？于是我一边安慰孩子的妈妈，让她放松心情，告诉她有什么问题我会和她一起来面对解决，一边听孩子的妈妈向我诉说孩子最近一段时间的心理变化。

田田是一个比较敏感的孩子，开学的一个月来他从学习要求、课间习惯、学校纪律、生活独立等各方面都有了一定的进步，逐渐适应了小学的生活，知道要如何做一名小学生了，家长本来心里很高兴。但另一方面男孩子比较好动，不能做到时时处处严格要求自己，所以有时会受到教师和家长的批评。孩子生性要强，所以在以后的活动中从刚开始的随意活动，变为了安安静静不知道怎么做了。孩子听从要求想控制自己遵守纪律，又不知道如何让自己在既定的规则下放松起来，所以产生了不想上学的念头。家长很着急很苦恼，不知道怎么办才好。

听了孩子妈妈的诉说，我明白了田田的问题是不会和同学正确的交往，怕同学告状，怕教师、家长批评，就把自己封闭起来，从而不和同学接触。针对这种情况，我一边安慰孩子的妈妈，一边帮她出主意、想办法。我让孩子的妈妈引导孩子和不同的同学聊天，从原有的肢体活动发展到语言交流，回家后和孩子进行沟通和互动，引导孩子去讲述一天在学校发生的有意义的事情，并要和家长汇报今天和几个同学交谈了，都说了些什么……同时我在第二天也找到田田，和他进行了交流，鼓励他多和同学接触，并给他安排了体育队长的职务，负责班里面的整队工作。通过给孩子安排职务，不仅树立了孩子在同学心目中的良好形象，激发了孩子的上进心、内在积极性、表现欲、责任感和先锋模范带头作用，锻炼了孩子的社交能力和领导能力，而且可以提升孩子的行为约束力，让孩子有事可做。我发现田田越来越开朗了，收获很大。田田在收获了友谊的同时努力学习，在期末更是当选了三好学生。

——李聪璐，《家校合作，共育幼苗》

我们认为学生之所以出现厌倦，是因为他们在学习生活上面临三大挑战：新的学习内容挑战、新的教育方式挑战、独立应对环境的挑战。

新的学习内容挑战。幼儿园学习的主要内容是唱歌、跳舞、绘画、手工、游戏以及简单的拼音和汉字，特点是以趣味性为主、知识性为辅。小学一年级学习的主要内容是语文、数学、英语和美术、音乐、体育等几门科任课，知识系统化、教学正规化、注重学生全面发展。两者学习内容的差异为学生的学习带来挑战。

新的教育方式挑战。幼儿园教学是从幼儿的年龄特点出发，以游戏为切入点，教学内容浅显，并与音乐和游戏有机地融为一体。小学教学是以学生的发展为本，充分关注学生的学习兴趣，多数采用课堂讲授方式。幼儿园的教育要求与小学有着明显的不同。幼儿园是以保育为主，也有一定的教育任务，保教结合。而小学注重的是让学生掌握更多的知识，培养学生的能力、兴趣爱好、情感态度。学生能否适应课堂学习、能否适应各科教师不同的教学方式，是他们面临的又一挑战。

独立应对环境的挑战。学生入学前，是父母身边的“重点保护对象”。入学后，开始了以学习为主要活动的阶段。而他所处的环境也要求他能够独立应对一些事情，父母不可能随时陪伴，教师不可能形影不离，那么，遇到突发事件该如何处理、解决不了时该向谁寻求帮助，这也是学生面临的一大挑战。

为了帮助学生应对挑战，教师在教学中尽量挖掘教材中知识的有趣性，运用各种教学手段，激发学生的学习兴趣，使学生“乐学”。

给学生定下的规矩，也尽量以学生喜闻乐见的方式来进行教育，并且多提醒，常抓不懈。例如，教师用儿歌培养学生的良好习惯。

“想发言，先举手，老师允许再开口。”

“铅笔盒，放中间，书和本放两边。”

“果皮纸屑捡起来，讲究卫生人人爱。”

“见到老师问声好，老师夸我有礼貌。”

“上课时，要做到，身坐直，眼看前，手背后，脚放平。”

“小学生，爱学习，养成习惯终受益；
早晨起，不懒睡，背上书包到学校；
见同学，问声好，讲究礼貌要做到；
见老师，行个礼，尊敬师长讲礼仪；
课堂上，专心听，基础扎实成绩好；
勤于思，善动脑，积极发言不能少；
写作业，用心记，练就本领比高低；
好习惯，我第一，健康向上有活力。”

“胸离桌子一拳远，眼离桌子一尺远，手离笔尖一寸远，快把腰板挺起来。”

“一指按，二指捏，三指、四指往上托，小拇指，藏起来，快把笔尖抬起来。”

“大眼睛，看黑板；小腰板，挺挺直。”

教师们还总结出一些教育的小经验相互学习分享。例如，

每天早上进校门后，教师带领学生打扫教室，给学生创造干净的学习环境，同时培养学生热爱班集体的意识。

培养学生在小干部带领下早读的好习惯。

课间提醒学生去卫生间和去水房打水、喝水。

为避免课间10个班一起去卫生间出现拥挤现象，上课20分钟时组织学生去卫生间。

在班里选出纪律、学习、卫生等各方面做得好的榜样，用来引领其他学生。

及时评价，发小贴画、小奖状鼓励学生。

在班里形成比纪律、比学习、比卫生、比文明等各方面行为的风气，带动集体进步。

……

总之，经过教师们的努力，学生顺利度过了兴奋期、适应期、厌倦期，逐步进入稳定期，开始快乐的小学生活。

第二节　让家长成为好伙伴

“平稳度过一年级”的课题研究，取得了令人欣喜的成效。我们收到了很多家长热情洋溢的感谢信、发自肺腑的表扬信。当然，更难能可贵的是，我们的教师在课题研究的过程中得到了发展，生成了不少实践性知识。教师们工作更加从容，学生们更加喜欢上学，家长们更加信任学校、信服教师。在此基础上，我们将课题研究深化延展，向全校介绍研究经验，在全校范围内进行普及推广，同时，我们也开始了家长会的变革。

一、连开三次家长会

“老师，我家孩子这两天在学校表现怎么样？淘不淘气？”“老师，有没有什么工作需要我们家长帮着分担的。”新学期开学，对于刚刚从幼儿园步入小学一年级的学生来说，是一个崭新的开始，而一些家长却因此患上了“焦虑症”。于是由班主任组建的QQ群、微信群成了家长们争相留言的地方，但班主任的发言经常被淹没在家长们的聊天记录里。怕错过教师的留言，有的家长还在群里开启了“留言置顶”功能。家长们常问的问题就是，孩子在学校是否适应，表现怎么样，有没有同学欺负他等，各类问题五花八门。为了让家长放心地把孩子交给学校，于是我们在第一学期连续召开三次家长会，解决家长焦虑的问题。

第一次家长会，让家长安心。为解决家长在学生入学前烦躁、焦虑的心理，我们在学生入学的第一天安排第一次家长会。这次家长会我们主要向家长介绍学校的基本情况、近年来学校的突出成绩、发展特色等，为家长描述出学生在万泉小学学习生活的美好愿景。同时我们也提示家长做好学生入学前的准备工作，如铅笔的规格、作业本的选择等。另外我们也重点强调了学校对学生安全保护的基本措施，如不允许学生私自出校门、学生见到家长后方可离开放学队伍、换人接送学生一定实现与班主任沟通等。最后我们也对家长提出邀请，诚恳地邀请家长与学校密切配合，共同完成对学生的教育工作。

第二次家长会，让家长舒心。有了第一次家长会的沟通，家长对学校的一些工作有了初步了解，但离“让家长放心”还有一定距离，为此我们在UDS项目的“改进在日常”“常做常新”的理念指导下，提出要变革家长会文化，赋予其新的理念与内涵，要办好“不同以往”的家长会。所以第二次家长会，我们又做了创新，设计了很多亮点。一是出展板：通过一组组专题照片，向家长们展示一年级学生的入学生活。二是展示微格课堂：用微缩课堂的形式把部分课堂环节展现给家长，让家长了解学生的课堂学习表现，了解教师的教育教学工作。三是家长互动，交流教子良方。四是回应家长填写的调查问卷，给出解决策略和建议等。

有了全年级统一的会议环节，教师们便开始了紧锣密鼓地准备。我们手里拿着相机，兜里揣着笔记本，利用空课时间，去捕捉学生在校园中的点点滴滴，记录他们入学后的成长历程。微格课堂比平时的课堂时间短，但如何做到短时高效呢？我们又坐在一起细致研究，提前几天写好发言稿和微格课堂的教案，相互听课，调整方案，规范程序，锁定细节……我们在各个方面都做了充分的准备，忙得不亦乐乎！

汇集了专家、领导以及一年级全体教师集体智慧的第二次家长会顺利召开。在微格课堂上，家长们看到了学生精彩的课堂表现，目睹了学生短短一个月来的进步，脸上露出了满意的微笑。在这次家长会上，我们还设计了互动环节，家长们各抒己见，相互交流教子良方，参与热情很高。

家长们对这样的家长会非常满意，他们不仅赞赏教师的工作，更是高度认可我们的学校。很多家长们在反馈表中表达了这样的心声："感谢学校所做的工作，我们愿意全力配合学校！"还有朴实的家长这样写道："我没有什么特长，只要学校有事，随叫随到，做些跑腿的工作还是可以的。"

第三次家长会，与家长同心。第二次家长会的成功召开极大地鼓舞了我们探索的热情和信心。同时，如何继续探索家委会的问题，又很快提到了我们研究的议程上来。家委会何去何从？各班是否都具备成立家委会的条件？怎样筹建家委会？一旦成立家委会，要开展哪些活动？一系列的问题，都在困扰着我们。面对这些问题我们多次和UDS项目组专家论证研讨，最终决定家委会的组建放缓脚步，先请家长参与亲子教育活动，从中物色热心家长，为家委会组建做准备。于是，我们又有了12月底的"童心话奥运，牵手迎新年"年级亲子运动会。

活动前，我们不断开发家长资源，尽可能地让每一位家长能在活动中有所作为，我们把活动日程安排得细致入微，将每一件小事都责任到个人，大到节目编排，小到设计请柬，事无巨细，有条不紊。

在活动中，家长与学生个个热情高涨，会场服务员的身影里不仅有教师，还有很多热心家长。家长们参与班级管理的热情，让我们大为感动。之后的"家有高招"互动环节中，更让我们对很多家长刮目相看。家长们也从这次不同凡响的家长会中，感受到了万泉小学的办学追求和教师们对学生倾注的心血和爱心。同时也让我们在活动中发现了一批热心的家长，为下一学期成立班级家委会做好了铺垫。

——许春玲，《我们的三次家长会》

三次家长会的召开，对帮助一年级学生适应新生活，平稳度过一年级起了巨大的作用。"让家长安心、让家长舒心、与家长同心"不仅仅是家长提高对学校认识的过程，更是我们与家长心与心沟通的过程。心与心的贴近让我们不再缩手缩脚，而是放开手脚，主动创新，不断进取，不断地提升为家长服务、为学生服务的水平和能力；心与心的贴近使家长不再瞻前顾后，而是放下焦虑的包袱，与教师们一同探究教育学生的方式和方法。

二、班级成立家委会

我们认为，要让家长更好地发挥作用，就一定要把家长组织起来，建立起各班的家委会。我们认为第一学期的主要任务应该是让学生在心理上、在行动中完成从幼儿时代向学生时代的过渡，让教师集中精力帮助学生完成这一过渡，同时教师要加强与家长沟通，让家长了解学校、配合学校，积极参与到对学生的共同教育上来，第二学期的重点就应该放在班级家委会建设上来。同心才能同行，优秀的家委会不仅是教师得力的助手，更是学校教育重要的资源。如何组建家委会？家委会如何管理？我们的教师探索出很多经验，如"慧眼识珠，明确方向""制造机会，调动情绪""趁热打铁，闪亮登场"等。

面对组建班级家委会的任务我一直在思考，组建家委会这一方案如何提出，家长是否认可、是否参与等，这些问题确实一直困扰着我们。我想，什么事情都应该是双方共同面对和努力的。要让家长认可、参与，教师就应率先垂范，制造机会，让家长融入班级中来，感受到教师和学生对他们的需要。

那是在2011年3月23日，周日19：00，我召开了(10)班全体家长会，作为组建寄宿班家委会的启动仪式。首先，我为家长演示了我以往班级中家委会组织的活动照片，让家长切实感受到活动育人，活动为学生、为家庭、为班级带来的好处，让家长认可家委会的形式。其次，我回忆了家长在上学期亲子运动会上的表现，既热情又团结。同时，我说："我希望在我们的共同努力下，让每一位学生的成绩都有所提高。"最后，我鼓励有时间、有热情、有精力的家长参与到家委会成员中来，其他家长没有时间也可以理解，只要家委会组织的活动能积极参加就是最大的支持。同时，我表示也希望家长献计献策把寄宿班的家委会做成超一流的组织。话音刚落一片掌声响起，我知道启动仪式成功了。

会后留下了十几位家长，热情高涨地谈自己的想法，一直到20：30还不舍得离开。我和家长商量用一周时间对家委会工作进行思考，为共同营造独树一帜的寄宿班出谋划策。没想到家长们工作效率真高，很快设计出一套寄宿班班服，并开始运作。班级博客、校友录在一周之内也建成，并开始使用。更有很多家长用短信、电话等方式和我沟通，表示支持家委会成立，愿意出钱、出力、出点子。3月30日18：30，我再次召开家委会组建会，在会上，大家推举出会长、执行会长、财务总监、网络管理、照相师、摄像师以及会员和顾问。这就是家委会的组建过程。有了家校合作，学生会得到更多的关爱与帮助，也能更充分地利用家长资源为学生打开更广阔的天地。

对于家委会的管理，我总结的经验是：放下身段，以诚相待；面向大众，顾及全体；做参与者，帮助策划。

我的做法是：首先，让家长接受家委会的形式，认可家委会的成员；其次，要取得家长对教师的信任、理解，从而支持此项工作；最后，教师一定要先与家委会协同，做出一次成功的活动，活动中教师在幕后指导，主要推出家委会成员，树立家委会的威信，也让家委会了解如何策划班级活动、如何在班级中发挥家委会的作用。整个过程中，要坚持以教师为引领，让家委会成员看到教师在班级中是“魂”，有不容忽视的地位，每一次家委会的策划书都需要听取教师的意见，得到教师的认可，才能执行。家委会的宗旨是为学生服务、为班级服务、做教师和学校的帮手。

对于家委会的运行，我归纳的经验是：分清主次，把握尺度；幕后操作，献计献策；利用资源，贵在坚持。

家委会第一次参与策划的是队前教育活动“一路火红心，共享奥运情”，是在中国人民抗日战争纪念馆举行的。3 月 30 日家委会正式成立当天，家委会将做背景横幅、献花篮、印请柬奖状、买奖品等工作都已落实到人，并策划出寄宿班家委会倡议书、活动回执和家长通讯录，会议开到了 20：30。4 月 3 日上午，几位家委会核心成员一起到现场，确定活动方案、路线，和工作人员协商场地音响、讲解等情况，中午回来后跟教师进行了汇报。4 月 6 日 19：00 家委会又在会长的主持下召开了一次会议，选定主持人，进一步确定活动策划、流程等事项。4 月 13 日 18：30，我们再次召开家委会工作会，确定队前教育活动以及三项亲子活动、用车、饮水等事宜。我们商定于 4 月 20 日 18：30 再次召开家委会工作会，针对本次活动做细致分工，落实时间，任务落实到人，关注每一个细节，使活动能够有条不紊，在严谨的队前教育活动中使学生受到教育，在轻松和谐的亲子活动中增进彼此的情感。

此次活动，以家委会为主，教师起到了把握方向、辅助完善等作用，真正做一名引导者、参与者。此次活动相当成功，家长们非常满意，也使得家委会成员们兴奋不已，有了自信，更愿意承担家委会的工作。家委会积累了第一次组织活动成功的经验后，迅速形成了班级的通信网，班级博客、校友录、QQ群，让家长之间、家校之间又多了一道沟通的桥梁。家委会的工作做得更细致了，组织活动寓教于乐，每一次活动都有策划书、意见征集表、邀请函、反馈表等。不光在活动中家委会发挥着力量，针对寄宿班学生寄宿的特点，家委会还调动了家长中的可利用资源，制订了学期家长授课计划，每周四的晚上开设家委会课堂，内容从少先队知识、用眼卫生、自救自护讲座到如何做集体游戏、如何理财等，涉及面非常广，俨然一个小小的教育机构。同时学校活动也邀请家委会参加，如在亲子入队时让爸爸妈妈亲手给孩子戴上红领巾，“和爸爸妈妈比童年”开放班会，观摩竞选中、小队干部活动等，尽量让家长不错过孩子的每一次成长。家长们看到孩子在宽松、和谐的氛围中学习生活放心了，也让家长和孩子体验和接受公平竞争的事实，和孩子共同面对孩子在成长过程中的成功与挫折，帮助孩子调整心理状态，培养较强的心理素质。

——李莉，《班级家委会的创建》

家委会的成立，让教师和家长之间形成零距离交流与沟通，奠定了相互间坚实的情感基础。有了相互之间的理解，在解决班级中发生的问题时教师就有了主动权，家长就能够积极主动配合。随着班级家委会工作的不断发展，家长们转变了教育观念，认为学生的发展不光是学习方面的发展，更应该是多方面的发展，学生的全面发展是家校教育共同发力的结果，而不能仅仅依靠学校。家庭和学校都是培养学生成长的重要场所，在教育中家庭与学校具有同等重要的地位。我们相信在家校合作的基础上，我们的学生一定会健康、快乐地成长，全面地发展。

三、推进全校大变革

在“平稳度过一年级”课题研究的推动下，一年级家校合作工作开展得有声有色。为了扩大辐射课题成果，我们开始在全校推广一年级家校合作的经验，探索有主题、有特色、成体系的全校家长会的改变。

(一)整体筹划，系统构建

根据小学六个年级六个不同发展阶段的特点，我们将“平稳度过”“习惯培养”“差异发展”“自主管理”“全面发展”和“中小衔接”分别确定为六个年级的教育重点，围绕这些教育重点，我们按照学期又分别确立了两个家长会的主题。

1. 一年级：平稳度过

一年级是最让家长们焦虑的时期。每年新生入学甚至新生入学提前一年、两年我们都会遇到焦虑的家长。哪位教得好？能否为我们安排一个负责任的老师？能否让我家孩子坐在中间的位置上？我家孩子能否适应按部就班的小学生活？一定叮嘱我家孩子及时上厕所……开学后几天，又不时有家长来学校要看看孩子的上课、吃饭情况，有家长因为生怕孩子吃得太慢，甚至提出要喂孩子吃饭，其他焦虑还包括孩子已学习过很多学科知识，怕孩子上课不听，担心学业压力大，怕孩子吃不消等。

家长出现焦虑，这也是为人父母的本性。主因是家长怀有较高的期望，把所有的心思都放在了孩子的身上。如果孩子没有达到家长的预设，或看到别的孩子表现比自家的好，就变得十分焦虑。

为此，一年级的两个学期我们分别确立了“分享成长，共同进步”和“携手并进，共育新苗”两个家长会主题。第一学期让家长看到孩子的成长，看到孩子的进步，看到小学生活的丰富多彩，让家长安心、舒心和放心。第二学期新的集体已经形成，班级家委会初步成立，学生、家长与教师一起同心所以同行，展示家校合作共同成长的风采。

2. 二年级：习惯培养

二年级是孩子的学习习惯、学习态度从可塑性强转向逐渐定型的重要阶段，也是形成自信心的关键时期。这一阶段孩子情绪不稳定容易冲动，自控力不强。因此，在孩子进入二年级以后，要非常注重孩子的学习兴趣引导、学习习惯辅导，使孩子在学习兴趣、学习心态上得到全面发展。

这一阶段孩子最需要教师和家长关切的眼神、真诚的鼓励和热情的帮助，教师和家长要正确引导，要多鼓励肯定孩子，随时注意孩子心态的变化，在学习上还要注重其习惯的培养和基础知识的把握，同时对其不良行为进行及时纠正，孩子一定会顺利度过这一时期的。

为此，二年级两个学期我们分别确立了“好习惯，伴成长”“好行为，共分享”两个家长会主题。第一学期的重点放在“要培养哪些好习惯”“怎样培养孩子良好的行为习惯”“学校和家庭各应采取哪些好的措施”等问题上。第二学期，重点从孩子角度展示孩子通过一个学期培养出现的重要变化，家校间、家长间共同分享孩子成长的快乐。

3. 三年级：差异发展

三年级是孩子情感发生变化的转折时期，从情感外露、浅显、不自觉向内控、深刻、自觉发展，课程内容也从培养学习兴趣转向大量知识的系统学习，是两极分化的重要阶段。这一阶段，孩子如果不能及时地消化和吸收所学的知识，加上训练不足，会出现遗忘、理解混乱现象。在学习和人际交往中，孩子情绪控制能力有限，普遍出现马虎大意，做作业磨蹭等不良习惯，需要教师和家长高度重视及耐心纠正。

由于交往范围扩大，认识能力不断提高，孩子遇到的各种困扰也随之而来，开始产生不安情绪，需要教师和家长悉心陪伴和耐心引导，及时帮助孩子解决问题。

为此，三年级两个学期我们分别确立了“携手促成长”“做孩子的护航者”两个家长会主题。第一学期重点放在家校研讨解决两极分化的工作策略上。首先，要明确学生出现差异是孩子成长的必然阶段。花还有先开和迟开现象，更何况人。因此，我们主张不能用同一把尺子衡量所有学生的成长，对孩子要有一份耐心和信心，多一份关怀和期待，要在家校认识上达成共识。其次，要研讨必要的策略，形成教育共识，知此知彼才能百战不殆。第二学期，主要是家校教育共同分享教育成果。第二学期的家长会要把它开成育儿实践的研讨会、育儿经验的交流会。

4. 四年级：自主管理

就学习习惯而言，四年级孩子的习惯基本定型，各种学习习惯开始逐步固化下来，甚至伴随着孩子的一生。这一时期也是孩子成长的一个关键时期，处于儿童期的后期阶段，大脑发育正好处在内部结构和功能完善的关键时期，在小学教育中处于从低向高的过渡期，孩子生理和心理变化明显，是培养学习能力、情绪能力、意志能力和学习习惯的最佳时期。孩子已经从被动学习向主动学习转变，有了自己的想法，但辨别是非的能力还有限，社会交往经验缺乏，经常会遇到很多难以解决的问题，是不安的开始。如果不注重引导，孩子可能会因为一些小的困扰干扰了学习，逐渐对学习失去兴趣，但通过正确的教育，这种不安可以转化成对自然和社会的探索激情和求知欲望，综合能力得到快速提高，在学习的旅途中将会实现一次具有人生意义的深刻转折，从此踏上成功的人生之路。

为此，四年级两个学期我们分别确立了“自主、主动和自信”“让花儿幸福绽放”两个家长会主题。第一学期，结合孩子的年龄特点，家校合作及时帮助孩子发现问题，解决问题，树立信心。第二学期，为进一步促进学生的自主管理，树立孩子的信心，家长会要加强对培养学生自主管理能力的研讨，分享经验，带动学生全员发展。

5. 五年级：全面发展

孩子进入五年级以后，学习内容的范围进一步扩大，较四年级相比，五年级的专题增加了许多问题，这些知识点使得孩子们对学习有些力不从心了，拿不出学习应该有的节奏。

在这一阶段要鼓励孩子做事情的坚持性，帮助孩子建立进取的人生态度，促进自我意识发展。同时，孩子已经开始进入升学的储备期，家长要开始关注升学信息，为孩子提供一些接触自然、社会的机会。

为此，五年级两个学期我们分别确立了“全面发展，学有专长”“做一名品学兼优的小学生”两个家长会主题。

6. 六年级：中小衔接

进入六年级以后，孩子开始进入青春期，青春期是少年向成年过渡的阶段，相当于小学后期和整个中学阶段。学生的自主意识逐渐强烈，喜欢用批判的眼光看待其他事物，有时还对师长的正当干涉反抗抵制，情绪不稳定。这一时期人的记忆力增强，注意力容易集中，敏锐，特别是由于抽象思维、逻辑思维能力加强了，自我意识、评价和教育的能力也得到了充分发展，初步形成了个人的性格和人生观，但意志力仍不够坚定，分析问题的能力还在发展中，所以遇到困难和挫折容易灰心。

同时，进入六年级真正进入了升学阶段。面对纷繁复杂的升学情形，大部分家长都很茫然和焦虑。家长能做到的是别把压力和焦虑的心情传染给孩子，影响孩子的学习。随着教育布局的改革，教育集团化、学区制、九年一贯制等教育布局的调整，在一定程度上解决了教育均衡问题，缓解了家长和孩子的心理压力。名校是好，但适合于孩子的学校才是最好的。

为此，六年级两个学期要重点解决青春期教育和中小衔接问题。让孩子在心理上逐渐走向成熟，在人生的道路上迈出走向中学的第一步。

6个年级12个主题，展现了不同年级不同的侧重点，同一年级不同发展阶段的教育内容，凸显了“为孩子健康快乐成长”这一核心主题。

(二)开展调研，精心安排

怎样才能开一次让家长认可并有所收获的家长会？我们认为，寻找大家共同关心的话题进行积极的家长互动，是一种非常有效的方式。为此，我们提前进行了家长调查，了解家长关心的话题，然后再根据年级和班级特点，进行聚焦，形成家长会研讨的话题。

为了更好地了解家长的期待，我通常在召开家长会前做一个简单的调查，让家长们各抒己见，谈谈他们希望在家长会上了解到哪些信息，或是对即将召开的家长会有什么建议。总之是一个较为开放，方便家长展开、发散的调查，我期待能够从调查中了解家长会“主角”们的真实想法。其实无论是家长会还是在和家长沟通孩子们的相关问题时，要做的是和家长达成“育人”的共识，清晰地了解到家长的需求有助于我们有的放矢地筹备家长会。达成共识是我们开展家校工作的首要事情。

首先，从情感上拉近和家长的距离。我将家长会发言主题定为“心在哪里，智慧就在哪里”。借此给家长明示，首先我有一颗和您一样爱孩子的心，同时我愿意为此，为了我们同样关心着的孩子们付出我的智慧。我相信从心出发的爱，每位家长都会接受，并且会被快速地同化到教师一侧开始思考孩子们的教育问题。

其次，将平时总会和孩子们分享的一些阳光、自信、对生活充满期待和好奇的话语，展示给家长。例如，“微笑是会传染的”“每天做点新鲜事”“认真、积极、不懈怠地做好每件事”……这样做的目的同样是为了拉近彼此的距离。我想无论古今，每一位家长都不会只关注孩子们的学习，他们更关注孩子们能够成长为一个健康、阳光、自信、自立、有担当的人。而这些都附着在我们日常和孩子们点滴的交往中。

最后，就是达成学科教育的共识。我对数学课的看法是：启迪思想、开阔视野、锻炼思维。我期待数学课上和孩子们共同达到的状态是：去思考、有想法、敢表达、会表达。现在孩子们需要加强的方面：创新思维、批判性思维。

为了与家长更好地交流沟通，我借助图片和视频记录下孩子们在学校度过的精彩、有意义的瞬间，作为孩子们在学校的表现分享给家长。他们在孩子成长的过程中陪伴孩子的时间远不如面前的教师，而在如此长的一段时间里，他们对孩子是怎样度过的，大多数人是不清楚的。所以家长们都期盼能够在家长会上了解到自己孩子的“在校表现”。此时，语言的生动和华丽已经不能满足家长们的需求，他们渴望真切地看到，而不是借助教师的描绘艰难想象。

分享的内容大致分为：孩子们的课堂表现，孩子们的创新作业、优秀作业，孩子们参加了哪些校内、外活动，孩子们在校内、外取得的一些成绩，同学之间的互助……家长们不但可以从这些内容中了解到自己孩子的表现，同时也可以了解同龄孩子们的相关表现，进而对孩子做出一个更为客观的评价。这样家长通过自己的眼睛去观察，要比教师从个人角度出发去评价一个孩子要鲜活得多。

为了更具欣赏性，我通常都会在题目上下些功夫，如“我是发言王”“我进步——乐”“计算高手”“美轮美奂的圆”“首届万泉飞叠杯大赛”“创意无限的数学手抄报”……

同时，我告诉家长，当看到孩子改变和成长时，我和他们同样欣喜不已，有时甚至这种喜悦之情更强烈。因为我陪伴和见证了他们的成长，并且为此付出了爱和智慧。

在获得认可的同时，我争取家长的支持和参与，让家长了解我们日常开展的一些活动，告诉这些活动可以让有准备的孩子获得胜利的喜悦。家长关注了这些，孩子就会有改变。我们的孩子总是从某一点上开始变得阳光、自信。家长要多给孩子创造一些机会，多支持和帮助有助于孩子抓住更多机会。

——安颖，《我是这样召开家长会的》

围绕 6 个年级 12 个家长会主题，我们分别确定了 12 场互动研讨活动。每一场互动研讨活动都有 1～3 个研讨话题(表 5-1)。

表 5-1　2012 年万泉小学各年级学期家长会研讨话题

年级	研讨话题(第一学期)	研讨话题(第二学期)
一年级	1. 如何改变孩子拖拉、磨蹭的毛病？ 2. 如何培养劳动意识，养成爱劳动的习惯？ 3. 如何培养孩子爱读书、读好书的良好习惯？	1. 怎样变“唠叨”为交流，达到良好的教育效果？ 2. 在家庭教育中如何培养低年级孩子的良好学习习惯？

续表

年级	研讨话题(第一学期)	研讨话题(第二学期)
二年级	1. 家长需要培养孩子哪些自理能力? 2. 家长的爱体现在哪些方面?	1. 同学之间如何学会相处? 2. 家长如何说孩子才能听? 3. 家长如何听孩子才会说?
三年级	1. 如何让孩子和同学和谐相处? 2. 家长如何引导孩子合理分配学习时间?	1. 如何有效地与孩子沟通? 2. 如何提高孩子写作技巧?
四年级	1. 孩子如何感受父母的爱? 2. 如何让目标引领行动?	1. 孩子出现逆反心理怎么办? 2. 学校教育如何在家庭中落实?
五年级	1. 家长如何正确处理孩子身边发生的冲突? 2. 家长如何培养孩子坚持的品质? 3. 家长如何培养孩子良好的学习习惯?	1. 如何引导孩子在家里自觉、主动学习? 2. 如何提高孩子学习成绩?
六年级	青春期教育	关注升学，为孩子幸福发展奠基

6个年级12场互动，既是对问题的剖析、经验的分享、策略的生成，更是一种情感的互动。在人与人相处的过程中，情最是动人，情是激发双方共鸣的基础，而共鸣之心就是彼此的交流能很好地深入的关键。教师在家长会上的情动于中，就是对学生学习与为人闪光点的真心认可，就是对学生薄弱方面的真切担忧，就是对学生美好未来的满腔期许。6个年级12场互动中的每一个话题，都是针对孩子们现阶段出现的问题进行研讨的。家长们激情地交流，真诚地剖析问题，从多角度多层面归纳出解决问题的策略。

2011年12月6日，万泉小学一年级家长会如期举办，在家长会上大家围绕着“如何改变孩子拖拉、磨蹭的毛病”进行研讨。一位家长首先用法国教育家卢梭的话作为发言的主旨，她说：“卢梭曾说，人生当中最危险的一段时间是从出生到12岁。在这段时间中还不采取摧毁种种错误和恶习的手段的话，它们就会发芽滋长，及至后来采取手段去改的时候，它们已经是扎下了深根，以致永远也拔不掉它们了。对于孩子拖拉、磨蹭的毛病，一定要引导孩子纠正。但要剖析原因，对症下药。”紧接着大家热烈地讨论起来，家长们普遍认为造成这种状况的原因主要有以下几点。第一，孩子“手笨”，即做事情时，动作不熟练。由于孩子的神经、肌肉活动不够协调，同时缺乏一定的生活技能，所以导致他做事情比较拖拉、磨蹭。第二，孩子的时间观念差，做事情缺乏紧迫感，也就是常说的“慢性子”。第三，家长包办代替过多，孩子自理能力较差。第四，孩子做事专注度不够，容易分心，常被周围东西所吸引，因此动作拖拉、磨蹭。孩子注意力集中的时间短暂，听到大人说“快穿衣服”，可注意力很快转移到其他事情上而忘了大人的嘱咐。第五，孩子的拖拉、磨蹭行为还可能与家长自身的行为有关。一些孩子做事拖拉，其根源在于家庭教育环境的不当和良好教育方式的缺失。在日常生活中。一些家长对孩子过于溺爱，凡事都依着孩子，孩子开始出现做事拖拉、磨蹭的迹象时，家长也没有及时采取措施帮助孩子纠正坏毛病。同时，一些家长自身做事不遵守时间规则，也在无形中影响了孩子的行为习惯。

在剖析原因后，教师和家长们一起又归纳出帮助孩子纠正做事拖拉、磨蹭的策略。首先，从家长自身角度谈，家长要从自身的家庭教育方式上找原因，在家庭生活中，要以身作则，自身一定不要有做事拖拉、磨蹭的毛病，只有这样，才能给孩子以良好的教育环境；更为重要的是，家长一定不要给孩子任何可以拖拉、磨蹭的借口，如发现孩子出现拖拉、磨蹭的苗头，一定要及时制止，不以任何的溺爱来对待此种不好的现象。其次，从孩子角度讲，家长可以和孩子共同制订一张作息时间表及活动计划，帮助孩子树立时间观念，教孩子学会管理时间；可以在孩子开始做一件事之前为他规定时间；排除无关诱因，让孩子专心做事；管放结合，让孩子经受必要的锻炼。最后，从教育角度说，不要把孩子拖拉、磨蹭简单归结于“手笨”，要培养孩子自信，还可以想办法锻炼他的动手能力，帮助孩子提高动作的熟练和敏捷程度。家长可以与孩子玩一些小的竞技游戏，如比赛看谁穿衣服快、看谁洗澡快等。另外必要的时候，要将孩子的拖拉、磨蹭所造成的后果呈现给孩子，并要对孩子进行适当的处罚。要让孩子明白，做事拖拉、磨蹭造成的后果也会很严重，也会受到一定的“惩罚”。有的时候，适当的处罚有助于孩子快速“醒悟”。

——崔冬莲，《家长会研讨纪实》

其实做事拖拉、磨蹭是世界性的儿童行为问题，改变这一行为不是一朝一夕的，也不是靠学校或者家长一方就能实现的。这场互动研讨，既有原因的剖析，又有经验的分享。在研讨中，家长明白了“拖拉、磨蹭”是孩子成长中的年龄特征，不能急于求成，只有保持平和的心态，不要有急躁情绪，耐心地去做，才能慢慢地看着孩子长大。同时，家校双方合理安排好孩子的生活和学习，从点滴小事做起，教育孩子提高做事效率，就能帮助孩子克服拖拉、磨蹭。

(三)不断拓展，形成合力

6个年级12个主题、6个年级12场互动，这只是家长会变革的一部分，而我们家长会的变革是一个全面的、多元的、多角度、多方位的变革，它在原来沟通、信息传达的功能基础上拓展出许多新的功能。

1. 成为学校的窗口

家长会不单单是班主任的工作，对于学校也很重要，它是宣传学校的重要窗口，也是办好家长学校，引导家长选择正确的教育方法的重要平台。因此，在家长会的整体设计上，我们在学校层面力图体现宣传和引领的功能。

2011年12月的家长会，我们做了大量的学校层面的工作。第一，由于这次家长会涉及全校2000多名家长，人员、场地都可能出现问题，因此我们选择了6日到9日不同的时段召开不同年级的家长会。第二，出一期校报，报道学校近期的重大活动，特别是报道我校参与“神舟”八号返回舱成功返回地面的事件。“神舟”搭载梦想的实现，是可喜可贺的事情，我们将与更多的家长共同分享这一喜悦。第三，出一本画册。围绕着“航天之梦”，我们开展了一系列活动，如中国科学院院士戚发轫爷爷参加主题活动，现场为孩子们授课，请“神舟”飞船副总工程师为孩子们解惑答疑，请载人航天总体部副院长与孩子们开展互动活动，系列活动丰富了孩子们的知识，也开阔了孩子们的视野。出这本画册，让家长们进一步了解学校所做的一切，了解孩子们不仅要学习基础的知识性课程，而且要放眼世界、放眼太空，长大后成为国家栋梁之材。第四，做好各种展板，展示近阶段学校开展的一系列活动，让家长从中洞察孩子们在学校时能力的提升以及综合素养的提高。

——王吉根，《感恩、感动、感慨——记万泉家长会的一次变革》

家长会是家长全面了解学校的重要窗口，除了报纸、画册宣传外，还要通过校长讲话让家长了解学校的办学理念、学校教育的新举措、新方式。我们努力展示学校近年来所做的努力以及教育成果，坚定家长的信心，让家长放心，与家长同心，家校形成合力共同完成教育工作。

2. 变成年级的舞台

年级组在学校管理中发挥着越来越重要的作用，不再仅局限于上情下达、对基层教师的协调，已经成为实际的第二层学校行政管理组织。年级组在家长会组织过程中，也发挥着重要的作用。它可以充分发挥基于教育教学、家长、学生的三方需要，围绕着年级家长会的主题向家长展示学生的学习成果、展示年级的重要工作，同时有针对性地聘请校内、外教育专家、学者举办讲座、分享育儿经验等。总之，在年级层面，我们整合各班级所需，更加有针对性地开展一些家校合作活动，让年级组在家长会中，发挥展示、学习、分享的作用。

2011 年 12 月 6 日到 9 日 13：00，家长们早早地来到学校，簇拥在学校十多张展板前驻足观看。这里展示着各年级开展的丰富多彩的活动。一年级的姿势优美的舞蹈排练，二年级的《生存岛先生》课本剧的精彩表演，六年级的读书生活的润泽心田，项项都是精品，个个都是看点。

楼道布置更加精彩，孩子们把对父母的爱和感激，倾注在字里行间，倾注在一笔一画的书法、美术作品上，倾注在一折一叠的折纸艺术享受中。

一年级以“爸爸妈妈，我想对你说”为主题，将孩子们的梦想融进每一张照片中。“爸爸我想做个鸡蛋饼，很好玩!”“儿子，只要努力，你一定能做到!”天真的话语、鼓励的语言活跃在专栏中。家长们将对孩子的鼓励折叠成一只只千纸鹤，放在孩子的愿望旁边，企盼每一个小小的愿望都能实现。

二年级以“爸爸妈妈，谢谢您”为主题，以孩子亲身的感受来表达对他们的爱。“爸爸妈妈，今天我才知道自己的袜子这么难洗呀！看来今后不能穿着袜子在地上乱跑了！感谢妈妈的辛勤劳动！妈妈您辛苦了!”自己的事情自己做是二年级的基本要求，理念落地，行动扎根才是最好的教育。

三年级以“幸福的家、浓浓的爱”为主题，通过诗歌、散文、书信、绘画、书法、篆刻等作品，来表达父子、母子间的爱。三(4)班张建宁同学在她的《感恩》散文中写道：“人生在世，恩德相继，滴水情深，涌泉厚谊。送人玫瑰，留有余香，受人于恩，铭记在心。”三(4)班赵春翔同学在写给父母的信中说道：“亲爱的爸爸妈妈，你们十年里年复一年、日复一日为了我的健康成长，含辛茹苦，不辞辛劳，我感谢你们！”孩子们诗境一般的语言，描绘着一个个幸福家庭和浓浓的父爱与母爱。

四年级以“感恩的心”为主题，通过手抄报、家务展示、与父母合影、阐述成长经历的方式，来表达感恩。四(4)班刘玥莹同学说道：“爸爸妈妈，我要感谢你们把我养大成人，我要感谢你们在每学期开学的时候，带我到书店，给我精神食粮。”孩子们的感恩是发自内心的，感恩知报，忠孝致远，亲情永驻！

五年级以“父母的辛苦我们知道”为主题，通过“今日我当家”“心怀感恩，收获幸福”“我眼中的好爸爸是这样的”“感恩日记”等专栏，表达感恩之情。五(7)班朱家宁同学在感恩日记中写道：“我要感恩我的父母，是他们给了我珍贵的生命，给了我情深似海不图回报的父爱和母爱，是他们给了我幸福的家，给了我幸福的生活。”知感恩，才显得品格伟大；懂感恩，才能会做人、成大事。这正是万泉小学“幸福教育”的重要内容。

六年级的楼道专栏布置得不太华丽，但内涵非常丰富。他们以“饮水思源、恩泽如山”为主题，通过“往事的回忆”“成长中的我”“感恩的心”等专栏，讲述了在成长过程中的点点滴滴。正是在这些小故事中，我们看到了父母的爱和孩子们的情。六(8)班刘佳仪同学在文章中写道：“怀抱一颗感恩的心，犹如在生命里点燃一盏明灯；怀抱一颗感恩的心，犹如掌握了人生宫殿之门；怀抱一颗感恩的心，犹如人生的海洋中拥有一艘坚固的船；怀抱一颗感恩的心，犹如鸟儿拥有了调节平衡的尾巴……”

感恩是中华民族的传统美德，感恩是社会上每个人应具有的基本道德准则，是做人的起码修养，也是人之常情。感恩，首先是感恩父母，因为父母给予你生命，抚养你成人。但对于广大青少年来说，感恩意识绝不是简单回报父母的养育之恩，它更是一种责任意识、自立意识、自尊意识和健全人格的体现。要感恩教师，因为教师给予你灵魂和思想，引领你做“大写的人”；感恩朋友，因为朋友让你感受到世界的温暖；感恩对手，因为对手令你不断进取、努力；感恩太阳，因为太阳让你获得温暖；感恩江河，因为江河让你拥有清水；感恩大地，因为大地让你有生存空间。

感恩能使我们感受到大自然的美妙、生活的美好，保持我们积极、健康、阳光的良好心态。怀有感恩之情，对别人、对环境就会少一份挑剔，多一份欣赏和感激。常怀感恩之心，我们的生活会变得更加丰富多彩，生命会更加璀璨！

——王吉根，《感恩、感动、感慨——记万泉家长会的一次变革》

当家长驻足楼道专栏久久不愿离去的时候，当家长饱含泪水露出会心微笑的时候，当家长在感恩专栏上亲自贴上自己美好的寄语的时候，我们相信我们的孩子已经和父母发生共鸣，达成默契，父母和孩子之间、家校之间有了更加深刻的理解和交流。在这里，我们觉得最成功的作品不是孩子的字、画，不是孩子的手工制品，而是孩子本身。孩子们的思想深度、孩子的认识水平、孩子的能力展现都得到了提升。当家长觉得孩子的成长让每天都和孩子接触的他们惊讶的时候，当家长感受到孩子了不起的时候，教师们也就离成功不远了。

3. 作为班级的阵地

每年 2 次家长会，6 年要开 12 次。怎样让家长能够在每次家长会上都有所收获？家长除了关注孩子学习外，还关注什么？怎样做才能通过每一次的家长会拉近家校间的距离，进而形成合力更好地促进孩子们的成长？家长期待以怎样的形式呈现家长会？如何围绕着年级的主题开好家长会？一连串的问题都萦绕在教师的脑海中。为此，我们在原有交流沟通的基础上，增加了问题解决和自我教育等功能，拓展了家长会的内容。

让问题解决得到落实。家长会上，我设法调动家长积极发言，从中最大限度地了解学生的家庭情况和个性特点，以便有针对性地采取教育措施。就家长提出的意见，我做出合理的说明，表明态度。对有共性的问题，我与家长一起商讨。例如，怎样最大限度地扬长避短，把教育理想和现实结合起来？激发学生上进心的有效方法有哪些？教师和学生家长各应做哪些工作？怎样做到身教与言教结合？如何创设良好的学校、家庭育人环境？其目的在于把关注学生健康成长的共同良好愿望集中到科学育人的一致行动上来。

我校是传统的金帆民乐团学校。有太多的学生从这里起步，踏上了他们梦寐以求的艺术之路。但是每年也不乏有家长在品尝着“民乐特长”“交流演出”等诸多光环带来的喜悦的同时，斥责之声不绝于口。他们通常不是出自对音乐的真正喜好，有的是屈从于时代的大潮，无论喜爱与否都希望自己的孩子能够习得一技之长，有的是把学好民乐作为今后升学的一块有力踏板。面对切实存在的这些真问题，当然我们也可以选择回避，因为家长们终将无法避让种种“利益”对他们的诱惑，自行化解心中的不满，或许这些不满只会小范围地留存在家长心中都不曾浮出水面；但我们也可以选择直面问题，帮助家长解开心中的疑惑。当你对家长以诚相待时，我想假以时日一定会得到家长们更深层的理解、支持与认可。对这个问题的解决，我选择了让同同妈妈在家长会上分享她在参加音乐会后的随感。

“……如果不是亲眼所见，你怎能想象出那绚烂如花般的舞台和孩子们在舞台上如花朵般绽放的笑脸，你怎能想象出台下大小观众的惊喜表情；如果不是亲耳所闻，你怎能想象出家长们从心底里流淌出的对学校、对老师、对万泉孩子们发自内心的称颂、敬佩与赞美；如果不是置身其中，如果不是亲身经历，这一切我们一定都无法想象。就这样静静地看着、听着，用心感受着这台属于所有万泉人的音乐会，那一刻，一种触动，从双眼到心底。”

“当我看到孩子们在舞台上的完美呈现时，我仿佛也看到了他们和老师一起艰苦排练的日日夜夜，看到了他们舍弃休息玩耍的时间一遍遍刻苦排练的身影，看到了老师和孩子们全情投入时额头渗出的汗水；当我们看到每个孩子脸上的精致妆容时，一定也看到了有数不清的老师和家长在为孩子们的精彩呈现付出着辛劳；当我们看到孩子们娴熟有序的换场时，一定也看到了他们在这个舞台上进行的一次次彩排演练，一定也看到了老师们场上场下搬运道具的身影；当我们坐在舒适的座位上观看演出时，我知道我们还有许多老师比我们付出的更多，可此时却无暇静坐于此，他们还在催场、维持后台秩序、给小演员们补妆、做着登台前的最后叮咛或顶着炎炎的烈日在礼堂外守护着每一个入口……这些是我们每一个参与其中的人不时闪现在心中的感动。”

我想真情实感总是能打动人的。当这些教师的付出和努力从家长的口中娓娓道来时，它的冲击远大于教师自己的自白表述。这样的交流能让更多的家长感受到为了孩子更好的明天，不只有作为父母的他们在付出；让家长们感受到孩子在学习音乐的同时其他方面的能力也在增强，比如团队意识，比如与人谦让，比如守时守纪，比如除音乐以外的许许多多……

在家校互动中实现自我教育。在家长会中，我做了大胆的尝试与改革，由孩子们自己来总结班级各项活动。把班级工作分成几大块儿，分别由分管日常工作的班委干部汇报情况，如班级文体活动由体育委员汇报，班级好人好事由组织委员汇报。其实最了解班级日常工作的就是这些孩子，由孩子来汇报班级活动的家长会很受家长的欢迎和好评。

会前我和学生一起评选出了班级大事记：

一是光荣的“国旗班”“值周生”。升旗仪式形式中加入升旗手、护旗手的自我介绍，并添加了班级特色介绍——效果佳。

二是创意壁报——学习哪儿有那么难。

三是班级歌曲点歌台。

四是班会——我们的课间，我们的精彩。一节真正贴近学生，受到学生喜爱的班会，孩子们在班会上交流玩法分享快乐！

五是趣味运动会。

六是班会——不敢举手的背后。

每一则大事记的产生，都是孩子们在一年中最受触动的时刻。在家长会上孩子们以他们的视角把班级里发生的大事，讲述给自己的爸爸妈妈听，和家长一起再次回顾一年中的所获所得。

——安颖，《我是这样召开家长会的》

“时时带来感动，处处带来惊喜”，这是万泉小学推进“幸福教育”的口号。我们把浓浓创造激情带入教师的日常工作中，带入学生的学习活动中，让师生幸福快乐地工作和学习。同时，我们也通过精心策划，让家长与教师共同分享和感受学生们成长的快乐！“改进在日常”的理念又让我们立足于日常，不断改进，不断创新，收获成长的快乐。

第三节　不断创新的家校活动

信息社会，电话、短信、QQ、微信、微博等应有尽有，为家校沟通带来更多的便利。作为传统家校沟通方式的家访似乎渐渐淡出家校合作领域了，很多家长由于工作忙、嫌麻烦，认为有事时给教师打打电话就行了。还有一些家长有顾虑，担心教师上门家访被邻居看到了，误以为孩子在学校犯了错误，教师找上门来“算账”。有些孩子也担心教师来家里告状，整个家访过程中多数孩子都是处于听的状态，偶尔介绍一下自己的情况。家长们也多半是在学习方面和教师进行交流，而忽略了很多孩子成长所需的其他方面。学生、家长和教师三方似乎都比较被动。为了能让家访真正发挥其应有的教育作用，为了更好地实现学校教育和家庭教育的有机结合，促进学生的全面发展，我们开始努力研究“什么样的家校合作方式才能提高教育实效”这个专题。在UDS项目组专家的指导下，我们逐步探索出形式新颖的家校合作方式。

一、别开生面的“公园见面会”

家访，这一过去教师了解学生家庭教育环境的重要手段，在今天遭遇越来越多的挑战。由于学生分布较为分散，小区林立，再加上一些家庭担心隐私暴露以及生活节奏日益变快，要实现全员家访实属不易。然而家访便于了解学生的生活状况、学习状况，能更好地因材施教，所以在目前为止家访依然是最好的方式。虽然耗费的时间较长，但达到的效果是显著的。然而，耗费时间确实是一大难题。于是大家集思广益，发明了“公园见面会”。

除了特别生需要特别家访外，我们把家访搬进了公园，让家长和教师进行一次“特别的接触”，使家长们觉得教师亲切、自然、热情和负责任。“公园见面会”就是按住处不同将学生分成几个片，然后对学生和家长分不同的时间在公园某一地点进行面谈的一种形式，或是将相同家庭背景的学生集中在一起，重点了解学生的学习生活和个性特长等情况。这种形式用时短，效率高，便于面向全体。

“公园见面会”对于一年级新生特别有效。

2011年8月11日8：00，即将成为一年级新生的孩子和他们的家长来到海淀公园和教师见面，按照教师和家长电话、短信的约定，孩子们拿着包含个人生活照的简介，手握“寻宝图”来找教师。师生见面自是喜笑颜开，孩子们一见面，更是手舞足蹈。他们发现有许多“熟人”！有幼儿园同班的同学，有一起学舞蹈的舞伴，有一起下围棋的棋友，还有住在一个小区的邻居……看着热热闹闹一起玩耍的孩子们，家长们也松了一口气，不用担心孩子到了新环境没有朋友了，相信孩子们会更快适应小学生活。因为地点选在公园的儿童乐园，里面有许多玩具设施，家长一边看着孩子玩，一边与教师聊了起来。在交流中，教师了解学生、了解家庭、了解家长的需求与希望；在交流中，家长认识教师、了解学校。在双方的相互了解中，大家逐渐把焦点集中到对孩子的教育问题上来，你一言我一语聊得很热闹。有了问题，相互研讨和补充，有了疑问，大家想办法解决。

——李莉，《公园第一次见面会》

“公园见面会”，从交流角度看，教师们认为比针对一个家长交流要好得多，不担心冷场，感情很融洽。外向的家长知无不言，言无不尽；内向的家长也能听到很多有用的信息。“家长见面会”可以使大家达成共识，家长可以为孩子做生理和心理上的双重准备。在生理上，根据小学的作息时间，家长可以让孩子提前一周开始适应；在心理上，家长可以尽早地让孩子了解上学目的，告诉孩子上学是为了学本领，可能会比较辛苦，要做好充分的准备，要不怕困难。教师们也有很多收获，了解了许多孩子的情况。

“公园见面会”活动虽说范围不大、时间也不太长，但是从开学后的反应来看，效果却很好，同学们相处愉快，家长们也像朋友一样团结友爱，班集体凝聚力很好，还真取得了意想不到的效果。

二、友好邻里的“特色家访”

家访是家校沟通的重要策略，是学校与家庭共同教育孩子的一道不可或缺的桥梁，通过家访能及时了解学生在家里的学习和生活情况以及思想动态，增进师生、教师与家长的情感。在传统一对一的家访基础上，教师充分挖掘家长资源，根据学生的家庭住址和各位家长的工作单位，采用就近分组的原则，开展友好邻里的“特色家访”活动。

友好邻里的“特色家访”就是按照家庭住址的相同或相近和家长的工作单位，以小组为单位，在教师和家长共同策划下开展的组内互访活动。它对教师了解学生，对学生间、家长间相互沟通起到了重要的作用。

2012年7月初即将放暑假，在期末忙碌之余，我开始盘算假期如何开展家访工作。一天放学后，我和几个同学聊天，询问他们“是否愿意老师家访？”“家访时你们有什么表现？”等问题。没想到这几个孩子都说“特别希望老师能到自己家中做客”，有的孩子说“希望把自己小时候的照片给老师看”，有的说“想请老师到家里吃饭，尝尝我的手艺”，还有的说“想演奏乐器展示才艺，教老师弹钢琴”等。听了孩子们天真无邪又充满智慧的话语，我感到非常欣喜，这也激发了我创新家访形式的灵感：何不把家访当作一次孩子的才艺展示活动。一方面让我更了解孩子在家的生活学习状况，另一方面也为孩子提供一个展示平台。

我尝试着与几个临近居住的学生家长进行沟通，没想到得到家长的大力支持，都称赞我的家访富有创新，更希望与一起居住的孩子有更多的交流机会，于是“友好邻居”的特色家访就这样成行了。

第一站——宇阳家“做饼干”。7月20日一早，雨宁和妈妈、婉馨和爸爸、永希和妈妈就来到宇阳家。宇阳的妈妈早早把做饼干需要的材料和模具准备好了，同时还打印出整个制作过程的操作流程。有了这些，孩子们就有了信心。但是，这些信心满满的小家伙们，在制作中还是遇到了很多根本就没有想到的问题，如面粉的称重问题、高筋粉的配比问题、打黄油、搅鸡蛋、和面、擀皮等。婉馨的爸爸很想帮忙，我见状，提醒家长不要过多指挥，放手锻炼他们发现问题、解决问题的能力。我引导家长观察孩子们的表现，既发现别人的孩子在处理问题方面的优势，又注意自己的孩子在解决问题时的不足；同时启发孩子们，让他们思考这些问题能不能用已有的知识来解决。孩子们你看看我、我看看你，彼此给予信心，一边开动脑筋，一边商量对策。小家伙们噘着小嘴卖萌地说了一句：“书到用时方恨少，料到做时才嫌多啊!”逗得大人们哈哈大笑。我们开始鼓励孩子冷静思考、沉着应对，边学习边实践。家长们热切期盼的目光和激励的话语大大激发了他们尝试探索的欲望。

这次活动由雨宁担任指挥，分配任务。由语文基本功最扎实的宇阳认真阅读操作说明，找出重点字句，一步一步指挥婉馨利用数学知识，利用口算、笔算、机器算，算出正确的配比分量。再由科学课代表永希利用科学课掌握的操作技能，准确称出面粉、高筋粉等配料。雨宁则开始打黄油、搅鸡蛋。几个小家伙弄得手忙脚乱、满脸面粉，桌子上、椅子上、衣服上、地上处处可见油污、面粉，就连墙壁也尝到了黄油和蛋液的味道，可谓狼藉一片啊！雨宁妈妈和永希妈妈同时笑着说：“看，孩子们的动手能力确实应该好好锻炼一下，平时做家务的劳动机会太少了。”我适时点评：“通过孩子们的亲身参与，能更好地让孩子形成责任感和主人翁意识。作为家庭中的重要成员，虽然年龄小，但他们却也很乐意承担一定的责任，他们喜欢帮助父母做一些力所能及的事，并由此而获得成就感和愉悦感，这让他们感到自己真的长大了。在劳动的过程中，我们也能及时捕捉到孩子成长过程中的缺失和不足，给予他们最宝贵的意见和帮助，同时孩子可以感受到来自父母的爱、信任和鼓励。这不仅培养了孩子许多优良的品质，也大大提升了亲子关系。”几位家长连连点头，表示赞同。整个过程艰辛而充满乐趣，家长们认真欣赏孩子们的参与和实践，真诚鼓励。孩子们也没有辜负大家的信任和期望，坚持自己完成所有任务。他们的乐观和坚持，使他们历时5个多小时终于完成了人生中第一份甜品。

闻着这扑鼻的香气，看着这些形态美观的小作品，孩子们喜笑颜开，忘记了长时间站立和制作的劳累，忘记了满脸的污垢，相拥而笑。当孩子们将亲手做好的饼干送到家长口中时，家长们的心和我的心完全被这份甜蜜所融化，被孩子们的快乐所感染，大家更为孩子们的成长骄傲。

第二站——来博家“‘棋’乐无穷”。有了第一次组织经验，我开始第二次的活动。7月28日我“应邀”来到了来博家，住在附近的几个男孩子以“‘棋’乐无穷”为主题，打算和我切磋棋艺。别看孩子们小，可他们各有高招，充分展示了自己精湛的棋艺。他们分工明确、有条不紊，分当讲师和实践操作者，而我也顺应着孩子们的编排，不自觉地扮演起学徒的角色，认真向几位“高手”请教。孩子们真以为我不会，一下子勾起了兴趣，特别耐心地给我讲解，帮我排兵布阵、出谋划策，指导我一次次化险为夷、转危为安。

在孩子们相互对阵时，我和家长们分别探讨了如何减轻学习压力、提高成绩、帮助孩子提升学习效果等家长们非常关心的问题。来博妈妈大方地向家长们介绍了自己的育子经验，结合学校要求和家庭实际，就怎样指导孩子善学、乐学，怎样做既能培养孩子多方面的兴趣爱好，又能促进孩子的学习效果方面，着重跟几个孩子、家长做了沟通和交流。王侯妈妈感觉收获颇丰，表示特别愿意让孩子和这几个同学多在一起玩，多在一起交流，自己有机会也要多和家长们沟通，不仅要走近邻里，更要走进孩子心里。

不知不觉中，太阳早已落山，但大家的热情仍旧高涨，孩子们边聊边研究棋艺，还提出了很多好的建议。例如，将五子棋、象棋、扑克牌魔术等孩子们喜闻乐见的内容带进学校、带到课间，既能丰富同学们的课间娱乐生活，又能帮助缓解课间活动少、矛盾多、声音大、休息差等问题。家长们更是珍惜这次与教师、与其他家长真诚交流的机会，畅所欲言，真是“棋”乐融融。我也深深体会到这样深层次的交谈，能让家长们更多方面地认识学校的教育，认同教师的观念，交流各自的思路和想法，消除各种误会。

第三站——邢容爸爸单位“科学探秘”。“科学探秘”组的活动，是我和邢容爸爸早就联系好的一个内容。邢容爸爸在学校旁边的中国农业科学院(以下简称农科院)工作，我就想带领孩子们一起参观科学家们的工作室，了解一些相关的科学知识。但没想到的是，邢容爸爸非常认真，为我们准备了一次前所未有的“试当科学家”的活动。

在去农科院的路上，我们正好路过生病的琪琪家。琪琪放假时因为右手受伤，放假前已经一个多星期没来上课了。之前去家里看望琪琪时，孩子就表现出非常渴望回到学校上课、回到班级和伙伴们一同学习玩耍。其实同学们也很想她，于是带领孩子去看望她的念头开始在我的头脑中显现，我便抬头向楼上望了望，聪明的孩子们马上明白了我的意思，按下了琪琪家的门铃。刚一开门，手缠纱布的琪琪在妈妈的陪同下，来到门口迎接我们，平时胆小话少的琪琪，看到我们来看望她特别激动，热泪盈眶，用左手拥抱着小伙伴们，开心地谈起来。琪琪妈妈也很感激我们能利用休息时间看望孩子，拉着我的手谈起孩子的病情，又询问学校的学习情况。我急忙安慰琪琪妈妈不要太过心急，先照料好孩子的生活，学习上大家都会帮助她，同学们也都异口同声地表示一定会多来看望琪琪，帮她补习功课。琪琪很感动，拉着我们合影留念，还笑着说自己是因祸得福呢!

聊天中得知我们要去参观农科院，她也按捺不住一同前往的兴奋，央求妈妈陪同她一起参加。琪琪家长看到孩子们如此真诚期盼的目光，看到孩子们真挚的友情，备感欣慰，也兴高采烈地加入到了我们的探索队伍中来。

来到农科院的办公楼，邢容爸爸早就做好了充分的准备，一边带我们参观各种实验室，一边进行专业的讲解，并拿出了自己珍藏的图片资料和正在研究的项目标本——蛹虫草。从植物繁衍的生命过程到区分细胞的优劣，邢容爸爸讲得生动传神、深入浅出，孩子们听得更是聚精会神、兴趣盎然，就连我们这些大人也都听得津津有味、认真专注。孩子们也纷纷向邢容爸爸提出自己的疑问，有些简单的问题我们的邢容——邢助教就帮我们解答了，有些过于专业的问题则由邢容爸爸负责答疑解惑。最令我们兴奋的还要数最后邢容爸爸为我们安排的亲自动手培育蛹虫草的科学实验。孩子们万万没有想到，他们这么小的年纪也能像真正的科学家一样在真正的实验室里做自己的科学研究。孩子们所有的目光都聚集在一个可以隔离空气的大操作台上，所有的耳朵都在倾听科学家叔叔为大家讲解的每一个细节、每一道程序。上台操作的每一双消过毒的小手都激动地进行着并不娴熟的动作，脸上却都洋溢着如花般的笑容。当孩子们把自己的试验品装进密封瓶中拿出来的那一刻，没有一个孩子不沉浸在成功的喜悦中。他们相互比较、观察着自己的虫蛹，相约要比一比谁的蛹虫草能培育成功。

时间过得真快，短暂却难忘的科学小讲堂下课了，它激发了孩子们探索科学的兴趣和热情。孩子们恋恋不舍地走出科研楼，带着自己的密封瓶，带着自己的科学梦想，带着这一生中难忘的参观和实践经历，带着这份与同伴相处的愉快回忆。走在夕阳下，我看到了他们比我还高大的身影，听着他们欢快的歌声，我感受到了他们的幸福，也看到了教育的希望。

自从"特色家访"活动开始后，孩子们果然有了翻天覆地的大变化。开学后没多久，我就发现很多孩子自觉为班级带来了盆栽、鲜花、金鱼和小龟，既美化了班级环境，又增添了生活气息。一次南、北校区教师的英语交流课在我们班开展。刚一进班，就给很多到我们班听课参观的教师留下了非常美好的印象，评课专家刘老师"How beautiful!"(太美了!)的一句赞扬，更是给了孩子们和我极大地肯定和鼓励。图书柜也在不经意间补充了更丰富的内容，还有孩子主动承担图书管理员的任务，利用课间和中午让学生借阅，让图书流通起来。在此基础上，我们通过开展各种读书活动，如小小读书交流会，朗诵短片录制等，调动了孩子阅读的积极性。这学期我们班级的卫生也得到了大大的改善，因为每一个孩子都发挥了自己的作用，他们把这块小小的乐园当成自己的家。这个特殊的家给每一个孩子提供了交流、互助、活泼发展的平台，它对孩子起着濡染、熏陶的作用，对孩子的生命成长有着不可替代的作用。小改变却为我们营造出了朴实和谐、充溢着人文色彩的班级文化氛围，给孩子们增添了生活和学习的乐趣，让班级展现出了无穷的教育魅力。

——杨秀侠，《我的特色家访》

友好邻里的"特色家访"不仅改变了以往教师一家一家串时间紧、任务多的弊端，而且拉近了邻居之间、家校之间的距离，把一家一家串的时间用在和家长、和孩子的沟通上，用在探讨问题上，用在解决困难上，既节省时间，又减轻负担，具有极高的可操作性。它具有以下三个特点。

第一，在访问形式上敢于突破。它突破了家庭界限，由临近的同学、家长共同组织活动，在活动中拉近家校距离，密切邻里关系，加深家长与教师的关系，更让教师深入了解孩子的真实生活，变“一对一采访式家访”为“一对多互动性交流”，变单纯的“访”为“真情互动、实感触碰”，变“问”为“随意地聊、放松地谈、适时地教”。这种形式既节省孩子、家长和教师的宝贵时间，又能让教师充分了解孩子的真实生活现状，发现孩子生活中的闪光点和问题所在，便于教师和家长相互了解学生情况、家长之间相互交流教育经验、生生之间增进彼此感情。对于家长的文化水平、职业状况，尤其是家庭教育观念、教育方法，家长对学校和教师工作的意见与要求，在亲切友好的谈话中教师也自然可以了然于胸，以此有利于家长与教师就共同教育学生的问题，在加强沟通后产生共识，形成合力。

第二，在内容上大胆创新。家访形式的改变，带来家访内容的更新，得到了家长们的认可，家长们积极主动参与教师活动计划，有的家长结合自己的工作、生活献言献策。在整个过程中，教师以尊重家长、一切为促成学生的健康成长为出发点，设计、组织各类活动，让孩子充分展示自己的才华、充分享受亲子愉快时光、充分感受朋友间真挚的友谊、充分体会教师和家长对自己的期许。

第三，设计理念符合时代要求。家长从事各种工作和职业，而且性格以及阅历都千差万别，与之面对面接触和沟通，能给孩子们提供一个广泛了解社会、认识生活的好机会，对丰富孩子们的生活知识和社会经验大有好处。因此教师充分挖掘家长资源，发动孩子与家长共同参与，开展相应的主题活动，带给孩子丰富的教育内容，使孩子了解更多的课外知识和信息，获得更丰富的情感体验，这不仅提高了孩子的积极性和自信心，而且能让孩子体验到亲子共同学习的快乐。师生共同成长，同时也丰富了班级活动，填补了学校、班级活动的空白，做到了学校教育与家庭、社会教育的优势互补，有利于教育资源的充分利用，增强教育趣味，同时也增强孩子的责任感和主人翁意识。

相识是杯醇香的酒，相逢是首优雅的歌，家校因为孩子走到了一起，成了朋友，成为共同实现教育理想的伙伴。

三、深受欢迎的“师友高招”

为充分发挥家校共育的作用，激发家长参与学校工作的热情，我们特别开设了“家长讲堂”活动，邀请来自各行各业的家长根据自己的专业特长，为学生授课，让学生体会别样的学习感受，这些活动被教师们称为“师友高招”。

给你一张白纸你能做些什么？这似乎是一个非常简单的问题，但放到五(5)班就不是一个简单问题了。2012 年 6 月的一天，五(5)班开展了以“我思考·我创造·我快乐”为主题的班会活动，在活动中就提出了这样的问题。

活动刚开始，作为班级家委会成员、特邀嘉宾的小思妈妈发给每个孩子一张白纸，并提出一个问题：“给你一张白纸，你能做些什么？”这个问题把孩子们都问愣了：还以为又要听写，又要默写古诗呢，原来不是呀！

过了一会儿，一个孩子说：“我能用它叠小船。”别的孩子纷纷举手说：“我也会！我也会！”小思妈妈提醒：“除了叠小船，还能做什么呢？”大家想了想又争先恐后地说了起来：“我还会叠青蛙。”“我会叠小兔子。”“我会……”“我会……”

接着，大家都做好了自己的手工制品，有小船、小青蛙、小兔子……小思妈妈又启发大家：“能不能让它们更漂亮一些？”于是大家又各自想办法，涂颜色、画花纹、缠丝线……作品越来越漂亮了。

小思妈妈看着大家的表现，非常满意，继续提出了一个新问题：“如果有很多张白纸呢？如果再加上别的材料呢？……你还能做出什么？”孩子们又陷入了沉思，不一会儿，新的创意又出来了：加入彩泥、皱纹纸、硬纸卷等材料，做立体贺卡，过新年可以用！太棒了！马上动手，说做就做！孩子们纷纷动手做起来，我边走边看着，孩子们太有创意了，孩子们很有智慧，他们眼中的世界是那么的美妙。下课的时候我和特邀嘉宾小思妈妈评选出了十个最佳作品，发奖以资鼓励，另外每个人的作品我们也都拍照留念。

一节课的时间里，孩子们从开始的不知所措、想法单一，到后来的立体思维、多种表现，临近下课时，每个人都已经将那张白纸变成了作品。孩子们一个个争相将自己亲手制作的生动立体、色彩丰富的作品呈现出来，他们讲解自己作品的创意，也为自己的创意感到骄傲。孩子们在这么短暂的时间里一个个实现了对自我的肯定和认知，活动极为成功。

其实，孩子们的思维就是一张没有边界未经涂抹的白纸，我们要做的是让孩子们开动脑筋，充分发挥想象力和创造力，脑与手结合，为孩子们提供一个不断创新的发展空间。

——魏志勇，《“师友高招”见奇效》

想象力、创造力、动手实践能力向来是推动人类一切科学发展的源泉。创新能力、动手实践能力是孩子们必须具备的基本素养。作为教师，要充分挖掘教育资源，特别是发挥家长资源，令孩子们开阔眼界，令孩子们学到书本上学不到的东西。作为教师，我们不是全能的，但我们会引进各种资源，让更多的“师友”进入课堂，为孩子们创建更多的平台，为孩子们的成长助力。这是一个现代的教师要做好的工作。

一天中午，我正在讲台旁边给孩子们盛饭，一连好几个男孩子只要米饭不要菜，我心里犯嘀咕：“这是怎么回事啊？是不是孩子们相互传染，比着不吃菜啊？孩子们正在长身体，这个风气可不好，但这个班的小家伙可不是好对付的，直接说肯定不行。怎么办呢？”还没有想好对策，忽然下面传来一阵吵闹声：“给我一点！”“让我尝尝！”寻声望去，几个小脑袋紧紧凑在一团，正在往自己的饭碗里抢着什么，我停止了分饭，教室里安静极了，几个小脑袋也四散分开，各自回到自己的座位，他们饭碗里的情形顿时让我惊讶：一碗碗米饭，添加了辣酱。

看着孩子们惊恐的眼神，我只是说：“吃辣的东西很容易上火，孩子们尽量少吃一点，别忘了多喝水。”说完，我继续给孩子们分饭。

事后我了解到，小罗从家里带了辣酱，早就约好和其他同学分享这瓶美味。家长以为孩子佐餐，没想到孩子会米饭拌辣酱吃到肚子里，家长告诉我，很想让孩子好好吃学校的营养均衡的饭菜。我把苦恼告诉了当医生的家长：“每天中午，孩子们会剩下很多饭菜。有的孩子在饭前吃很多从家里带来的零食，结果就吃不下学校的饭了，到下午放学的时候，孩子们又饿得不行，饮食没有规律，会影响孩子成长……如果您能从专业的角度给孩子们讲讲就好了。”于是我们就请了我们的“师友”给孩子们上了一节生动的课。

2013年9月20日，在五(1)班李延枫同学家长的陪同下，海淀区妇幼保健院儿童保健科刘秀芹大夫来到学校礼堂，为五年级学生做《儿童营养和合理饮食》的讲座。

五年级各班在班主任和家委会的组织下，秩序井然。刘秀芹大夫用鲜活的事例和生动的语言，给孩子们讲了关于健康饮食的相关知识。孩子们明白了很多课堂上学不到的知识，知道了要想养成正确的饮食习惯，生活中就要做到：好好吃早餐，不挑食，爱吃蔬菜，肉蛋奶饮食均衡，减少洋快餐，拒绝甜饮料，拒绝小零食等。

讲座之后，我们还进行了相关知识竞赛，孩子们在竞赛中，积极参与，踊跃发言。活动结束以后，家委会将制作精美的卡片发给每一个孩子，以提醒孩子们经常注意。

从此，孩子们再也没有带牛肉干、糖果、水果等小零食的现象了，挑食现象也减少了许多，孩子们遇到不爱吃的也愿意尝试吃一点，对学校的饭菜也知道从蔬菜、肉类、米面等营养均衡方面来评价了。孩子们吃得心情舒畅，家长对学校的饭菜也满意。

——杜英民，《家长讲坛，为孩子健康成长助力》

除了上述活动之外，各年级各班充分挖掘家长资源，为孩子教授各类课程，家长课堂成为学校课程建设的亮点，“师友高招”也成了推进家校合作的品牌工程。我们先后邀请海淀妇产医院的医生、刘芯源的妈妈讲授青春期的知识，邀请翻译家李之义爷爷讲授“悦读课程”，邀请青年书法家、书法教育家刘宝民讲授书法课程等。这些授课家长全部是在校学生的家长，“由家长告诉家长”“家长里短”尽显家庭教育哲理。所有参加活动的家长，除了不断报以热烈掌声外，每人都在笔记本上记下了授课家长的经典语录。“回家后，好好琢磨消化，希望以后经常能听到这样真实的家教经验。”一位家长颇有感触地说。

家庭是社会生态系统的细胞，是孩子的第一所学校，也是学校绿色教育生态的重要组成部分。深刻、全面和真实的教育，必须是在家校共育下的合力教育。本着对美好教育的追求，我们从一个小小的“平稳度过一年级”课题开始，不断探索家校合作的路径，进而引发了我们学校整体家校文化的变革，使学校和家庭真正走到了一起，成为孩子健康成长的有力支撑。

第六章　学生在我心中

热爱学生是教师崇高的职业道德，是教师特有的一种宝贵的职业情感，是良好的师生关系得以存在和发展的坚实基础。教师对学生的爱，不是来源于血缘关系，也不是来源于教师的某种单纯的个人需求，而是来源于教师对教育事业的深刻理解和高度责任感，来源于教师对教育对象的正确认识、满腔热情和无限期望。因此，我们说，师爱是一种充满科学精神的、普遍、持久而高尚的爱。教师越是满怀深情地去爱学生，就越能赢得学生对自己的爱，良好的师生关系就越能迅速地确立起来并得到健康发展。这种爱的交流是学生成长的催化剂，它可以有力地把学生吸引到教育过程中来，激发学生进行自我教育的动力，推动学生朝着培养目标指引的方向去攀登。

第一节　特别的爱给特别的你

“学生在我心中”是我校一直倡导的教育主题。随着社会的发展，特殊学生越来越多，有的因自身因素、家庭环境等种种原因成为“问题生”，有的因社会因素变成“弱势群体”，还有的由于身体状况变成被关心、被照顾的对象等。这些特殊学生为我们的教育管理增加了很多难度。对于如何帮助学生走出困境，学校党总支在全校教职工中开展了“大手拉小手”活动。一方面，引导教师关注特殊学生的成长需求，加强“润物细无声”式的辅导教育；另一方面，带领教师开展特殊学生的教育研究。为此，学校聘请专家进行讲座，开展心理培训、个案研究，还积极组织师生趣味运动会、教育故事分享会等活动，让教师在掌握特殊学生教育策略的同时，提升师德修养，强化以生为本的意识。再一方面，及时伸出援助之手，积极为学生排忧解难，在精神和物质上关心学生，为他们送去温暖，让学生树立自信心和战胜困难的勇气。

一、面对“问题生”

“问题生”是每个班级中老大难的问题，是特别需要关心的群体。虽然“问题生”的人数在班集体中所占的比例很小，但对他们的关心是否到位，将直接影响班风、学风的形成。

“问题生”成因很多，自身因素、家庭因素以及学校社会等多种因素都会造成学生的发展困难。近年来，随着家庭教育造成“问题生”的比例呈上升趋势，部分家长对于孩子，重养育轻教育、重生理轻心理的情况相当普遍。持这种观念的家长往往把教育视为学校的责任，他们自认为家长的义务就是解决孩子的吃穿住用。这样的家长，他们往往只会用物质需求的满足程度来衡量自己对孩子所尽的责任，从而忽略了孩子的精神需求与心灵的发展。在这种家教观念的影响下，一些学生的需求发展出现了畸形，高级需求——精神与道德的需求萎缩，给学生带来一系列心理和行为障碍。

作为教师要深入分析“问题生”形成的原因，优化教育环境，引导学生正确认识客观世界，还学生以本应该拥有的幸福与充实的精神生活——这又必须从每一位“问题生”独特的精神需求入手。我们的教师们想尽办法来解决这些“问题生”的问题。

还没接班，我就对“老朱”有了全面的了解。这个学生在学校里很“出名”，十多岁的年龄就长到了一百三四十斤，个子高得与教师持平，又因为姓“朱”，在教师圈里都把他称为“老朱”。“老朱”属于比较特殊的学生，在他的思想中，一切归因于外，总是别人不对。这个班换了几任班主任，对他的教育效果都不明显。时间长了，科任教师对他也听之任之，其实这对他也是一种放纵。当处理不了时，教师就把问题上交到学校，学校也没有什么特别好的处理方法。另外由于“老朱”经常犯错误，经常受到大家的指责批评，他变得更加“敏感抵触”“顽固不化”，更加“放肆”了。

刚接手“老朱”所在班的英语教学时，班主任就告诉我，班里就是“老朱”很难管，只要管住他，这个班就好管多了。于是，我决定我的教学工作从“老朱”开始。观察了几天后，我发现“老朱”的爸爸非常娇惯他，每天中午都亲自把午饭送到学校。他和爸爸之间主要通过微信联系，他也非常喜欢用手机。能否通过微信建立起我和他之间的联系促进他进步呢？有了这个想法后，我便征求“老朱”的意见，这个建议很快得到了他的同意。就这样，我和“老朱”建立起“网友”关系。

我认为教师的任务不仅是教知识、讲道理，更是为促使学生成才、成人而创造条件。要让学生相信你，愿意你为他服务，你就必须坚持一个“诚”字，以诚待人，以诚取信。从第一节课开始我就对“老朱”给予特殊的关注。他善于表现自己，我就给他表现的机会，每当他上课表现突出的时候，我就在微信中点“赞”，表扬他、鼓励他，多说优点，适当提出一小点改进意见。一来二去，我们之间还真的成了朋友。课下他也会主动找我背英语单词，背会后我又在微信里表扬他。仅仅一个月，他在各方面都有了较大进步，不少教师都说他变了，“换了一个人似的”。我体会到，只要你诚心诚意地去为学生服务，并晓之以理，动之以情，相信我们的学生不是“顽固不化”的。

一天晚上，我突然发现在我和“老朱”的微信圈里，“老朱”的爸爸也点出了“赞”，不过这个“赞”是送给我的，他感谢我对“老朱”的关心，说孩子回家之后经常提到我，作业也按时做了。看到“老朱”的转变，我非常高兴，对“老朱”的关心也更多了。他的衣服有时穿的不正，我会替他把领子翻好，把扣子替他扣好，经常摸摸他的头等。通过我对他细致入微的关爱，让他真正感觉到我对他是真实、诚恳的。

我也知道对学生的“爱”不仅是表扬，“严”也是一种爱。我们的学生犹如一棵棵正在成长的小树，既需要阳光雨露的滋润，又需要施肥剪枝除虫的管理。有一次上课时我批评其他没有完成作业的同学，“老朱”在旁边幸灾乐祸，嘲笑别人。这时我也在犹豫，是冷处理，还是对他进行严厉的批评。最后我选择了后者，因为他有多大的“问题”也不能挑战教师的权威。如果这次我没有理他，像其他教师那样进行冷处理，那么以后他会变本加厉，肆无忌惮。我对他大吼一声，他傻了，没有想到我能对他嚷嚷，站在那里静静地看着我，一声不吭。我马上又把他叫到了教室外，对他进行批评教育，给他讲道理，他低下了“高傲”的头，没敢对我进行顶撞，并给我道歉。我看时机成熟又把他带回教室，让他把道歉的话重复了一遍，并接受了他的道歉。这时全班同学都用异样的眼神看着我，因为以前发生这种情况，教师都对他无可奈何，让同学不要惹他。我赶紧借着这件事对其他同学进行了思想教育。

在这短短的一个学期，通过对“老朱”的教育，我深深体会到“问题生”的转化是至关重要的，是难点，也是重点。我们常常会抱怨“问题生”成绩差、不懂事，但是仔细想一想，我们又给了他们什么？其实只要多用心，就不难发现，只要给“问题生”多一点的关注，让他们的优点得到大家的肯定，让他们感到教师爱他们，就会增强他们的自信心和自觉性，从而获得更大的进步。

——付占江，《我和“老朱”的故事》

教师把一流的学生培养成一流的人才，只能算二流、三流的教师，把非一流的学生培养成一流的人才，才真正是一流的教师。任何优秀教师都是因为对非一流学生的培养获得成功，而成为真正的教育家的。在万泉小学有着许多像付占江老师一样的“教育家”，他们以教师的责任与担当改变着班集体，改变着“问题生”，改变着每一位学生，改变着一切。他们默默无闻、锲而不舍地耕耘着，也正是因他们的努力与坚持，我们才看到了那些“迟开的花朵”的进步与成长。

还有一些学生由于家庭生活优越，学生本身的确具有某些方面的优势，比一般的学生做得要好，他们自然会有一种发自内心的自豪，同时也容易产生骄傲自大的心理。正是他们的“骄傲自大”，使得他们把自己独锁在“骄傲王国”里，变得狭隘、自私，但他们自己却全然不知，这也使得他们的父母苦恼不堪。这些骄傲自大的学生常在自己的周围竖一道无形的“墙”，形成与外界的隔膜，很难或不愿和同学们友好相处，因为他们不能做到平等对待，总是以高人一等的态度对待别人或喜欢指挥别人。这些学生不能简单地用“自以为是”“不听话”来概括。实际上，这种“自以为是”是人类心理的正常反应，教师把脉准确、策略得当，才会收到好的效果。

贝贝在我们班里学习成绩一直名列前茅，可每次选举，投她的票数都很少。我观察发现，她对所有的同学都很冷淡，只沉浸在自己的世界中，每日以书为伴，很少帮助同学。她的目光中总有一种挑剔、一种不屑、一种傲气，让人觉得她冷冷的。她还常常骄傲地说：“我是美国人。”

我调查发现，她父母是中国人，也都在中国工作。只是妈妈怀孕的时候在美国生产了她，因此取得了美国国籍。每个假期父母都会带她到美国度假，自然而然她把自己看成了美国人。在她幼小的心里，美国人自然“高人一等”。

在和贝贝妈妈沟通中，我了解到她的妈妈也很担心忧虑她的现状，又不知怎样引导。于是我便和贝贝妈妈聊了起来，从家庭环境谈到父母教育方式，从孩子的表现谈到孩子的交往情况等，这也使我对贝贝有了全面的了解。在交流中，我在心里也形成了几点教育策略，我试着和贝贝妈妈进行沟通。

“贝贝妈妈，优越的家庭条件容易滋长孩子虚荣自傲的心理，这是正常现象。您认为呢？”贝贝妈妈点头便是赞成，我接着说：“父母应该成为孩子高尚人格的榜样，要谦虚友善，我建议不要在孩子面前表现出骄傲情绪，以免孩子受到不良影响。”这回贝贝妈妈有些醒悟了：“这都怪我们，每天都和孩子说，你是美国人，将来如何如何的，以后我们再也不说了。”

看贝贝妈妈非常诚恳的样子，我又帮她分析了几点。第一，孩子出现骄傲自大的坏毛病往往是过高地估计了自己，认为自己比谁都强，只看到自己的长处，看不到自己的短处，拿自己的长处比别人的短处，他们大都爱以自我为中心。遇到这种孩子，家长万万不要再事事都“夸奖”，在表扬孩子时，要高度重视感情的作用，尽量做到“浓淡”适度。第二，要让孩子学会正确地评价自己，既认识到自己的长处，又看到自己的短处。告诉孩子团结的重要性，在交友时知道应该怎样做和不应该怎样做，并加以必要的训练和指导，使其养成良好的行为习惯。第三，家长要本着以精神鼓励为主、物质奖励为辅的原则。因为过多的物质奖励，有时会强化孩子沾沾自喜、高傲自大、忘乎所以甚至不思进取的心态，要防止他们被夸奖声和赞许的目光所包围，防止因获得过多的物质奖励而产生畸形的满足感，懒于进取和努力，从而削弱进取意识。最后，我还叮嘱贝贝妈妈要时刻观察孩子的心理变化和行为上的表现，一旦发现骄傲心理“春风吹又生”的趋势，就要及时批评教育，去除孩子骄傲自大的心理。

在给家长提建议的同时，我也在日常工作中，特别关注贝贝。我引导她和同学一起玩，在她的建议下，同学们还玩出“品位”来。学生们在班里建立了“多彩话剧团”，我夸奖她读书多，让她来担任团长；学生们在班里建立了“小作家文学社”，我悄悄地向班长推荐，建议她来担任文学顾问，请她参与审核等。她很惊讶大家对她的认可，还认真地帮助大家修改文章。现在，已有学生的文章获奖和发表，她也感受到帮助别人带来的幸福。

——林波，《贝贝的转变》

每一个孩子都在成长状态，都是刚刚露出土壤的幼苗。自然生长，尽心呵护；出现问题，认真把脉。用一双慧眼、一颗慧心去帮助孩子们。让我们俯下身来，走进孩子们的内心世界，携着他们的手，用真情凝视他们，守望他们的幸福成长。

二、争做“万泉好男儿”

在小学阶段，有着这样特殊的现象：几乎在所有班干部、队干部中男孩所占的比例很小，特别是通过竞争选举出来的少先队大队干部几乎是清一色的“娘子军”。是女孩比男孩成熟早？是女孩天生“听话”，自律强，能以身作则，比男孩更具备领导能力？是小学阶段女教师数量占绝对的优势影响着孩子们的性格形成？这些无从知晓。但“阴盛阳衰”现象越发明显，“娘娘腔”的男孩大量存在，勇敢正直、宽容豁达、充满爱心、坚强执着、有责任感、有毅力、不软弱、不服输、能承受各种打击和挫折的阳刚男孩越来越少。在众多的班级中，常常看到“娘子军”们的风采，一个个“弱小”的女干部常常把“高大”的男孩训得服服帖帖，这是小学教育不可忽视的现象。培养校园好男儿的工作迫在眉睫。

“‘万泉好男儿’开始招募了！”2011 年春季的一天，学校广播站传出了这个振奋人心的消息。一时间学校像炸开了锅一样，各个角落都张贴了“‘万泉好男儿’招募公告”，各个楼层都能看到男孩们围绕着公告看来看去，仔细阅读的情景。

“这是真的吗？”“学校志愿者也要有男孩名额？”“小干部竞选也要有男孩名额？”“我要是被选上了，从此再也不受女孩气了！”“还要有男孩展示活动？太棒了！”男孩们兴高采烈地议论着。

在公告栏附近同样也围绕着女孩：“就你那样还要当志愿者？还要当班干部？一边待着去吧！”女孩们也不服输。“就你们女孩表现好？咱们走着瞧！”男孩们也叫起了板。

在孩子们的热盼中，招募活动开始了。活动程序有三关。第一关，“万泉好男儿”募选关。这一关要经过三轮比拼：比爱校、比站姿、比服务。第二关，行为考察关。把募选过关的好男儿们安排到学校的各个岗位，如志愿者礼仪服务岗、志愿者迎宾服务岗、两操管理纠错服务岗等，进行锻炼并加以考察。第三关，“万泉好男儿”述职关。前两关的过关者对自己的表现进行总结，我们对其中表现优秀的男孩授予“万泉好男儿”称号。

在“万泉好男儿”募选关中，我们常常会看到男孩们随手捡垃圾的身影，也会看到课间操时站得笔直的好男儿的英姿，还会看到他们主动帮助低年级小同学的场面；在行为考察关中，楼道礼仪服务岗的好男儿们整洁的装束、阳刚英气的站姿、彬彬有礼的谈吐为同学们做出了榜样；在“万泉好男儿”述职关中，男孩们同样侃侃而谈，同样有条有理地阐述自己的表现。

“谁说小学男孩不如女孩？那是你们没有为我们搭建展示平台！”“谁说男孩纪律涣散，不听话？那是你们没有充分挖掘我们的内在潜力！”“谁说男孩爱打架，动不动就武力解决？那是你们没有理解我们的沟通方式！”“万泉好男儿”表达出自己的心声。

“万泉好男儿”活动，从募选到考察，从考察到述职评选，一个环节紧扣一个环节，结果重要但培养过程更重要。在这一活动中，我们看到“万泉好男儿”的成长，看到了学校在管理机制被激活后产生的重大变化。我们为万泉喝彩，为孩子们的成长喝彩！

——李寒，《万泉好男儿》

“万泉好男儿”活动不仅男孩们喜欢，女孩们更喜欢。女孩们说，开展这样的活动，让男孩不“傻疯”、不“傻打傻闹”了，男孩那种有正义感、敢作敢为、坚强、有毅力、不软弱、不服输、讲谦让、彬彬有礼、宽容豁达、心胸开阔的形象又回来了。男孩们说，开展这样的活动，让我们知道作为好男儿应该做什么、不应该做什么、应该怎么做、不应该怎么做，这样的活动我们喜欢。

“万泉好男儿”活动也引起了家长们的广泛关注，许多家长发来短信、打来电话称赞学校的活动是面向未来发展的教育工程。为使家长和孩子们进一步提高认识，2015 年 5 月 8 日我们还请来了北京大学三宽家长教育科学研究院高级讲师、青少年心智成长教练高建伟老师走进万泉小学，为全校家长和孩子们举办了一场主题为“做勇于承担的男子汉”的讲座。家长们在高建伟老师深度剖析“承担、有担当”的内涵和外延中，感受到作为新世纪的好男儿在重大抉择面前，要选择担当，要为美好的未来去奋斗，深切感受到培养好男儿是利国利民、面向未来发展的一件大事。

“少年智则国智，少年富则国富，少年强则国强，少年独立则国独立，少年自由则国自由，少年进步则国进步，少年胜于欧洲，则国胜于欧洲，少年雄于地球，则国雄于地球。”梁启超先生曾经写下的这样一段激荡人心的文字，在现代化的今天同样让我们感受到它的魅力所在。

三、爱心在传递

“人有悲欢离合，月有阴晴圆缺。”任何时候，任何人，任何事情都没有十全十美，都有不尽随人意的情况。孩子的成长过程也一样。在孩子的成长过程中，难免会遇到大病小灾。作为学校，作为教师要伸出援助之手，积极为孩子排忧解难，在精神和物质上多关心孩子，为他们送去温暖，让孩子树立自信心和战胜困难的勇气。

张依然，我们五(9)班的班长，一位优秀的学生干部——她品学兼优，深得教师们的喜爱和同学们的信赖，曾经多次在各种比赛中获奖，被评为区三好学生，是同学们学习的榜样。

就是这样一个大家眼中的优秀女孩，2012 年 1 月初的一天，突然被查出身患急性淋巴细胞白血病。当她爸爸把确诊的消息告诉我的时候，那声音略带哭泣听得出极力压抑着痛苦。我惊呆了，特别是听说她也许一年内都上不了学，只能在医院里接受治疗。她得知病情时也哭了，她说再也看不见那些好朋友了，再也不能和他们在一起读书玩闹，她几乎不敢相信这个事实。听到这些我的心也仿佛被重重地一击，满是压抑和遗憾。后来她向爸爸表达了自己的愿望，说她还想继续上学，不想落下自己的功课，不想休学，不想离开五(9)班，不想离开那些和她一起学习了五年的同学。我被深深地震撼了！多么坚强的孩子！原本我只知道她出生在一个普通家庭，爸爸原是一名普通职工。现在我了解到她父母早已离异，现在家中三人——奶奶、爸爸和她祖孙三代相依为命。奶奶身患尿毒症，每周要进行三次透析，年花费八万元左右。我又被这个家庭震惊了——这可怎么办?!

这样一个优秀的孩子，这样一条鲜活的生命，作为我的学生，作为我们万泉小学的学生，我不能放弃她。此时我能为她做些什么呢？此时这个家庭和孩子最需要的不就是关心与支持吗？赶在放假的空当我来到了她的家，看到她家中普通的不能再普通的摆设和张依然因为化疗已经憔悴浮肿的脸，我的心颤抖了，我把带给她的礼物和几本励志的书送给她，嘱咐她安心治疗，绝不能放弃，又安慰她爸爸要坚强，照顾好家庭，照顾好自己，放下几百元钱离开了。

病魔无情，人间有爱。为了更好地帮助张依然，开学不久，在全班同学的倡议下，“感动九班，爱伴成长”主题班会召开了。在班会上，同学们在“希望树”上张贴上一张张心愿卡，为她献上亲手折的一只只千纸鹤、一颗颗幸运星，还送来一个个鼓鼓的装有同学们压岁钱的红信封，共计两万多元。接过这些沉甸甸的饱含真情的红信封，张依然的爸爸感动得热泪盈眶，泣不成声。这次班会每位同学都积极参与，加深了珍惜幸福、关爱他人的认识，懂得了人与人关爱的重要性，同时也感悟到在成长的道路上只有团结起来，共同面对困难，才能战胜困难的道理。与此同时，大家也让张依然感受到生活是美好的，苦难是暂时的，人心是向善的，只有不灰心、不放弃、树立信心，才能有与病魔抗争的力量。

爱心在传递，爱心在蔓延。消息传到学校，很快全校师生掀起了帮助张依然活动的高潮。为了帮助张依然渡过难关，学校南北两个校区组织了“帮帮身边的小伙伴”义卖、教师捐款的活动，又在全校师生中宣传了张依然的遭遇，并在自愿的前提下组织全校同学开展了为张依然爱心捐款的活动。义卖那天，每个班都设立了自己的展台，还组织了推销宣传员、售货员、收银员、记录员等志愿者为活动提供服务。为了使商品能够尽快销售出去，每个班都制作了感人的宣传海报，努力吸引各位“消费者”的眼球，尽快将本班商品卖出。各位“消费者”热情地拿着爱心币使用英语交流着，纷纷慷慨解囊购买心仪的商品。这次活动商品的价值远远不能用金钱衡量，因为全校同学在踊跃购买商品的同时更是奉献着一份浓浓的爱心——每件商品的背后，凝聚着人间大爱，在爱心传递的过程中，爱正在以N次方的形式不断扩大！

张依然的病情也牵动了学校领导的心，景校长代表学校也送来了关怀与温暖。2012年5月31日星期四，在“六一”国际儿童节来临之际，景校长、德育李春洁主任、王珅主任、大队辅导员李寒老师带着我和三位学生代表特意赶到医院去看望张依然，把为张依然捐赠的爱心基金款项和儿童节的祝福带给她。景校长、李春洁主任和我把学校师生送给张依然的小礼物转交给她。学校领导还特地为张依然买了一个娃娃发套，希望能还原她那美丽的容貌。接到景校长带来的爱心基金款项，张依然的爸爸感动得眼泪在眼眶里打转。收到景校长特意在义卖活动中为张依然选购的玩具小牛、二(1)班同学送给她的玩具熊、周新然老师为她选购的漂亮连衣裙、三(7)班同学亲手为她折叠的1000颗幸运星以及很多封来自同学的慰问信和儿童节贺卡，张依然激动地说："感谢校长，感谢老师们，感谢同学们。我一定坚强起来，以阳光的心态战胜病魔，争取早日回到同学们中间。"

期末，张依然被评为了校级明星——自强不息之星。作为学校明星的代表，新学期开学典礼上，她这样说道："我知道，我只是万泉灿烂群星中的小小一颗，这份荣誉是对我的肯定，更是对我的鼓励。谢谢老师们、同学们对我的关心和支持。是你们的关心，给了我自强不息的坚定勇气，是你们的支持，让我对人生充满了信心与希望！今后，我会继续刻苦学习，努力奋斗！新的学年开始了，我愿和同学们一起努力，让我们在万泉美好的大家庭中，感受美，践行美，成为一颗又一颗闪光的明星！"

——张丽萍，《帮帮身边的小伙伴》

人生在世，没有一帆风顺的，都会遇到一些坎坷。有时候坚强一下就挺过去了，有时候却需要在别人的帮助下才能挺过去。而此时，你的帮助是别人最大的幸福。正是"平凡之中见伟大，危难时刻见真情"，困难时帮助你的人，才是你真正的朋友，才是你应该永远铭记在心的朋友。

人生中，不仅要锦上添花，更要雪中送炭。替人锦上添花者，也许获得的只是一个礼仪式的微笑，而为人雪中送炭者获得的却是一个心存感激的眼神。"花"可以养眼，"炭"却可以暖心！花团锦簇如过眼烟云，转瞬即逝；留驻内心不逝的炭火，将永远在内心深处留下永不磨灭的烙印！

在张依然同学最困难、最无助的时候，万泉小学全体师生送去了温暖，送去了关怀，送去了爱心，使张依然同学感受到大家赤诚的心。她忘记了病魔给她带来的痛苦，虽然在家休息，但丝毫没有落下功课，一有时间就看书学习，不懂就问同学和教师。在一年多的时间里她坚持完成作业，也阅读了大量的课外书籍。2013年，她又回到了校园，投入到毕业考试的复习中来。她说，要和同学们一起毕业，画上一个圆满的句号。同年7月，她顺利地拿到中学的录取通知书。当看到那份崭新的录取通知书时，她笑了，师生们也都笑了，因为这让我们看到了集体的力量让一个生命又焕发出了新的生机。

第二节　朵朵花儿都能绽放

学生是活生生的人，他有他的个性，有他的爱好，也有他的弱点，更有他的天生不足之处。可以说一个学生一个模样，一个学生一个成长历程。但是，我们相信，每个学生都是一朵花，每朵花儿都能绽放，只要我们换一种眼光，换一种思路，换一把衡量的尺子，就会发现我们的学生身上都蕴含着不同的成长种子，都会成就一番别样的天地。我们相信多一把尺子，就会多一批好学生；多一把尺子，就能多激励一批学生进步与成长；多一把尺子，就能培养出多姿多彩、符合社会发展需要的多元人才来。

一、为你一路开绿灯

在生活中，我们经常会发现在某一个领域有天赋、有专长的学生。如果用统一的标准衡量这些学生，不仅不能为这些学生提供发展的空间和时间，而且还限制了这些学生的发展。这些学生往往会被"标准"衡量"死"，限制"死"。如果我们在工作中有一颗善于发现学生才能的心，有一份敢于放飞学生理想的勇气，这些学生的潜能就会被激发出来，取得意想不到的实效。2013 年毕业的贠思齐，就是这样一位杰出的学生。对于贠思齐这样的学生，学校领导、教师没有追求简单的"平等"，而是与家长密切配合，按家长所需一路开绿灯。学校不怕麻烦，给学生更多的自由时间和空间，让学生像雏鹰一样在天空中自由翱翔，像鱼儿一样在大海中任意遨游。

贠思齐，现就读于北京德威英国国际学校及中央音乐学院附中钢琴专业班，师从张晋教授。2007 年 9 月贠思齐进入万泉小学一年级学习，2013 年小学毕业后升入中央音乐学院附中钢琴专业班学习。因成绩突出，他屡次获得各类奖学金，并于 2013 年获中央音乐学院宋庆龄基金会—古驰音乐基金会奖学金。他曾多次参加各类音乐节及独奏音乐会，2013 年参加武汉音乐学院建校六十周年系列音乐会演出，同年荣获第十届乌克兰纪念霍洛维兹国际青少年钢琴比赛第二名，2014 年参加四川音乐学院第二届国际钢琴节并在闭幕音乐会上演奏，同年参加意大利阿玛菲(Amalfi)音乐节并入选年轻艺术家系列演出，2014 年获 CCTV(中央电视台)钢琴小提琴大赛钢琴专业青少年组金奖。

说起贠思齐，他2001年出生，四岁开始学习钢琴，对钢琴有浓厚的兴趣。小小的孩子每天要用4～6小时练琴，这对于一般的孩子来说，是非常困难的。可对于贠思齐，他把练琴作为一种快乐、一种享受。

进入一年级以后，班主任吴玉萍老师发现孩子这一情况，及时与音乐教师进行沟通，让音乐教师关注这个孩子的成长，同时向学校有关领导进行汇报，希望学校为孩子提供机会，加强培养。景校长了解到这个孩子的情况以后，亲自与贠思齐妈妈谈话。当了解到贠思齐的妈妈想让孩子上半天课，另外半天专心学习钢琴的想法后，景校长非常支持，特批了家长的请求："贠思齐是我们学校多年不遇的特长生，为了孩子的发展，家长的一切愿望，我们一路开绿灯。"景校长同时表示：如果功课落下了，我们会派教师专门为孩子补课。贠思齐的妈妈非常感动，依依不舍地离开了学校。

六年的时间转眼即逝，所有教过贠思齐的教师，都觉得他彬彬有礼，爱学习，肯钻研，大家都愿意给他补课。同时，大家也觉得给这样一些孩子补课是一种责任，更是一种自豪。

伴着孩子琴艺的提高，贠思齐的在外活动日渐增多，有时可能因为参加一些重要的国际比赛，半个月都无法参加学校的学习。遇到这种情况，贠思齐的妈妈总会提前跟他的班主任商量，请教师布置一些学习内容，让孩子随身带着，随时随地学习。贠思齐的妈妈也是一个对孩子很用心的好妈妈，她会针对孩子要学习的语文基础内容，给孩子进行辅导，对孩子不会的、不能理解的内容做好记录，孩子比赛结束回到学校后，及时向教师反映情况，及时联系各科任教师给孩子补课。

四年级班主任杜英民老师讲过这样的故事："有一次，孩子因为要参加一个国际性的重要比赛请假一个月。两周不见思齐了，心中特别牵挂。恰好思齐妈妈来电话说'孩子练琴练得很辛苦，压力特别大，这段时间很想念学校和老师，想回学校上半天课'。我放下电话，心想：我能为孩子做些什么呢？怎么减轻孩子的心理压力呢？哪怕能帮到孩子一点点也好啊！于是我给孩子写了一段话，贴在一个本子的扉页中，以鼓励孩子坚持。我把夹着老师和同学心声的本子，递到思齐手中，轻轻地对他说：'安心地去参加比赛，老师和同学们都期待听到你的好消息，都盼你回来！'"

在学校、家长、孩子共同的努力下，贠思齐在万泉小学学习期间，语文、数学、英语都达到了优良的成绩。有时因为比赛与期末考试时间冲突，学校还会给孩子单独设立考试时间和考场进行考试。

贠思齐升入六年级以后，随着年龄的增长，琴艺增长突飞猛进，在国内、外获奖的项目明显增多。为了支持孩子的特长发展，家长提出了休学的申请，学校很快为其办理了手续。景校长亲自嘱咐班主任杜英民老师："孩子虽然休学，但不能丢下他，对于学校的一些重大事项，一定及时通知到孩子和家长，让孩子能够参加的考试尽量参加，符合小学毕业标准。我们一定要让孩子毕业。"

对于在某一个领域有天赋、有专长的孩子，学校领导、教师给予的是不寻常的帮助，提供的是个性的辅导，没有怕麻烦，没有追求简单的"平等"，而是像春风一样，把风筝送上天空，像大海一样，给鱼儿畅游的空间。我们的每一位教师满怀着爱和希望做新时期的好伯乐，让每一个孩子都能在不同层次的舞台上驰骋。

——王吉根，《钢琴神童——贠思齐》

贠思齐的成功一方面归于他个人努力和具有得天独厚的音乐天赋，另一方面他的成功也离不开学校为他提供的宽松、和谐的学校环境。作为贠思齐一年级班主任的吴玉萍老师是一个有心的人，她在日常学习、生活中发现了情况后及时向音乐教师推荐并向校长报告，为贠思齐在以后的学习中得到学校人文关怀奠定了基础。景校长在贠思齐的成长过程中，起到了关键的作用。第一，她为孩子提供了灵活的学习空间。她认为小学阶段孩子的成长不仅是知识的增多、成绩的提高，更重要的是多元智能领域的发展。因此，她答应家长的请求，适当地为孩子安排半天学习时间，同时安排教师及时给贠思齐补课，成就了孩子的同时也成就了学校，贠思齐的成绩不仅是他个人的光荣，也是学校的光荣。第二，她为家长提供了教育咨询。小学时是否应该半天基础知识学习，半天专业课程学习，这在小学阶段还没有先例。一般情况是孩子进入中学，已经掌握了一定的基础知识，专业特长也非常明显后才准予半天在学校学习、半天外出学习专业课程。贠思齐与一般的孩子不同，他在小学阶段就已经表现出了较强的音乐天赋，半天在学校学习、半天外出学习专业课程更适合于他的快速发展。为了让家长安心，景校长特意叮嘱科任教师为贠思齐补课，给家长吃上了"定心丸"。

二、与“神舟”八号一起去遨游

2011 年 11 月 21 日上午 10 时许，这是一个历史性的时刻，更是一个令万泉人自豪的时刻，我们的科技畅想画——《航天之梦》伴随着“神舟”八号遨游太空 17 天后，胜利地返回地面了！

说起《航天之梦》科技畅想画，还得从 2011 年 4 月 21 日说起。这天，中国载人航天专家尚志副院长等科学家走进了万泉小学，孩子们兴奋至极，在和科学家们面对面交流中，孩子们向科学家们提出了许许多多的问题，如“能不能在月球上进行核试验以减轻在地球上进行核试验对人类的危害?”“我国已经发射多艘宇宙飞船，何时达到世界顶尖水平?”“太空垃圾很多，我们能不能将太空垃圾进行收集将它们扔进黑洞?”等。科学家们对孩子们具有丰富的航天知识感到惊讶，尚志副院长激动地说：“万泉小学的孩子们真了不起!”

在交谈之中自然谈到了“神舟”八号，孩子们对“神舟”八号的关注不亚于成人，了解到的知识也并不少于成人。在谈论中，一名少先队员提出“神舟”八号能不能搭载我们的物品时，科学家们被孩子们对科学的执着追求所打动。

这时孩子们更加兴奋了，思维之门顿时打开，有的孩子说想把和平鸽蛋带上太空——因为和平是当今世界的主旋律，我们向往和平、向往美好、向往世界的繁荣；有的说想把玉兰花的种子带上太空——因为玉兰花是我们的校花，高贵纯洁、朵朵向上，象征着我们万泉人以及全中国少年儿童纯净、美好的心灵和不断追求的人生姿态；有的说想把细菌带上太空——因为如果能在太空中找到消灭这种细菌的物质，这对医学史和航天史都是一种贡献；有的说想把青蛙带上宇宙——因为青蛙是生命力极强的动物，想看看在另一个星球上，青蛙是否能够繁殖第一个生命体系……

交流简短而热烈，科学家们非常感兴趣，他们针对孩子们的想法一一进行了评述，最后确定了可以将和平鸽蛋、玉兰花种子和一幅承载孩子们梦想的画作为备选内容。

本次活动后，全校的孩子们立刻行动起来，有的作画，有的收集资料，有的联系到了农林科学院的专家请教“神舟”搭载事宜，还有的把航天知识搬上了墙报、壁报和板报，学校红领巾广播也连续播放着航天知识。

经过教师和孩子们与专家的反复研讨论证，搭载和平鸽蛋、玉兰花种子因各项条件不具备而取消。和平鸽蛋孵化需要周期，而我们的“神舟”八号提前三四个月就要封舱；玉兰树收种时间与飞船搭载时间不相吻合。最后我们确定了搭载孩子们的一幅画。在近千幅作品中，四(3)班王正同学的作品脱颖而出，成为本次搭载的物品。

2011年11月21日，一则新闻报道登上了各大报纸、网站的教育版——《小学生画作伴随“神八”上天，首次遨游太空》。这则新闻报道写的就是我校学生王正。这次太空遨游共搭载8大类123种物品，其中我校四(3)班学生王正创作的《航天之梦》儿童画也是本次搭载物之一。

在记者采访王正时，他说：“我非常兴奋，我为我们祖国航天事业能够取得这么大的发展感到骄傲和自豪，也为我的画能够代表我们学校全体师生的梦想进入太空而感到自豪。作为航天科普教育基地校的小学生，我们更要树立自己的目标，加倍努力地学习科学文化知识，成为关注天空的孩子。”

王正的作品中，主体画的是“神舟”八号飞船，在飞船的右方画了一辆宇宙垃圾车。他希望这辆垃圾车能够吃掉所有太空垃圾，使宇宙变得更干净。另外，他还画了飞碟，作为地球人向外星人发出的邀请。在画的一角，一对鹦鹉兄弟乘着海螺飞船来到太空，领略宇宙的浩瀚与神秘。而课文中那只小青蛙，也离开了井底，一同来到了这里，宇宙的广袤令它震惊。

当王正面对记者露出羞涩而又自信的笑容时，谁能想到他原来的样子呢？原来的王正胆子小，不敢直视教师的眼睛，每当课堂上教师点他的名字时，他总是惊悸得先哆嗦一下才慢慢站起来。最初，班主任于晓桓老师以为他是因为成绩不好，畏惧上课，所以才有这样的表现，可随着深入了解，于晓桓老师发现尽管他学着美术、练着棒球，却总是缺乏一种精气神。

在深入了解孩子情况的过程中，于晓桓老师发现王正的妈妈在孩子的成长过程中压抑了孩子的成长。王正妈妈属于强势型的妈妈，谈到孩子的时候，她最关注的问题是：为什么成绩总是那么低？怎样练习或者报什么班才能提高？为什么自己为孩子付出那么多，他还是不如别人的孩子。一个每天盯着孩子，时时刻刻指出孩子错误的妈妈怎能不让孩子紧张害怕呢？当于晓桓老师提及孩子的心理问题和性格发展时，王正妈妈似乎不以为然。于是，于晓桓老师一次一次跟王正妈妈沟通，告诉她鼓励孩子、认可孩子的重要性，一件事一件事地告诉她遇到这样的情况该怎么和孩子说话、怎样和孩子沟通。在长期而不懈的沟通过程中，王正妈妈终于开始改变，学着忽视成绩上的不满意，肯定孩子的小进步。

要让王正改变同样是一个长久艰巨的过程。王正语文综合能力不行，于晓桓老师就在每天的字词听写上留心，着意表扬能够全对的王正；他怕教师上课提问，于晓桓老师就在他有把握的问题上叫他回答，减轻他的紧张感；因为他学习棒球认真，于晓桓老师就找机会为他所在的小组加分，让他产生成就感；因为他喜欢画画，于晓桓老师总是用欣赏的姿态，让他在板报宣传等方面发挥作用。

更重要的是，在日常的沟通中，于晓桓老师也通过语言、行为不断暗示鼓励王正。记得教师节，王正拿了自己画的一幅水墨画送给于晓桓老师，于晓桓老师抱住王正，认真地看着他的眼睛说："于老师真的特别喜欢！谢谢！这幅画我要好好地留着，等你成为画家，我就可以自豪地说，我有大画家的童年作品呢！"王正听了笑得可开心了。

就是在这样的努力下，王正背挺直了，眼睛亮了，信心回来了。王正的《航天之梦》儿童画之所以从几千幅作品中脱颖而出，这与他喜欢画画以及于晓桓老师的耐心教诲分不开。用于晓桓老师的一句话来说，就是："教育的神奇就是帮助孩子成为最好的自己，换一种引导策略，就会发现孩子更精彩的地方。"

——王吉根，《"神八"搭载画作背后的故事》

一位教育大师曾经说过："激励和赞美，是教育的灵魂，是让学生按照教育者的理想成长的阳光，犹如小树都朝着有阳光的方向成长一样。"孩子们都渴望得到家长和教师的赏识和赞美，其实渴望得到赏识和赞美的岂止是孩子，赏识和赞美对任何人来说，都是巨大的精神力量，都是点燃一个人信心之火的火种。于晓桓老师不愧为北京市"紫禁杯"优秀班主任的代表，她用心去做教育，事事处处做有心人，从孩子实际出发，多给孩子鼓励，多给孩子帮助，多一把尺子评价和促进孩子成长。每个孩子都是一个独特的个体，都有一个独特的灵魂，作为教师的我们要读懂他们、理解他们，为他们提供土壤、水分、养料、空气和阳光，还要给一些看似不能发芽的种子更多的呵护和鼓励，给他们长成参天大树的机会和空间。

三、发现她的手工世界

在我们的教育中，家长或教师经常把自己的意愿强加在孩子身上，鼓励孩子参加美术班、书法班，学古筝、学钢琴……把孩子的课余时间塞得满满的。孩子们学得快乐吗？他们愿意学吗？这种教育方式不仅妨碍了孩子开阔视野、拓展思路，泯灭了孩子爱动、好奇、勇敢甚至冒险的天性，而且还扼杀了他们的创造精神。更有甚者是以牺牲孩子的个性和人格的正常发展为代价的，是非常不利于孩子的培养和成长的。如果学习是为了让别人高兴，如果学习成为一种重负，那么家长和教师又何必甘心让孩子被学习所困呢？

初见杨雪驰是2009年9月1日，新生入学时瘦小、其貌不扬的她在全班36个孩子当中丝毫没能引起我的关注，日常学习中她也表现得平平常常。学习轻松、注重习惯养成的一、二年级转眼即逝，匆匆进入了三年级。随着语文、数学知识难度的加大，孩子们的学习明显有了差距。此时，小雪在众多的孩子当中，仍然是那么的普普通通，乖巧、听话，学习还算说得过去，在教师和家长的眼中只能算得上是个乖孩子，并没有什么出众的地方。

但是，就是那次，小雪却令我刮目相看，带给我不小的惊喜。在2013年元旦快要到来的时候，学校德育处开展用灯笼装扮校园的活动。接到任务，我利用班会给孩子们做动员，拓展孩子们的思路，号召孩子们自己设计制作环保创意灯笼装点教室、校园。孩子们热情高涨，积极行动起来。第二天，第三天……陆续有孩子拿来了自己的作品。环视教室，我发现还有几名同学没有完成，这其中就有小雪。课间小雪悄悄走到我跟前，神秘地趴在我的耳边小声地说道："老师，我明天就能把灯笼带来了！"我漫不经心地随口应了声："行，别忘了啊！"

第二天早晨，一切如旧，我早早坐在了教室里，昨天小雪的悄悄话我早已忘在了脑后。这时教室的门口出现了小雪的身影，她手中提着一串各式各样的灯笼，举到我的眼前。我一下子从座位上站了起来，惊呼道："太漂亮了！"我小心地接过灯笼，仔细欣赏起来。课间，我来到小雪的身边和她聊了起来。小雪告诉我："老师，其实，小的时候我就很喜欢手工，每每有一点进步我就欣喜不已，就这样一点一点地进步，就算有困难也会被我跨过去。"我微笑着听着她诉说："我制作的灯笼，看似简单，其实还真不那么容易呢!”“那你为什么还那么喜欢呢?而且那么坚持呢?”小雪一本正经地说:“老师,您知道吗?每个周六、日我都会在阳台上做手工,阳台就是我的工作室,手工是我生活不可或缺的一部分。累的时候我会制作手工,疲乏的身体一下就轻松了许多;心情不好的时候我会制作手工,整个人就豁然开朗了;休闲的时候我更会制作手工。手工不仅是我的兴趣爱好,它渐渐地成为我生活中离不开的好伙伴,它让我的业余生活丰富了起来,让我单调的课余时间充实了起来。尽管做手工要花费很长的时间,但它的魅力依然让我痴迷不已。”此时的我,依然面带微笑倾听着,但多了几分对小雪的欣赏。“老师,做手工耽误了我不少时间,我学习不是最好的,您喜欢我吗?”“当然!我还要拜你为师呢!”我的声调高了八度,带着肯定,带着欣赏,带着崇拜!

从那以后,班级的布置,新年教室的装点都由小雪负责,她俨然是个设计师。又是一年的教师节,像往年一样孩子们利用班会纷纷动手制作送给科任教师的节日礼物,贺卡、绢花、一封信……小雪也在精心设计着自己的礼物,我悄悄地来到她的身后,只见一支卷纸笔、一把剪刀、一瓶胶水、一包彩钉,再加上一卷长约50厘米、宽约3厘米的彩色纸条,就是小雪全部的创作材料。在她灵巧的舞动下,这些彩色的纸条经过加工,眨眼间就变成了精美的图案。精致的衍纸花朵,那么素雅和简单,那么轻盈和飘逸,那么自由和烂漫……它的美丽打动了我。

一次次实验,一次次制作,慢慢地小小的纸条在小雪的手里变得听话。随着贺卡的制作成功,小雪渐渐有了信心。几百张纸条,几十种不同的色彩,漂亮的造型,组成了漂亮的半立体工艺作品,一件件作品的成功,又激发了小雪的欲望,她开始向立体衍纸挑战。环保作品——温馨的家,由用衍纸制作的立体家具、动物、植物构成。衍纸钢琴,更是精致逼真……

小雪似乎找到了制作的真谛!从和小雪的交谈中,我了解到,衍纸工艺说起来简单,操作起来却烦琐而复杂。完成一件作品的时间通常取决于作品的复杂程度,短则几小时,长则几天,需要极大的耐心和定力。

——郭爱莲,《让学生的个性特长精彩起来》

我们要为学生的发展提供一种轻松、自由、美好、和谐的环境,让他们在这种环境中得到大量创造“有用的”和“美好的”事物的机会。也许孩子们的这些创造并不能为他们带来升学的优势,不会有漂亮的奖杯,也没有物质上的任何奖励，但那份内心的恬静、满足，那份耐心与细致，是其他一切都不能代替的。在这一创造过程中，孩子们得到了体验成长、感受进步、找到自信、发挥个性特长的机会。作为教师，如果我们能给予孩子展示自己独特个性魅力和特长的时空，孩子们就会体会到自身价值得以实现的愉悦和幸福。

四、评选最美的学生

每个孩子都是一粒种子，因为种类的不同，他们需要适合自己成长的土壤、温度以及湿度。相信每粒种子都有生根、发芽、享受阳光雨露的滋润、茁壮成长的渴望。万泉小学“玉兰绽放工程”，就是这样一个平台，它为孩子们提供适合他们的土壤、温度、湿度，让他们艳丽绽放！

“快来看，这张海报上有我。”“还有我呢！”“这不是咱们班的‘淘气包’吗？他被评为‘爱心少年了’！”一个明媚的早上，校园里许多学生瞪着大大的眼睛，在学校张贴的海报前叽叽喳喳地议论着。他们的眉眼间传递着自豪、幸福与喜悦！怎么回事呢？

新学期伊始，按照学校统一部署的“玉兰绽放工程”继续实施。本学期继续开展“玉兰之花，朵朵绽放”最美学生评选活动。本次“最美学生”评选活动面向全体学生，月月评选，鼓励学生从身边同学看似平凡的小事中寻找“最美”。活动就是为了告诉他们：每一个人都是独一无二的花朵，有着自己独特的芳香，不强求你们都长成玫瑰的模样，但是希望你们像校花玉兰花一样朵朵绽放！

“玉兰绽放工程”就这样像春天的暖风吹进校园的每个角落，吹进孩子们的心中。在活动中孩子们踊跃表现，积极参与，每个月末的少先队活动课的时间就是评选的日子。“最美学生”在严肃认真的氛围中产生，这次的评选再也不是用成绩来衡量“好学生、好孩子”，再也不是“好学生”的专利了，而是倡导每个学生都要精彩，只要有上进心、不断努力，只要严格要求自己，都有被评选上的机会。这样的评选大大地鼓舞了很多学生，评选中涌现了许多“平民学生”，他们有的被评为“爱心少年”，有的被评为“悦读少年”，还有的被评为“勤奋少年”。“玉兰绽放工程”悄然走进师生的心中，无声地熏陶、润染着孩子们。看到这样的结果，我们知道让每一个孩子绽放的计划有了一个很好的开始，推动它深入、推广它的广度是我们义不容辞的义务。由此，我们决定把评选出的“最美学生”进行包装宣传，每月一期，制作成精美的海报、宣传板大力宣传。这样的决定对于我们来说任务很重，全校评选出的上千名学生，我们要筛选照片、校对小样，一个都不能少，虽然很累，但是我们依然愿意，我们愿意为学生的成长献力。

精美的海报、展板布满校园，孩子们兴高采烈地驻足在那里，脸上露出甜甜的微笑，家长们驻足在校园门口露出欣慰的笑容。看到他们，我们知道教育生活一定是幸福而完整的。我们将继续“玉兰绽放工程”，让每个孩子收获属于他们的芬芳！

——于海平，《“最美学生”评选活动》

教育需要制度，制度不在于制约，而在于实现教育目标的最大化，更好地促进学生的发展。如果我们总用千篇一律、千人一面评判丰富多彩、千差万别的个体，那么金子该如何发光呢？所以，我们要用发展的眼光看待每一位学生，为学生发展铺设前行的道路。

第三节　为孩子提供多彩的舞台

我们知道，孩子的问题不是聪明与否的问题，而是在哪些方面聪明和怎样聪明的问题。适当的教育和训练，将使每一个孩子的智能发挥到更高的水平。因此，为人师者应该在全面开发每个人各种智能的基础上，多为孩子搭建成长的平台，为孩子创造展现各种智能的环境和机会，给每个孩子以多样化的选择，使其人尽其才、扬长避短，努力把他们培养成为不同类型的人才。

一、“午间秀场”秀起来

自信心在小学生日常生活中的重要性是不言而喻的。也就是说越是自信的孩子就越会成功，越会成功就越使孩子更自信；反之，越是缺乏自信则会导致更深的自卑。成功较多的孩子，很少担忧与分心，会更集中精力去面对一切。可以说，有信心就有勇气，有信心就有力量，信心比黄金更重要。

小学是打基础的阶段，是人生成长最为重要的阶段，不仅要培养孩子对学习的兴趣，培养一个人的远大志向、做人的道德准则，更要培养孩子自信自尊、勇敢坚毅的品格。2013年以来，万泉小学在推进校本课程变革中，开辟“午间秀场”这个栏目，它用积极的心态，多角度、多内容的思维，为孩子打造了一个成长的平台。

2014年9月15日，五(1)班的“午间秀场”马上要开始了，这次秀场的主角是王禹童，这是他人生中的第一次午间秀。

王禹童的秀场主题是关爱，他希望通过这次活动，能让大家学会关爱周围的教师、同学还有自己的亲人。

当王禹童走上讲台，看到同学们那一双双充满期待的眼睛时，先前的兴奋一扫而光，取而代之的是挥之不去的紧张感：“同学们，大家好！今天我为大家带来的‘午间秀场’主题是‘相互关爱的生活’。”这声音小得似乎连他自己都听不清，可站在角落里的我，向他投去温暖的微笑。

在第一个环节，王禹童开始播放自己制作的演示文稿，画面上出现了老人摔倒没有人扶起来、两个小同学在教室相互争吵等图片。播放结束后，他开始提问：“谁愿意讲述一下图片中的故事?”同学们眼睛一亮，争先恐后地举起了手。大家根据图片内容，绘声绘色地讲述自己的故事。

在紧接着的第二个环节中，根据图片表演故事情节，以四人小组为单位来排练。五分钟的排练过程中，有的小组发生了矛盾，一个同学想演主角不想演大树，王禹童发现了走过去，搂着他的肩膀劝慰他：“虽然是一棵大树，但如果没有这棵大树，整个故事就无法进行了，你如果能把大树演得很生动，那你就是一个出色的演员!”听到王禹童的鼓励，那个同学顿时活跃了起来，投入了排练。

令人期待的表演开始了！最令人难忘的是大树表演那个环节，一个女孩用她的发卡代替羽毛球，表演不小心把羽毛球打到了大树上，主人公乐乐对大树说：“大树爷爷，请您弯下腰，我的羽毛球掉到您的枝头了!”扮演大树的同学弯下自己的身体，用手臂扮演枝条，在帮助主人公乐乐取到羽毛球后，还快乐地摆动着自己的身体，将图片中普通的大树表演得栩栩如生。我们伴着女孩快乐的歌声结束了第三个环节的活动。

“生活中每时每刻都需要大家举手投足间的相互关爱，还有一些特殊群体，需要我们呼吁人与社会更多的关注。下面请大家跟我一同观看一个有关阿尔茨海默老人的小视频。”秀场主持人王禹童继续着讲话。

刚才还热火朝天的，在观看的过程中，大家逐渐变得鸦雀无声，带着感伤的心情看着、沉思着……

“我们如何来关爱阿尔茨海默老人呢?”沉默的同学们在我的问题中开始了回馈：“我们应该持之以恒地给予阿尔茨海默老人温暖，即使他们会遗忘!”“我们会让更多的人了解什么是阿尔茨海默老人，让大家放下埋怨，去给予他们理解和关怀!”另一名同学倡导着。紧接着，大家你一言我一语议论开了。

不知不觉，“午间秀场”的结束时间到了，大家似乎还都没有尽兴！我带着满意的笑容告诉大家：“孩子们，今天王禹童的‘午间秀场’非常成功！老师也通过你们的互动看到了你们的成长，希望大家再接再厉。”

放学时，王禹童找到我，说：“老师，我的第一次午间秀虽然结束了，但是它的温暖还在，这温暖让我的内心充满了力量，我不再胆怯了。我希望这不只是一场秀，我会把这温暖带到以后的学习和生活中，和同学们一起为我们的和谐社会贡献自己的一份温暖。”

——杜英民，《我的“午间秀场”》

“午间秀场”，孩子们喜爱的一个平台，这里是孩子们展示自己能力、发挥自己实力的空间，这里是实现个人愿望和梦想的舞台，这里也是孩子们挑战自我、战胜困难的新天地。“午间秀场”由学生负责制作简单大纲，再由教师负责后期的修改和调试。所有围绕主题的信息收集、活动设计与安排，全部由学生完成。它的主题包括古诗典故、成语故事、个人爱好、历史追溯、旅行体验、爱的传递等，展示方式则以播放演示文稿进行演讲为主，其中穿插孩子的互动表演。孩子们在玩耍中愉悦身心，以亲身体验的方式，循序渐进地领悟知识和道理。

在各年级各班级中有着不同的“午间秀场”，有培养孩子表达能力的“五分钟讲演”，有体现爱国教育的“经典故事分享”，有展现个人才能的“相声表演”“乐器演奏”“独唱”等，可谓五彩缤纷，令人眼花缭乱。只要你有表现欲望，“午间秀场”就是你的舞台；只要你有才能，“午间秀场”就是你表现的场所。

在班级“午间秀场”的基础上，年级“午间秀场”也为孩子们提供了更高一级的表现机会。

2013 年 12 月 2 日，是四(5)班和四(6)班最高兴的一天，我们两个班“超级果蔬雕刻秀”在升旗仪式上得到展示。

我们知道，孩子的天性就是爱玩，让孩子们在玩中学到知识，在学中收获乐趣，这是我作为教师时刻想要做到的。

怎样让孩子们能在快乐的学习环境中学到更多东西呢？这是我心中常常在想的问题。通过多年的教育教学，我感到在各种有意义的活动中，孩子们的进步是最大的，因此，我常常会开展一系列丰富多彩的活动，让孩子们在玩中学，在学中玩，在玩中学到许多教材上没有的东西。

就拿这学期来说，我们班开展了一系列的创意活动，有创意画活动——未来的世界，有创意课中操的编排，有环保创意灯笼的制作，但最让孩子们感兴趣的还是我们两个班开展的“超级果蔬雕刻秀”，即“水果超人”活动。

首先，我给孩子们看了一些网上的图片，一张张图片一下子引起了孩子们的兴趣，我建议孩子们不要照搬别人的作品，要制作出自己独特的创意来。很多同学按捺不住激动的心情，利用当天的午饭时间，用自己带来的水果做了起来。一个大苹果加上几个小橘子，用牙签一穿，一个可爱的小人就出现在了我们眼前！看到孩子们的创意和高昂的情绪，我也一起做起来。我要做一只猫头鹰，我用绿皮萝卜做头，菠萝做身子，橙子做脚，茄子做眼睛，提子做眼珠，一个可爱的猫头鹰就诞生了！第二天，当我把做好的水果猫头鹰拿给孩子们看时，孩子们欢呼雀跃，喜欢极了！于是，两个班的孩子都开始了自己的创意制作。几天里，我陆续收到了两个班孩子的水果创意制作的照片，看到照片我真是激动不已，惊叹于孩子们的创意！

有用火龙果、玉米做的重型大炮，有用一个苹果雕刻成的精美天鹅，有用柚子皮做的猪头面具，还有用猕猴桃、橘子瓣做成的椰林风光，真是创意无限啊！我真为孩子们有如此奇妙的创意感到骄傲！我高兴地将孩子们的这些照片制作成了演示文稿，让两个班的孩子们一起欣赏，孩子们在快乐的气氛中感受着同学们的作品带来的乐趣。最让我感动的是，两个班 70 多个孩子都交了这份特殊的作业，孩子们都说，这是他们最喜欢的一次作业啦！

2013 年 12 月 2 日，在升旗仪式上，我将孩子们的作品向全体师生进行了展示，每张图片一出现，台下就会发出阵阵赞叹声，无论是一年级的小同学，还是六年级的大同学，都看得津津有味，寒冷的天气也丝毫不能影响孩子们观看的热情。短短五分钟的展示，我将班里所有同学的作品都一一呈现在了巨大的屏幕上，全校师生为孩子们无限的创意响起了热烈的掌声！

听到这热烈的掌声，班里的孩子们高兴极了！孩子们有的说，能在全校2000多名师生面前展示自己的作品简直太光荣了。有的说，通过这次活动发现了自己的才能，原来自己也可以这么优秀。这次活动增加了孩子们的自信心。

——赵蕊，《超级果蔬雕刻秀》

秀场这种既有个性展示又富有集体创新意义的活动，能透过集体合作训练培养孩子的创意和解难能力。透过解决一系列极富挑战性但没有固定答案的问题，孩子将学习扩展到广阔的思维领域，勇于表达自己的创意。透过一系列创意活动，孩子以创新的方法解决困难，学习到不少终身受用的技能，并以正面的态度迎接未来的挑战，在学习到与人合作技巧的同时，培养多种与众不同的素养，而这些素养正涉及当今社会需要的冒险精神、团队合作精神、解难能力、扩展思维、自信心、愉快学习能力等。“超级果蔬雕刻秀”活动，不仅培养了孩子们的动手能力，更开发了他们的智力，让孩子们在活动中体会到创意带给他们的无限乐趣，在玩中成长，而富有创意的精神将为孩子的一生打下坚实的基础。景校长说：“通过秀场这种形式，学生们不仅能学到人文、历史等知识，还能分享自己的创意、感动与成果。我们通过这种新型的自主学习方式，让学生们更自信、知识更全面，更好地融入社会。”一个孩子也说：“小小的秀场活动让我们更加自信！”家长为自己孩子的大胆展现而欣喜，也为他们在小小年纪就展现出的专业态度而感动。

二、我也能当升旗手、护旗手

又是一个星期一的早上，一周一次的升旗仪式就要开始了。同学们怀着激动的心情排着整整齐齐的队伍来到了操场，等待着庄严的升旗仪式到来。操场上庄严肃穆，鸦雀无声。我们仿佛都能听到自己的心跳声，教师和同学们都目不转睛地盯着即将升起的五星红旗。伴随着振奋人心的《义勇军进行曲》的旋律，护旗手将手中的国旗一角一甩，鲜艳的五星红旗在国歌声中冉冉升起。这就是我们的升旗仪式！

在低年级的时候，孩子们每每参加周一的升旗仪式，都非常羡慕升旗手和护旗手，盼望着自己也有能当上的那一天。然而，升旗手、护旗手可不是一般人能够担当的。学校规定，只有进入三年级以后才能担当升旗手和护旗手，只有品学兼优的同学才能担当。

这不，孩子们已经进入三年级，争当升旗手、护旗手的活动就此展开。

进入三年级我们光荣地承担了国旗下讲话的重任，同学们可高兴啦。在班会课上我们一起讨论，升旗手、护旗手的标准是什么。有的同学说是学习好，有的同学说是长得漂亮，还有的说老师让谁去谁就去……就在同学们争论不休的时候，我把一些班级升旗手、护旗手的资料放给大家看。例如，这个活泼开朗的女孩，在班中担任美术课代表、英语课代表。她多才多艺，喜欢跑步、游泳、弹中阮，是学校金帆民乐团的一员。她曾获过英语风采比赛一等奖，通过了中阮八级。她遵守纪律，是老师的得力小助手。

再如，这个男孩，他尊敬老师，认真完成老师交办的任务，并主动协助老师管理班级。他团结同学，在同学需要的时候给予热心、无私的帮助。他各科成绩优秀，在课堂上认真听讲，在课下按照要求进行预习和复习。他多才多艺，擅长篆刻和书法，还是管乐团的大号手……

经过学习后同学们明确了标准，懂得了遵守纪律、心中有别人、学习努力、爱好广泛、热爱生活、积极向上、阳光的同学才能被选为升旗手、护旗手。同学们暗下决心要朝着这些方面努力，争取当选升旗手、护旗手。

经过两个月的努力，同学们的精神面貌都有了很大变化，班里爱帮助人的多了，学习知道努力了，课间追赶打闹的少了……同学们比二年级时成熟了许多。5 月的一个班会课上，有 17 名同学自荐做升旗手、护旗手，经过民主选举，选出了李梓扬、姚心怡、杨芳予三名同学。李梓扬同学爱好广泛，热爱冰球和滑雪运动，是学校金帆民乐团的唢呐手，代表学校参加演出比赛，出色的演奏为学校征得了荣誉。姚心怡同学最大的爱好是读书，她参加"第十五届华人少年作文比赛"获得了北京市一等奖，曾荣获北京市级"中华文化小大使"称号，顺利通过中国民族管弦乐学会竹笛四级和中央音乐学院钢琴五级考试。杨芳予同学是个纯真、开朗的女孩，她的英语很棒，曾获得"飞扬的红领巾"风采大赛英语组北京赛区一等奖、全国二等奖，海淀区英语风采大赛二等奖。通过选出的这三名同学，可以看出同学们认可的是为学校做出突出贡献、成绩突出、爱好广泛、阳光助人的学生。看到同学们选出了心目中的代表我由衷地高兴，高兴的是班级已经形成了正确的班风。虽然选出来的是三个人，但是大多数同学的思想是积极向上的，我想在今后的活动中更多的同学会有此机会的。

——刘宏伟，《我们班里的升旗手》

升旗仪式是学校每周最为隆重的仪式。参与升旗活动是每一位同学梦寐以求的。孩子们进入三年级后，升旗活动将由各班轮流举行。届时选拔升旗手、护旗手将是班级重要的工作。能够在全校师生面前充当升旗手、护旗手，介绍升旗手、护旗手的事迹是孩子们在学校阶段最高的荣誉。在选拔升旗手、护旗手的过程中，我们打破凭考试成绩作为评选升旗手、护旗手的惯例，把孩子们在管乐、民乐、书法、篆刻、舞蹈、演唱等多方面的成果作为评选的重要条件，鼓励孩子创新，鼓励孩子在某一领域发展特长。升旗仪式成为鼓励特长、发展个性、追求卓越的舞台。

三、学生讲堂

让学生讲课是许多教师都曾尝试过的事情。有时候在讲课过程中，教师感觉到某位学生思路清晰，就会让他把解题思路讲给大家听。讲授的同学胸有成竹，在教师和同学们赞许的目光下，体验到当“小老师”的快乐，喜悦之情流露在脸上。听讲的同学，带着疑惑、问题，有时也带有些不服气，他们的注意力更加集中。教师偶尔采用学生讲课的方式会取得意想不到的效果。然而，学生讲堂不同于一般的学生讲课。学生讲堂需要在教师的指导下，学生精心准备，围绕一个主题把自己对事物的探究过程呈献给大家，要把自己的研究结论展示给大家。

2013 年来，我校在高年级广泛开展学生讲堂活动。特别是六年级把学生讲堂活动纳入到毕业考试中来，成为学生社会实践活动的重要考察项目。

2015 年 6 月 5 日，万泉小学南、北校区学生讲堂在万泉小学礼堂隆重举行。南、北校区六年级 7 支精英团队为全校师生就他们的研究课题做了精彩的汇报。

首先出场的是南校区的仝钰茹同学，她汇报了自己由北京的潮汐车道引发的思考。展示中，她提到不仅大自然中有潮汐现象，我们生活的文明社会中也有潮汐现象。她用清晰的改造后的道路示意图来向观众展示了北京的三条潮汐车道开通后道路通车的变化。仝钰茹同学还亲自对六年级 5 个班的同学做了问卷调查，对20个司机做了实地的采访，又经过深入的研究和思考，发现了定慧桥附近早高峰拥堵的原因，并相应地提出了改进意见——开设第四条潮汐车道。汇报的最后，仝钰茹同学还向广大司机提出了文明驾驶、相互礼让的倡议。

仝钰茹同学在每天上学的路上发现了问题，并用数学的方法来研究、分析、解决问题。这个过程不仅提升了自己的能力而且也给更多的同学和教师展现了一个新鲜的视角，由自己的思考引发更多人的思考。

接着汇报的是“追梦设计团队”。即将离开学习生活了6年的校园，身为万泉学子，他们思考着能为母校和弟弟妹妹们留下些什么。带着这样的想法，南校区的同学们成立了“追梦设计团队”，以测量、绘制校园平面图的方式，记录下母校的点点滴滴。他们利用设计新的教学楼，把他们的聪明才智和美好的祝愿留给母校。他们一次一次实地测量，利用比例尺计算数据，经过一次次的修改，绘制出了最终的校园平面图。他们通过问卷调查了同学们心目中理想的教学楼，并查阅了相关文件——《北京市中小学办学条件标准》，核对我们学校的班级数应有的专业教室和普通教室的数量。通过查找国外一些学校的平面设计图为他们的设计做参考，“追梦设计团队”紧锣密鼓地设计起来。经过精心设计，空中俯览，新建成的教学楼和旧教学楼连在一起，就像一艘迎风搏浪、扬帆远航的大船。在未来的岁月中，它将承载着孩子们遨游在知识的海洋中，领略科学知识的真谛。最后，他们按1∶700的比例尺设计出了新的校园平面图。从地下一层到地上三层，包括游泳馆、多功能厅、专业教室、普通教室、电子阅览室、大队部、合唱排练室、茶室、篆刻室、陶艺室、录音棚、电视台等。精心的设计让每一间教室都合理地利用学校的空间。

这样测量和设计校园平面图的活动，转变了学生以前的学习方式，每一个环节都让学生受益匪浅，增进了同学之间的友情，让学生学会相互帮助，精诚合作，也让他们深刻地体会到“纸上得来终觉浅，绝知此事要躬行”，这次活动大大提高了他们亲自实践动手设计的能力。

在这次的学生讲堂活动中，还有学生从日常生活的角度研究不卫生的辣条，从制作工艺、添加剂种类及含量、食品质量等方面，为大家展示了辣条存在的安全隐患，提出健康生活，远离不合格食品的倡议。另有学生从自然界的角度研究“圆”的存在与生活中的奥秘，从科学的角度探索宇宙中的数学，从身边的生活入手比较、分析网店和实体店的区别……

这次活动，学生们从日常生活、自然界、科学探索等不同的角度，展示了自己的研究成果。一方面表现了学生关心社会、热爱生活的责任感，另一方面也体现了学校推进“学有用的数学、创有用的课堂”的教学改革思路，为学生的可持续发展奠定坚实的基础。

——徐晶，《一场别开生面的小讲堂》

学生讲堂形式多样，内容也丰富多彩。有班级层面、年级层面，还有全校层面的，有的成果被编入“学生成长系列丛书”《小研究大智慧》中。从形式上看，有的利用课前五分钟，美其名曰“五分钟演讲”；有的占用午休时间，融入“午间秀场”之中；有的纳入到课外活动“悦读讲坛”中。从内容上看，有的讲述一次难忘的旅游，有的讲述阅读心得，有的分享一篇美文，还有的展示研究成果。无论何种形式何样的内容，它都是学校为学生搭建的一个学习的园地、交流的平台、进步的阶梯、心灵的港湾，通过不同的形式、不同的渠道、不同的风格展现一批批好学生，助推他们成长与成才。这深入体现了“以生为本，教学相长”的教学理念，是转变传统教学模式的一种新的尝试，是引导学生自主发展、自主参与的一条新路径。

四、我们的社团真精彩

随着素质教育进一步推进和新课程改革进入“深水区”，社团建设成为提升学生素养、促进学生全面发展的重要方面。为此，在正常的教学之余，我们开设了30余个丰富多彩、形式多样的学生社团。其目的，一是培养学生的创新精神、实践能力，提高学生的综合素质，打造适应时代发展要求的高素质人才；二是为每位学生提供发展特长、锻造自我的平台；三是形成学校特色，创建社团活动个性化学校。

许多学生因社团形成特长，被知名中学提前招收或因特长加分；许多学生因参与社团活动形成强烈的兴趣爱好，甚至将其发展为终身从事的职业；许多学生因社团演出活动，走访世界多个国家，甚至登上了国家大剧院、联合国金色大厅的舞台。我们亲眼看到学生们高雅的气质、高贵的修养、刻苦耐劳的精神以及获取知识的本领得到进一步提升，一个个未来时代的骄子出现在我们眼前。我们为学生们的成长而欢笑，为学生们将享受未来幸福的生活而喜悦。我们期待着有更多的学生加入社团，社团将为更多的学生开辟人生的新天地，为学生的健康发展提供独特的舞台。

金帆民乐团是2004年经北京市教委评审承办的北京市金帆民族乐团。该团多次在北京市中小学生艺术节合奏比赛中荣获一等奖，先后赴美国、德国、日本等国家和香港地区交流演出，在校内、外的文化艺术交流中成功地接待了英国、美国、德国等国家和香港地区的代表团，并在海淀剧院、国图艺术中心、中山音乐堂、国家大剧院、圆明园等地进行专场演出。2012年2月金帆民乐团登上了联合国总部展演大厅的舞台，完美的演奏获得了雷鸣般的掌声与喝彩声。

2012年2月1日，美国纽约联合国总部最大的会议厅里灯火辉煌，金帆民乐团四至六年级62名团员在学校8名教师的带领下远渡重洋和我国各个省市大中小学近20所学校一起应组委会邀请参加了“第二届文化中国·中国非物质文化遗产美国行”演出，同时也把中国龙年的喜庆气氛带到了这里。

这是由中华人民共和国常驻联合国代表团、文化部艺术服务中心、中国非物质文化遗产促进会、中国少年艺术团等单位主办的。展演包括中国民乐、民族舞蹈、声乐、戏曲、相声表演等20个独具中华民族文化特色的艺术作品，集中展示了中国博大精深的非物质文化遗产的特殊魅力。本次活动还特别邀请到了中国著名音乐家徐沛东、郁钧剑，著名相声艺术家姜昆、戴志诚，著名表演艺术家唐国强、张铁林，著名舞蹈家陈爱莲、冯双白，著名古筝艺术家周望、焦金海、王昌元、范上娥以及被誉为中国新生代中国民族音乐的金奖组合——中国新经典民乐“大川国乐”组合等在当晚同台演出。

金帆民乐团学生们的精彩演出，得到了与会2000多名联合国官员、各国代表团的外交官、常驻记者和纽约各界人士及专家们的一致好评，获得了雷鸣般的掌声与喝彩声。组委会秘书长对我们说：“北京万泉小学孩子们的演出非常棒。”

这次金帆民乐团远渡重洋，我校张白雪、徐浩钧、范彦雪、高碧芸等62名同学荣获中国非物质文化遗产联合国总部展演金奖，并被授予“文化中国·中美文化小使者”称号。我校关欣老师被授予中国非物质文化遗产联合国总部展演“优秀指导教师”荣誉称号。同时，我校被授予“最佳组织奖”，并获得中华人民共和国常驻联合国代表团颁发的“为国争光、学校楷模”锦旗。

——关欣，《万泉金帆民乐团走进联合国总部》

金帆民乐团是一支充满活力的体现万泉小学艺术教育特色的社团。他们从新生入学开始，采用梯队培养方式，从零点起步，逐渐培养学生对民族器乐的感知能力并训练演奏技巧。团员的年龄大都在10岁左右，最大的12岁，最小的仅仅八九岁。他们一步一个脚印，从校内走到校外，从区级比赛进到市级展演，从国家大剧院到联合国总部展演大厅，取得了一个又一个辉煌的成绩，创造了一个又一个奇迹。

目前，金帆民乐团已经成为北京培养民族音乐人才的摇篮。从这里涌现出了大批优秀的艺术人才，有近千名学生参加区、市，乃至国家级别的艺术竞赛活动，并荣获好成绩。每年都有大量的艺术特长生进入重点中学，艺术特长生录取率超过90%，部分学生考入音乐院校，成为音乐专业人才。

《羚羚的故事》是金孔雀舞蹈团的经典创作。这部舞剧不仅是为呼吁人们保护生活在青藏高原可可西里一度濒临灭绝的藏羚羊，更是为引起全社会关注人类赖以生存的生态环境，同时也是学校德育和艺术教育的一种有机融合。

2011年5月31日，为庆祝“六一”国际儿童节的到来，一场由万泉小学金孔雀舞蹈团主演的儿童舞剧《羚羚的故事》亮相国安剧院。全剧共分四幕。

第一幕，逃离家园。美丽可爱的藏羚羊羚羚生活在可可西里草原上，过着自由自在的生活。一天，偷猎者的枪声打破了草原的宁静，藏羚羊遭到猎杀，妹妹死去了，藏羚羊妈妈不得不带着羚羚背井离乡，寻找安宁的家园。它们无奈地跋涉在漫天的大雪中，大雪使逃亡之路更加艰难。

第二幕，湖边小憩。藏羚羊群终于找到了水源和嫩草，它们暂时忘却了危险和伤痛，在湖边嬉戏。藏羚羊妈妈带着孩子在湖边尽情享受这片刻的宁静，吃饱了喝足了，疲惫的妈妈和小藏羚羊在湖边安静地睡去。

第三幕，母爱托天。为了寻找宁静的家园，它们再次踏上迁徙之路。路途艰险，偏偏又遇上沼泽。为了让小藏羚羊安全渡过，妈妈们依次跳了过去，用自己的身躯搭起了一座生命之桥。这时，一名藏族少年出现了，搭救了小藏羚羊。

第四幕，共同家园。羚羚渐渐长大，成为妈妈了，国家保护藏羚羊的举措也实施了，藏羚羊又有了祥和安宁的家。在宁静的草原上，一个个新生命诞生了，草原上又出现了勃勃生机。

2013年5月31日升级版舞剧《羚羚的故事》再一次亮相国安剧院。新舞剧较首部舞剧有以下几点创新。第一，升级版舞剧新编排了“猎人”与“少年”的角色，由校武术队的学生扮演，增加了戏剧冲突，使得故事情节更加曲折、丰富、精彩。第二，校合唱团的学生完成了整个舞剧的配唱，声情并茂，更加触动心灵。第三，首部舞剧整体基调以“阳光”为主，而此次编排过程中，借助儿童舞、现代舞、民族民间舞等多种形式，在保留原汁原味的同时，更增添了惊心动魄、扣人心弦的味道以及感人肺腑、潸然泪下的回味。此外，在舞美、音响等方面升级版舞剧也得到了高端技术的支持，实现了电子全自动场景转换，增强了视觉效果，音乐也更加充满宏大的气势，突显震撼的效果。

——王吉根，《〈羚羚的故事〉再次公演》

我们通过这样一部充满震撼力、影响力的舞剧，在学生们心中播撒下保护环境的种子，焕发起热爱自然的激情。我们希望这部汇聚了师生智慧和汗水的舞剧，能为学生们送去殷切的希望，为他们的童年珍藏下更多美好而难忘的回忆。让我们一起为学生们喝彩吧！

万泉小学棒球队成立于1983年，至今已有30余年的发展历史，经过历届队员们的努力，现在已成为一支闻名全国的少年棒球劲旅。2010年、2012年，棒球队分别荣获MLB PLAY BALL“钻石杯”全国总决赛冠军，2013年荣获全国棒球锦标赛小学乙组团体总分第一名，2014年、2015年连续两年荣获北京市体育传统校棒球比赛甲组、乙组、丙组第一名。

2012年5月26日到27日，MLB PLAY BALL五城市青少年棒球联赛“钻石杯”赛(无锡赛区)在无锡新区实验小学上演。经过激烈的分区赛及城市冠军赛后，来自北京、上海、广州、无锡和天津的6支代表队齐聚无锡，争夺令人瞩目的“钻石杯”赛桂冠，这也是此项青少年传统棒球赛事首次在北京之外举办。

万泉小学赢得2010年MLB PLAY BALL“钻石杯”冠军后，在2011年的比赛中表现平平。作为棒球传统强校，万泉小学在几位教练的带领下，卧薪尝胆，在2012年的MLB PLAY BALL北京城市冠军赛决赛中以1∶0力克去年的“钻石杯”冠军大成学校，勇夺北京赛区冠军！

第一场小组赛在万泉小学老虎队与东道主无锡新区实验小学红雀队之间展开，第一局中，随着万泉小学卢弋晗的一记有力挥棒，白色小球高高飞出了外墙，“钻石杯”历史上第一支本垒打宣告诞生！赛场外观众齐声欢呼雀跃。

第一场轻松获胜后，万泉小学在随后的小组赛及半决赛中更显示了超人一筹的实力，以全胜战绩打进了最后的决赛，而他们的对手正是第一场比赛的对手无锡新区实验小学。正当人们揣测无锡新区实验小学是否会上演一场复仇之战时，又是卢弋晗以一记石破天惊的本垒打吹响了万泉小学进攻的号角，五局比赛下来，万泉小学以 14∶0 狂胜，四战四捷，一分未失，创造了 MLB PLAY BALL“钻石杯”的纪录，而击出两记本垒打的卢弋晗也顺理成章地举起了 MVP(最有价值球员)的奖杯。

——柴东杰，《万泉棒球队摘取全国“钻石杯”赛桂冠》

棒球队的学生们也被一些著名中学所宠爱，临近六年级毕业时学生们往往被一些中学提前签约。据不完全统计，自 2000 年以来，有近百名学生因此特长被送入理想中学的大门。

健美操队始建于 2000 年，自建队之日起秉承“阳光体育，健康人生”的理念，以体健身，以美怡心，以操育德，成立十余年来，逐渐形成一个训练有素、团结进取，在北京市乃至国际上享有盛名的健美操社团。2010 年，健美操队获阳光体育北京市中小学生健美操比赛大众健美操团体一等奖，北京市浩沙杯健美操比赛大众健美操团体一等奖、竞技健美操男单第一名、女单第一名，1 名同学荣获国家二级运动员称号，4 名同学荣获国家三级运动员称号。2012 年荣获北京市中小学生大众健美操比赛 13 金 1 银，全国健美操冠军赛 2 金 1 银 1 铜，3 名同学成为国家二级运动员，11 名同学成为国家三级运动员。2013 年获第 24 届国际健美操冠军赛暨第 16 届世界青少年健美操锦标赛少年组有氧舞蹈冠军，全国健美操联赛、锦标赛预备组精英组女子单人操冠军、预备组精英组三人操冠军、预备组有氧舞蹈冠军，4 名同学取得国家二级运动员称号。2014 年获北京市中小学生大众健美操比赛小学组团体第一名。2015 年获第五届北京市体育传统项目学校健美操比赛小学组团体第二名。

2012年10月13日是中国少年先锋队成立63周年的日子，在这难忘的日子里，万泉小学健美操队全体队员参加了由北京市教委和北京市体育局主办的2012年北京市中小学生大众健美操比赛。在激烈的比赛竞争中，队员们奋勇拼搏，不畏强手，取得了小学组三级组团体总分第二名的好成绩，13枚金牌和1枚银牌闪闪发光地挂在了队员们的胸前。在荣誉和奖杯面前队员们绽开了欢乐的笑容，面对明天的挑战，队员们将继续努力，为再一次辉煌刻苦训练。

11月5日，队员们又出征了。他们一行17人来到了气候宜人的温州市，参加了2012年全国健美操冠军赛，这是万泉小学健美操队自建队以来第一次参加国内健美操界最高级别的比赛，队员们既紧张又兴奋。面对着从早至晚的比赛，队员们的体力确实有些招架不住，但是为了能为万泉小学再次创造辉煌，所有的参赛队员少吃多练，不怕苦不怕累，最终用精湛的表演、高超的技术，让万泉小学的名字响彻冠军赛的舞台——全国大赛2金1银1铜的成绩创造了我校健美操成绩的历史纪录。

学生们的成绩得到了国家体育总局体操运动管理中心事业发展部副部长王佑平和国际体操联合会健美操技术委员会副主席、中国健美操协会科研技术委员会主任王宏的高度认可。

今天的辉煌让万泉小学健美操队全体队员兴奋不已，他们将继续努力，为万泉小学走出亚洲、冲向世界创造国际级的辉煌而不懈努力。

——陈宏，《万泉健美操队摘取北京市13金后又荣获全国2金》

健美操是一项融体操、舞蹈、美学、力学于一身的特殊体育项目，它作为一项有氧运动，具有全面提高身体素质、提高心肺功能和肌肉耐力，促进机体各组织器官的协调运作，使人体达到最佳机能状态的功能，自健美操队成立之日起，深受学生们的喜爱。

为了让健美操队的队员在安全、稳定的训练地点接受训练，学校把最大的教室装修成健美操专用教室，并配以明亮的镜子、结实的把杆、专用的地胶、先进的电教媒体，让队员们和随队教练在一个舒适、整洁的环境中专心训练，多出成绩，出好成绩，用专业的技术迎接每一个充满曙光的明天。

为了把健美操队办好，学校特聘国家健美操队主教练王宏亲临指导。学校还安排专业能力强、工作热情高、对学生高度负责的陈宏老师主管健美操队。无论严寒酷暑，陈宏老师一心扑在队员们的训练上，每天放学后都带领队员们坚持训练到晚上七点，节假日更是分层分批地安排训练。功夫不负有心人，健美操队多次在海淀区、北京市乃至全国竞技舞台上获得荣誉。

总之，多年来学校十分注重社团建设，把社团建设作为学校发展的重要一翼。因为社团建设是教育教学的延展和深化。知识，通过社团而得以印证；能力，通过社团而得以加强；个性，通过社团而得以丰富；创造力，通过社团而得以丰盈。一所学校只有既注重课堂教学，又注重社团活动的有效组织，才能把学生真正培养成个性鲜明、创造力强的人才。

第七章　走向不断创新的新时代

随着2016年的到来，我们已经完成了21世纪三个五年规划，正在开启新的航程。第一个五年规划期间，我们结束了企业管理模式试点工作，用五年时间适应回归的教委管理模式，实现队伍建设、教育教学质量、学校影响力新的飞跃。2006年，我们进入到第二个五年规划，学校进入内涵发展初始阶段。我们通过参加北京师范大学裴娣娜教授承担的教育部哲学社会科学重大课题攻关项目“我国学校教育创新研究”，形成了“营造绿色教育生态，传递教育幸福”的办学理念，并围绕着这一办学理念，以“营造绿色教育生态”为目标，以“传递教育幸福”为宗旨，构建了五大发展系统，即绿色教育生态德育、绿色教育生态管理、绿色教育生态课堂、绿色教育生态课程、绿色教育生态文化，由此形成了促进学校整体发展的基本框架。① 2011年，我们进入到第三个五年规划阶段，这五年我们认为是内涵建设深入阶段。在此阶段，我们以UDS项目为抓手，以“改进在日常”理念为引领，大力推进学校管理、德育、课程、教学、后勤等领域的学校日常文化变革，用涓涓细流般的打造和滴水穿石般的精神推进学校内涵建设的深入发展。

第一节　五年携手UDS项目

UDS项目是在21世纪第二个五年规划末启动的。那是在2010年6月，海淀区教委与首都师范大学签约合作开展“UDS合作学校发展共同体建设”项目。

这个项目以优化自主发展机制为目标、以领导团队建设为重点，聚焦学校日常生活变革，通过行动研究路径，建立反思型学研文化，以实现学校整

① 景小霞，张立．追寻绿色教育生态梦想[M]．北京：教育科学出版社，2010.

体的自主可持续发展。由于这一项目力图全方位地对学校日常文化进行深度改进，因此采用沉浸式工作方式、跟进式工作策略、互动参与式培训方法。为了取得最佳效果，项目规定参与的学校不宜过多，可以一批接一批持续推进。非常荣幸的是，万泉小学作为首批实验学校参加了本项目。

一、恰逢其时的项目合作

可以说参加 UDS 项目对于万泉小学来说是恰逢其时。

近几年来，万泉小学取得了突飞猛进的发展，这是有目共睹的。但是在发展之余，我们也在思考：万泉小学不是完美的，还有许多地方需要改进，还有许多地方需要完善。那么我们所缺的究竟是什么？在深入思考之后，我们感到所缺的不是高深的理论和先进的理念，所缺的是如何将理论和理念落到实处，成为干部教师工作自觉的行为；我们渴望的改革不是轰轰烈烈，水过地皮湿的花架子改革，而是能真正触及学校发展的核心地带，引发学校从观念到意识、到思维方式的深层变革；我们渴望的专家不是只能坐而论道空发议论，而是能够深入到学校开展跟踪式的指导，与我们共同解决实践中的难题；我们渴望的地方行政部门不是只高高在上地提出要求和问责，而是能给予学校更加宽松的政策和更切实的帮助，在专家的引领下，在政策的允许范围内来实现学校发展的新变革和新突破。而 UDS 项目的启动，正是我们所需要的，它悄悄地改变着我们的思维方式和行走路径。

其一，大学与地方行政部门和学校的结合，是有识、有位、有志之士的结合，它充分发挥了三方的优势，从而为学校发展创造了良好的条件。

其二，UDS 项目倡导“自主发展”，引导学校自觉、自动地利用自身内外条件，合理进行自我设计、自我组织、自我活动、自我评价、自我调控和自我教育，从而有效激发了学校自主发展的能动性和创造性。

其三，UDS 项目致力于促进学校内涵发展，着力于学校日常文化建设、特色建设、队伍建设等“软实力”的提升，从而使学校发展更具竞争力。

其四，UDS 项目以领导团队建设为重点，从而有效启动了变革的发动机，促进和带动了学校整体的发展与提升。

其五，“跟踪式指导”是 UDS 项目重要的合作方法。我们说先进办学理念的落地生根不是一蹴而就的，而是一个逐步“浸润”的过程。在这一过程中，难免遇到认识、行为、操作方法等方方面面的问题，UDS 项目的“跟踪式指导”就是解决问题的根本措施，这是我们非常看重的方法。

其六，UDS项目“改进在日常”等发展理念与我们推进绿色教育生态体系的落实不谋而合。我们认为，学校真正的发展应是在先进的办学理念指导下，促进学校深层次变革。而UDS项目恰是采用从日常做起入手、在点滴中改变的变革路径。这种路径虽然看似微小缓慢，但是，积少成多、积水成渊、积土成山之后，就是学校大的发展，就能将学校的先进理念逐渐浸润人心，形成日常工作自觉行为的深层次变革。

由此可见，UDS项目是集基于主体性建构的自主发展、基于学校日常文化变革的内涵发展、基于行动研究的科学发展、基于共同体建设的共同发展为一体的UDS合作学校改进项目。在参与UDS项目建设中，我们深切地感到这一项目在促进学校内涵发展，提升学校可持续发展能力，在引领学校日常文化变革，探索立足于学校组织生态环境下的管理者与教师发展新机制等方面的重要推动作用和先锋探索意义，它真真切切改变了我们的工作状态、思维方式和行为方式。

二、深刻深远的影响变化

纵观这几年UDS项目带给我们的发展，其影响是深刻的、深远的，概括起来主要发生了干部教师工作状态的改变、行政管理、教育教学和课程设置与建设的变革。

(一)工作状态的改变

在万泉小学绝大部分教师都是有15年以上工作经验的教师。这些教师从教多年，深受“传道、授业、解惑”的思想影响，已经形成了师道尊严的思维定式，他们有过辉煌，有过成就，堪称学校的中流砥柱。然而，面对信息时代的学生，面对敢于挑战“权威”的学生，教师们有过无奈，有过不自信。私下里教师们经常会谈道：现在的学生很难管！可不像我们那个时代的学生了！私下里他们也议论家长：现在的家长很难缠，动不动找校长，找教委，唉！由于自信心不足，缺少方式方法，因而有些教师对工作缺乏活力，总是觉得没劲，常常表现出萎靡不振、无精打采的样子。

在干部中间也存在着这样的问题，许多干部都是从一线优秀教师中提拔出来的，他们对工作兢兢业业、任劳任怨，但缺乏系统的管理相关知识的培训，角色转换以及角色定位还需要一个漫长的过程，因而在管理中会出现力不从心现象和真空状态。这些问题严重制约了学校的快速和可持续发展。

如何从这种状态中摆脱出来？这不仅需要一种毅力和勇气，需要沉下心去研究，还需要外力的介入，帮助我们跳出自身的局限与惰性，打破原有的轨迹与惯性，开始新的运行与状态。

UDS项目的推进正是这样一种外力。在“规划、计划、策划”的“三划”能力意识落实过程中，UDS项目倡导闭环管理，要求工作不仅有计划，有策划，有检查，有督导，更要有总结。总结是认识世界的重要手段，是由感性认识上升到理性认识的必经之路。通过总结，使我们零星的、肤浅的、表面的感性认识上升到全面的、系统的、本质的理性认识上来，寻找到工作和事物发展的规律，从而让我们成为理论与实践相结合、具有较强工作能力的好干部。

在“相互参看中学习，自我反思中成长”活动中，UDS项目倡导人与人之间、校际间的交流与合作。通过这种交流与合作，展示成绩反思不足，引发自主的学习发生。“参看”是相互学习的过程，“反思”是总结经验、反思问题的过程。“参看”与“反思”相辅相成，在相互参看中学习，在自我反思中成长，在不断探究中提升，这既是一种工作状态，也是一种工作方法。

总之，UDS项目五年来的推进，让我们深刻认识到了学校要发展、教师要成长，就必须干部先发展。不断学习、反思、总结，在行动研究中探究，是促进干部工作状态发生改变的不竭动力，也是促进学校自主发展与干部、教师自身成长的重要方法。

（二）行政管理的变革

行政管理的变革是学校变革的关键。在经济全球化、教育开放化的大背景下，推进学校行政管理的变革是充分发挥教职工民主管理的重要体现，也是更好理顺内部关系、完善运转机制、推进学校自主内涵发展的重要举措。

长期以来，在学校管理中，一直受到“官本位”思想的影响，原有的行政管理方式已难以适应学校不断变革的需要。变刚性管理为柔性管理，加强管理的服务意识与合作，促进各个层级主体意识，加强干部内部、干群间的沟通与交流，充分运用间接管理、动态管理和事后监督管理等手段对学校事务实施管理已经成为当代学校管理的发展趋势。

变革行政管理模式，要求我们更多地运用民主管理和科学决策的手段进行管理，更好地体现依法行政的要求，通过民主、透明、高效的管理程序，解决学校发展中的突出问题，促进学校快速和可持续发展。

2010年6月，UDS项目启动之后，便提出“学校因规划而长远，工作因计划而扎实，生活因策划而精彩”的工作理念，试图以此来推进学校各层级主体意识的激发和科学理性管理能力的提升。于是，我们便从计划入手，用两年多的时间推进行政管理的变革。

可以说计划是学校管理中最常用、最常见的一种文体和工作内容。计划是未来工作的方案，计划制订的水平高低直接影响着未来工作的开展。于是在UDS项目组专家的指导下，万泉小学的行政班子对计划工作进行了深入而透彻的自我反思，分析了在计划制订过程中存在的问题，在分析问题的基础上寻求改进策略。在计划改进过程中，从计划的内容到组织形式，从计划的表述到具体落实，从每一件事情的启动到过程监控以及总结，形成闭环管理模式。

策划是计划落实的重要策略。一项好的计划没有完备的策划很难达到预期成效。通过实践，我们认为“策划”相当于“出点子”，但又不同于“出点子”。“出点子”只是一个“点”，而策划则是一个“面”或“体”；“出点子”只是策划中的一个环节，策划则应是一个系统的、整体的实施过程，而不是一个片面的环节。一个好点子从产生到获得成功，这中间需要系统的、全面的策划。好点子是策划必不可少的基础与核心，一个杰出的策划往往就包含有一个好点子。正是靠系统的、完整的、全面的策划，运用各种手段、方式、方法、计策，好点子才得以成功实施。

规划不同于计划与策划，它是站在教育战略发展的高度来规划学校未来的发展。我们以“优质＋特色”作为学校“十二五”规划的总目标，力求在提升教育教学质量、队伍建设和社团发展上创出特色。正是在UDS项目的指导下，我们在制定规划的过程中，深入实际调研，召开会议研讨，积极听取教师意见，聘请专家论证，我们的规划才得以深入人心，形成全体教职工共同努力的目标。

“规划、计划、策划”的“三划”能力意识的形成和提升，引导全体教职工“跳上云端”看教育，走出习惯化的思维误区和工作习惯，用“系统性思维”思考学校的发展，由此引发学校从宏观到微观各个方面的变革。

“改进在日常”的理念也深深促进了行政文化的改变。会议文化是行政文化的重要方面。在 UDS 项目的指导下，我们打破了原有的“派活、通气、商讨、总结、上传下达”的旧模式，取而代之的是模块式会议模式。模块式会议模式将分享交流、外出通报、近期工作总结与反思、交流与研讨、通报与沟通等多个模块进行有机的排列组合，形成内容丰富、安排紧凑、结构科学的会议模式。模块式会议模式的建立压缩了会议的次数，降低了会议内耗，强化了各部门的协调配合，提高了工作效率。行政会的改变，不仅仅是形式上的改变，更重要的是内涵上的丰盈与充实。“赏识同伴，合作共赢”是万泉小学营造的管理文化，也是我们会议文化建设的核心。

(三)教育教学变革

小学是打基础的阶段，是为学生终身幸福奠定基础的阶段。这个阶段，是人生中最重要的时期，是学生探索世界的时期，要给学生足够的信息量，还要为学生大脑的发育和思维的发展提供各种条件和机会。儿童时期的心理个性和行为习惯，会影响学生的一生。正由于这一阶段的重要，UDS 项目倡导“改进在日常”的发展理念，引导我们研究“基础”，研究“日常”，研究“基础”的内容是什么、我们的“日常”应该改进什么，通过对“基础”和“日常”的研究，让我们深刻把握小学阶段“打基础”的内涵所在，正确认识小学阶段日常工作的重要性。我们认为小学阶段不在于知识内容的丰富，而在于品格、兴趣、习惯等影响学生一生发展的非智力素养的培育；不在于对高难度深奥领域的深入探究，而在于学习方式、方法、能力等学生今后学习的最基本学习素养的提升；不在于对教材循规蹈矩、按部就班，而在于引导学生不断深入探究、不断创新、不断超越自我。

万泉小学的教育教学变革是从学生日常行为习惯抓起的。2010 年 8 月 27 日，我们就“阻碍学校教育教学质量提高”这一主题进行了全校性的调研。教师们所提出的 68 个问题中，32％的问题指向课堂实效性。提升课堂实效性除了改进教师教育教学方式方法外，学生的因素不容忽视，其中最为重要的是学生的行为习惯。俗话说：“积千累万，不如养成好习惯。”教育家叶圣陶也指出：“教育就是培养习惯。”由此可见培养习惯的重要性。我们的教育教学变革正是从学生的日常行为习惯抓起的。我们在开展“平稳度过一年级”的研究中，系统梳理了一年级第一天、第一周、第一个月、第一学期如何开展学生日常行为习惯养成的目标和工作细节。我们重新修订了“小学生课堂常规”，明确提出了培养学生阅读习惯、倾听习惯、发言习惯、写作业习惯、坐立行习惯等的具体要求，明确规定要把日常行为习惯培养纳入到课堂教学评价之中。

紧接着，语文学科以《义务教育语文课程标准(2011年版)》为依据，结合学生的特点，梳理、制定了小学阶段各年级“听、说、读、写”具体培养目标和评价标准，把“经典诵读”“美文欣赏”“仿写练笔”“即兴演讲”等内容纳入到语文教育教学变革中。数学学科则加强作业的改革，分层作业、特色作业成为教育教学变革的突破口，特别是学生五、六年级建模论文的撰写，开阔了学生的思维，拓展了研究领域，为学生们开展研究性学习奠定了坚实的基础。

我们的教育变革中最为深刻的是家校合作文化的变革。早在2007年，我们就在杨朝晖教授的指导下开展了“平稳度过一年级”的课题研究，把教师研究生成家校合作方面的实践性知识作为研究的重点。2010年UDS项目启动之后，家校合作的研究得到进一步加强。2011年12月，我们家校合作研究形成初步研究成果，形成“参与互动式家长会工作模式”，其核心内容是四个维度，即“在展示中宣传、在交流中沟通、在参与中分享、在互动中解决”，更好地发挥家长会的引导、宣传、沟通、解决问题和自我教育等功能，消除家校之间的矛盾和误解，使家校站在同一条战线上共同解决学生成长过程中的种种问题。在实践过程中，我们建立了教师、家长、学生多主体共同参与主持家长会的模式，形成了教师主持、家委会主持、学生主持的新模式。在具体操作策略上，我们充分展示学校日新月异的变化和学生们的快乐成长，让家长感受到学校办学得法、学生们成长幸福；在沟通方式上，我们加强家校间的彼此沟通，倾听家长们的困惑，探究解决问题的办法；在程序运作上，我们加强家长的参与和互动，让家长教育家长，让家长们在分享快乐和困惑中，解决问题，收获方法，收获成功。2012年5月，我校成功地承办了“促进家校合作，服务学生发展”海淀区小学家校工作现场交流研讨会暨UDS家长会开放活动，向全区和西城、延庆、顺义等部分区县的学校展示我们的成果，同年11月又在北京市中小学家校合作育人专题论坛上做专题发言。

开学典礼、毕业典礼的变革也是很成功的。2011年9月1日举办的开学典礼与以往的迥然不同，没有上级领导的“谆谆教导”，没有学校领导的“要求与训话”，而是学生们自己在庆祝开学。学生们用自己的话语方式畅谈对幸福的不同解读。他们畅谈个人曾经的成绩、假期的快乐，诉说假期的短暂、对少留作业的期盼等。景校长的适时点拨，打动了学生们的心扉：“其实，幸福很简单，那就是把自己每天要做的事情做好，日积月累就会成就不简单而又幸福的你！其实，说一千道一万，幸福就是一种阳光心态。只有拥有这种心态的人，才会每时每刻看到这个世界的美，发现生活的美，体验成长的美。”在体验感悟中理解幸福、学习幸福、创造幸福、传递幸福，在感悟中凸显幸福万泉，这就是万泉小学开学典礼的改变。

毕业典礼同样精彩。2012 年 6 月在西郊机场礼堂举行的“沐浴阳光，高飞远航”毕业典礼，场面宏大、设计优美，学生入情入境，感人至深，令人难忘。那次毕业典礼将隆重的颁发“毕业证书”与学生们的才艺展示有机地结合在一起。毕业标志着成熟，标志着自立，但更多地蕴含着开始和进步。毕业典礼不仅仅是学生们小学阶段学习成果的总结，也是六年来学生们在德行、礼仪、才艺等方面的综合展示，更预示着学生们毕业后学习生活的新开始。让学生们感恩教师、感恩学校，更要感恩自己。因为是教师伴随着学生们六年的成长，是学校为学生们的成长搭建平台，是学生们凭借着自己的努力才有今天的进步。感恩、成长、努力、进步等核心词是毕业典礼的主旋律。

教学变革从反思“为我们喝彩——青年教师课堂展示活动”开始。“为我们喝彩——‘玉兰杯’课堂展示活动”为青年教师搭建了学习成长的平台。课堂展示、说课展示、命题展示等不同形式的活动不断地在提高青年教师的基本能力和素养。但是随着开展次数的增加，教师的热情逐渐减退。静下心沉思，问题逐渐显现：一是系统度不够。前四届开展的时间过于随意和频繁，使得活动的体系化不够明显。二是覆盖度不够。参与课堂展示活动的教师主要是年轻教师，万泉小学的教师队伍相对中年化，两个校区那么多学科，200 多位教师，仅有十几人作课，显然教师覆盖度不够。三是引领、示范度不够。由于作为学校骨干和中坚力量，经验相对丰富的中年教师不需要直接参与课堂展示活动，所以他们对活动是一种事不关己高高挂起的态度。长此以往，他们的教研意识不足，对青年教师的引领、示范度不够。四是实效度不够。以往的活动通常是就课论课，只要这一节课上好就行，在课的内容选择上往往是“拿来主义”，改改就上，以至于一节课反复展示，今年上、明年上、后年还上，不能真正解决教学中出现的实际问题，只为完成任务，“作秀”的现象严重。五是各学科发展空间不足。由于各学科特点不同，但要求形式一致，因此限制了各学科的发展。

问题和机遇并存，恰在此时UDS项目倡导的“改进在日常”理念为我们带来新的思维碰撞和思想变革。经过专家、教学干部及骨干教师的反复研究，我们确定了教学变革新思路——“三点三路”。“三点”：立足校本教研的关键点——实效性；抓好校本教研的着力点——教师教研状态；营造教师成长的增长点——校本教研文化建设。“三路”：校本教研的行进路——突出课堂常态和反思，让教研落到实处；校本教研的管理路——将教研与科研融为一体，以科研的形式开展教研活动；校本教研的成果路——在教研过程中注重总结，不断丰实实践成果，让教研成为一种研究、互学、共享的工作状态，让教研成为一种行动、思考、创造的工作习惯，让教研成为教师求真、鼎新、至善的精神境界。

总之，“改进在日常”的理念，让我们所有的工作都发生着变化。这种变化让我们的教育更加充实、扎实，生活更加生动、精彩。

(四)课程设置与建设

课程是学校教育内容的集中体现，国家的教育方针要通过课程来贯彻，学校的培养目标要通过课程来实现，学校对学生的教育要通过课程来进行。在UDS项目的指导下，结合学校推进绿色教育生态建设的进度，我们把“学生在校期间的各种学习和生活经历”作为课程设置与建设的核心内容，整合校内、外各种优质教育资源，为学生提供优质课程服务，努力创造资源丰富而条件优越的生态体验型学校。

围绕学校的学生培养目标，在课程体系设置上，我们分成四个维度进行建设。第一，“健康体魄”维度，把关注学生的体质健康放在第一位，主要包括体育卫生等课程；第二，“阳光心态”维度，关注学生心理状态和生活、学习状态，主要包括心理健康方面；第三，“乐学善思”维度，知识与能力并举，经历与兴趣培养并存，主要包括文化课程的学习；第四，“创新发展”维度，重在激活思维，拓宽视野，为学生不断搭建创新平台，主要包括学生能力和思维的提升培养。在课程实践过程中，我们倡导长课与短课相结合，课间与课后相结合，课堂教学是学习，走出课堂也是学习，语文、数学是课程，社团活动、优美的校园环境也是课程。可以说，一言一行尽教育，一草一木皆课程。

在课程具体安排上，我们积极推进长短结合课程的实施，重点推动短课程，即微课程的实施。这些微课程包括：微小到时长不过一两分钟的“铃声课程”，语文学科积极打造铃声微课程，把国学经典植入学生上课的铃声中；融入语文、数学、科学等学科课前3～5分钟的“学生小讲堂”，学生们把哲理故事、日常心得、数学奥秘、科学探索等与课堂教学密切相关的内容呈现给大家；早晨到校后的“国学诵读”，这里是修身养性的课堂，这里是民族文化赏析的课堂，在这里国学精粹得到传承，民族精神得到传扬；每天中午20分钟的“多彩微课程”，为了丰富学生们的校园生活，从周一到周五我们都精心安排了微课程，周一是精心的书法课，周二、周四是美文阅读时间，周三是英语歌曲联唱，周五是“午间秀场”。除了这些由学校整体、各学科自主开发的微课程外，我们还与校外资源机构携手开设微课程，如体育学科为万泉小学莘莘学子精心策划的每个年级每周一次的“梦想之巅”篮球微课程等。校本课程建设也是学校的一个亮点。为了弥补统一教材的封闭性、模式化特征，我们开发了《笨鸟手册》《兰香书韵》《阅读小银行》《数 you 引力》《英语歌曲》《少儿禽戏》等校本教材。这些注重创新性、实用性和趣味性的校本教材，既是实践智慧的结晶，更成为教师在教育教学工作中有效教学的重要载体。

视线以外的东西，不一定不重要；习以为常的观念，不一定绝对正确；司空见惯的事情，不一定都是对的。UDS 项目正是从“习以为常”“司空见惯”的细节着眼，引导广大干部教师“改进在日常”“跳出教育看教育”“走出习惯性的思维误区”，用“创新型思维”思考学校的发展，使学校在各个方面发生显著变化。

第二节　学校未来发展与畅想

面对21世纪第三个五年规划，教育如何发展？学校如何建设？“营造绿色教育生态，传递教育幸福”的办学理念如何适应新时期的教育发展？其理论和实践体系如何与时俱进以适应教育发展新形势的需要？学校今后工作的入手点是什么？这一系列问题摆在我们面前。为此，畅想未来，规划未来，是学校发展的必然需求。

一、不断走向微创新

当今社会是一个挑战和机遇并存的时代。人们面临着生态危机、贫困危机、战争危机、资源危机、道德危机、心理危机、金融危机、就业危机等的挑战，同时新一轮科技革命和产业变革正在孕育兴起，这是新的发展机遇。即将出现的新一轮科技革命和产业变革与我国加快转变经济发展方式形成历史性交汇，为我们实施创新驱动发展战略提供了难得的重大机遇。机会稍纵即逝，抓住了就是机遇，抓不住就是挑战。我们必须增强忧患意识，紧紧抓住和用好新一轮科技革命和产业变革的机遇，不能等待、不能观望、不能懈怠。①

随着时代的前进，教育改革确实进入了“深水区”和攻坚阶段，小学教育一方面取得了飞速的进展，但另一方面也同样存在着许多长期难以解决的问题，涌现出许多新的情况、新的矛盾，学校自身的教育管理和教育教学活动水平也面临严峻的挑战。教育改革既要勇于突破，又要把握平衡，从而实现小学教育的现代化，这是当前小学教育改革的新特点。

联合国教科文组织(UNESCO)总干事伊琳娜·博科娃在2009年11月世界教育创新峰会的讲话中指出：21世纪的教育需要重大创新，这是因为我们的世界正在变得越来越复杂、越来越融合，知识驱动性也越来越强。在这种情形下，我们必须就教育的目的、学习的内容、为什么学习以及如何学习开展批判的、持续的交流和对话。因此，创新是未来教育发展的特征。国家总督学顾问、联合国教科文组织协会世界联合会副主席陶西平在2014年6月海淀区校长大会上指出：21世纪的教育需要重大创新，主要表现在理论创新、制度创新和实践创新上。

的确，学校教育真正的创新不是机械的模仿，更不是照本宣科的执行，而是在现代教育思想指导下，在学校原有的基础上寻求新的发展、新的突破，是一个自我发展、自我完善、自我提高与超越的过程。② 这里谈的创新实际上就是微创新。微创新看起来小，可小中有大、小中见大，对其意义绝

---

① 2013年9月30日，摘自中共中央政治局以实施创新驱动发展战略为题举行第九次集体学习，习近平总书记的讲话。

② 景小霞，张立．追寻绿色教育生态梦想[M]．北京：教育科学出版社，2010.

不可低估。它不仅可能丰富教育科学的宝库，而且可能引发对教育大问题的突破性思考。微创新也可以说是在新思想指导下新方法的有效应用。教育的创新是一个过程，从新思想的产生到教育效益的实现，形成一个创新链。微创新可以发生在创新链的任一环节，关键在于成功应用和产生效益。

陶西平指出："微创新应当跳出简单的技术层面，融入学校文化。每个人都有创新意识，才能实现真正的创新。在创新环境的创设上，可以实行'放马运动'。"因此，在当今不断创新的时代，所有的教职工只要认为自己有创新能力，学校就应顺应时代的发展，为他们提供平台，展示他们的创新能力。

创新就是让今天比昨天更好。创新就是为了促进学校面貌的真实变化和教育质量的真实提高。创新既有助于学校成员的广泛参与，有助于调动学校内部所有成员的积极性，又有助于推动学校的多样化发展。创新使小学教育园地百花齐放，万紫千红，处处带来惊喜，时时带来感动！

二、整体推进微创新

创新有三层含义：创造、更新和改变。它既包括创造新的东西，又包括在原有的事物基础上的更新与改变。因此，微创新是创新的重要组成部分。微创新体验以微小的创新，带给人们内心体验的巨大改变，它决定着一个企业、单位或部门的竞争力。

学校作为社会服务的事业单位，一举一动都会受到社会的普遍关注，作为培养人的机构，只能成功不能失败。因此，我们认为，在外部环境不变的情况下，学校自身的变革不可能是大刀阔斧的，尤其是学校的日常文化变革，更是一个缓慢的渐进式变革，是一个微创新的过程。UDS 项目提出"改进在日常"，实质上就是微创新。通观前五年的发展，展望下一个五年规划，我们将从结构入手，从机制入手，整体推进微创新。

第一，创新自主发展机制，完善学校教育生态系统建设。

积极推进新形势下学校章程的修订工作，并以此作为依法治校的重要文件。新修订的学校章程拟包括以下内容：建立完善学校目标价值体系，把为学生幸福人生奠基作为基本任务；建立完善学校教育教学管理体系，充分发挥基层教研组的作用，使教科研活动成为学校发展的动力；建立完善学校督导评估体系，聘请专家团队公正客观地对学校各领域进行督导评估，拓展优势，克服不足，为建设特色更鲜明的学校而努力；建立完善教师专业成长管理机制，积极推进校级名师工程的建设，促进教师尽快成长；建立完善学校咨政机制，聘请一些专家、教育资深人士、企业家和家长，共同成立学校咨政机构，共同为学校发展出谋划策。

第二，改进内部管理，推进教育生态管理结构优化。

结合新世纪教育发展的新特点，推进学校部门调整，优化内部结构，形成特色鲜明的学校管理团队。在未来，我们拟建设八个职能中心：课程开发中心，重点负责学校精品课程的开发；教师发展中心，重点负责教师教育教学水平的提高和教师的专业成长(包括继续教育)；学生发展中心，重点负责学籍管理、入学管理、毕业管理、社团建设、德育工作和少先队工作；政策研究中心，重点负责学校各项制度及管理机制建设的研究、重大改革项目的研究与推进；督导评价中心，重点负责学校工作、教师工作、学生学习成绩等的综合评价；宣传管理中心，重点负责宣传、信息化网络管理平台的运行与建设；后勤服务中心，重点负责安全管理、环境建设和财物管理；综合管理中心，重点负责人事管理以及学校各部门的综合事务。

第三，强化微创新理念，促进各领域协调发展。

微创新理念的提出和强化，是学校发展的需要，也是深化学校教育教学变革的需要，更是建设绿色教育生态学校的需要。2010 年我们形成了“营造绿色教育生态，传递教育幸福”的办学理念之后，如何“营造”、如何“传递”，这是我们要进行深入探究的问题。微创新理念的提出，恰好解决了我们这些问题。在绿色教育生态理论的指导下，我们在各领域动员广大教师积极参与，大家一起行动起来，充分发挥团队的优势，通过微创新的形式，不断优化育人环境、提升育人策略、巩固育人成果，促进学校和谐、健康、快速和可持续发展。我们相信对微创新理念的重视和有效管理，将会使学校的创新力得到持续的提升，使学校的管理效益有明显的突破。

三、战略保证微创新

为实现“营造绿色教育生态，传递教育幸福”的发展愿景，推进微创新的实施，我们具体制定了五大发展战略。

(一)文化管理战略

首先，通过微创新，建设和谐校园，促成个人愿景实现。在学校日常文化建设上，我们通过微创新的管理举措，努力建立一个和谐校园。在和谐校园建设中，人的发展规律被遵循，人的潜能被开发，人的价值被发现，人的创造力被激发，个人愿景被实现。其次，通过微创新，推进柔性管理，打造个人愿景。我们允许干部差异发展，允许教师异步同行；允许干部迟疑，允许教师犹豫；允许不同声音存在，允许教师有消化的过程。我们既为“先行者”提供挑战自我的机会，又为“观望者”保留观察与思考的空间。这种宽容和有差异的管理营造的是自然、自由与民主的氛围，赢得的是一种根本的认同和真正的自觉。我们努力用学校的办学理念引领教师的思想，用学校的发展愿景激励教师对学校、对事业热爱的积极情感，用学校日新月异的变化引导教师之间竞争与合作，用学校获得的优异成绩增强教师的成就感和自豪感，增强学校的凝聚力。

(二)机制优化战略

首先，根据学校发展的新形势，以“条块清晰、精简高效”为基本原则，积极推进学校层级管理的优化。优化层级管理，可以使校长从繁忙的具体事务中解放出来，是提高学校管理效能的必由之路。优化层级管理就要依照“责权统一”的原则，把校长的责任和权力实施分解，下放并渗透到各个管理层中，真正做到“重心下移”，才能使层级中每一个机构、每一个有关成员，都清楚手中的权力，明确自己承担的责任，知道自己要做什么、能做什么。其次，要本着科学、合理、快捷、有效的原则，增强层级中各机构工作的独立性、直接性、主动性、创新性和合作性，促进层级管理机制协调、平稳、高效运作。最后，要尽量减少中间层级，提高“上情下达，下情上传”的效率，增强学校工作的执行力，缩短信息交流反馈的通道，以适应新课程开放性、多样性、选择性、灵活性的客观要求。①

(三)人才培养战略

人才决定一所学校的发展高度。然而，对于小小的学校，不可能像企业一样每年都走马灯式地换人换将，培养自身的人才将是学校人才培养的重点，也是学校长期发展的战略。

随着社会的发展，21 世纪对教师的要求更高了。在新的改革形势下，

---

① 谢桂华．课改背景下学校内部管理机制优化研究[D]．武汉：华中师范大学，2010.

教师需要打破学科壁垒，开展综合实践研究性学习；需要改变原有的教学方法使学习效果最大化；需要拥有丰富的教学策略，将各种方法结合，知道如何以及什么时候使用特定的方法和策略；需要能够向学生提供个性化反馈；需要深入理解学生如何学习，也就是学生的动机、情感以及课堂之外的生活；需要以高度合作的方式，与其他伙伴一起工作；需要拥有很强的技术技能，将技术作为有效的教学工具。

为此，我们将进一步制定教师发展规划，探索符合万泉小学发展需求的校本研修方式和校本研究课题，进一步引领教师走上行动研究之路，在研究中不断改进和提升。

（四）科研兴校战略

一所学校要想迅速、健康发展，就必须走科研兴校之路，以科研促进学校的管理，以科研改进教育教学。一所学校教育教学工作中有了多少科研含量，在多大程度上动用了科研力量，决定了学校是否具备培养适应新世纪发展所需要的人才的能力。可见，科研在当今以至未来学校发展中起到了至关重要的作用，科研兴校是新形势下教育发展的大趋势，是推动教育教学变革的新常态。

（五）品牌建设战略

大力推进“名师工程”和“品牌工程”建设。在名师工程建设方面，通过“传、帮、带”活动，造就一批智艺超群，颇受学生欢迎的骨干教师；以人事制度改革为契机，引进与培养相结合，造就、推出一批校级乃至区级、市级名师；以师德师风建设为突破口，造就一批“紫禁杯”优秀班主任；抓好区级以上骨干教师和学科带头人队伍建设，保持区骨干和学科带头人占学校总人数三分之一的强劲势头，努力实现新的突破；在区骨干和学科带头人中，培养市骨干和学科带头人，努力保持正增长。在品牌工程建设方面，保持北京市艺术教育示范学校品牌，重点建设“五团（民乐团、管乐团、舞蹈团、合唱团、话剧团），一院（清溪书画院），三社（科技社、微电影社、无线电社）”；推进教师“大雁团队”品牌建设，让团队建设成为万泉小学一张靓丽的名片；深入挖掘北京市体育传统项目学校的优势，推动棒球队、武术队、田径队和健美操队的发展，同时以“校园集体舞”“少儿禽戏”课程为突破口，形成体育发展特色。

21世纪是一个不断创新的时代。只有创新才能带来一个社会体系真正的壮大和质变，带来持久的生命力。创新在开始未必那么完美，那么轰轰烈烈，那么势不可当，但只要我们从一点一滴开始，逐步扩展与完善，就能逐步实现从量的积累到质的飞跃。让我们坚持改革开放这一核心理念不动摇，从一点一滴做起，逐步推进学校变革的新步伐、新态势，努力创建一个自然的、和谐的、美好的、多元的、可持续发展的绿色教育生态学校，并为创办一所最优质、最令家长信赖、最让学生喜爱、最让教师引以为豪的学校而努力奋斗。

驻校研究者手记

一起走在追寻最好的教育之路上

首都师范大学　杨朝晖

记得2002年，我的导师——北京大学的陈向明教授带领我们开展“以参与式教学促进教师发展”的研究，一个偶然的机会，让我走进了万泉，从此便与万泉结下了不解之缘。

一、走进万泉，携手共建幸福地

(一)万泉，一片成长的沃土

还记得第一次给万泉教师们做讲座的场景。那时，我坐在万泉小学礼堂的讲台上，既兴奋又紧张。因为刚刚开始接触教育叙事理论，我不知道通过自己的消化和表达，教师们是否能理解，我不知道这次讲座会引起怎样的反响。结果不久，教音乐的关欣老师给我发来了电子邮件，诉说自己撰写教育叙事研究案例的困惑，想求得我的帮助。她如饥似渴的学习态度深深打动了我，给了我继续开展教育叙事探究的信心和勇气，让我从此开始了新的征程。

“让教师成为研究者”是促进教师发展的重要理念。但是，说起来容易，做起来难。在实践中，以什么方式才能突破观念和制度上的障碍让教师成为真正的研究者还有很多未开垦的领域。于是，在万泉，我有意识地倡导以行动研究的方式来开展日常教育教学实践的探索，并不断关注、跟进这些实践。

万泉人接受新鲜事物是非常快的，而且还能很快进行校本化改造。没过多久，“课堂接龙”式课例研究就成为教师普遍接受和使用的研究方式；后来，特色作业的行动研究又引发了语文教学的不断变革；学生数学应用小论文写作的研究，也意外引发了学校设立“学生大讲堂”、开办“学生小讲堂”、实施午间课程等后续一系列的变革。

教师们的倾心实践研究也给了我许多启发，作为大学工作者的我，也从中获得了大量鲜活的经验，让我有机会真正把理论知识与实践有机结合起来。

就这样，我伴随着万泉的发展度过了四年时光。2006 年，我的女儿要上一年级了。出于对万泉的信任，我把孩子送到了万泉小学。然而，无论对于刚刚上小学的女儿来说，还是对于我这位从事教育研究的妈妈而言，如何应对新生活的挑战，都是一道难题。

出于职业的敏感性，我开始查找有关幼小衔接的相关资料。没有想到的是，我在中国知网上搜索了好半天，几乎没有得到多少有价值的信息。此时，我正参加导师陈向明教授主持的北京市十一五重点课题“教师实践性知识研究”。这一课题研究的重心是教师的实践性知识是什么，而对于如何才能让教师生成和外化实践性知识则没有相应的探索。于是，我萌生了借助我特有的身份和实践需求，开展“平稳度过一年级”主题实践性知识生成与外化的研究。我的想法得到了陈向明教授的支持。于是，在万泉，我与干部、教师们一道，开始了以“家校合作”实践为依托，以“平稳度过一年级”为主题的教师实践性知识孵化和转化的行动研究。

在此过程中，我们经历了“聚焦问题、唤起经验、实践探索、促进外化、共享传播”几个阶段。在不断地努力下，研究取得了丰硕的成果。一年级各班的班级教委会纷纷成立，教师写出了多篇如何帮助学生“平稳度过一年级”的教育叙事研究案例，并形成了较为系统的如何帮助学生“平稳度过一年级”的校本实践性知识体系。万泉家校合作探索也从一个年级发展到全校各个年级。2011 年，万泉逐渐形成了“参与互动式家长会工作模式”。这种模式变教师一言堂为家长参与、分享、研讨，更加关注家长需求，更加注重发挥班级家委会的作用，把家长会办成了家校互动交流的“沙龙式研讨会”“育儿经验的交流会”“家长困惑的解答会”和“育儿方法的指导会”。新的家校合作文化开始在万泉形成。

2012 年 5 月，万泉小学成功承办了海淀区家校合作现场会暨 UDS 家长会开放活动。11 月 1 日，景小霞校长应邀代表海淀区参加北京市中小学家校合作育人专题论坛，万泉的家校合作经验开始在更广大的区域内得以传播。

可以说，我的成长与万泉的发展息息相关，万泉的追求与我的教育理想不谋而合。我的很多想法、理念在万泉这片沃土上都能找到生根的土壤，也开出了灿烂的花朵，结出了丰硕的果实。在万泉，我和校长、教师们一起做了很多有意义并富有开创性的事。这些事后来都成为不断引领 UDS 项目学校发展的案例经验，也不断激励着我们继续探索孵化新的案例经验。与万泉携手多年，让我深深地感到，学校实践才是教育研究者成长和发展的沃土，作为教育研究者，我必须深深地扎根在这片沃土中，才能让教育研究和我自身获得蓬勃的生命力。

(二)万泉，一方幸福的天地

“做幸福的传递者”是万泉的核心办学理念。“幸福万泉”是很多人发自内心的声音。连续多年，万泉小学被《北京晨报》等多家媒体评为“最具幸福感的品牌学校”。在我这个既是局内人又是局外人的家长和同行伙伴看来，这真是实至名归，当之无愧。

在万泉，你会时时感受到一群幸福的人围绕在你的身边。

在教师的办公室，你会看到洗好、切好的水果，被悄悄放在桌上。这是在知心、体贴的组长带动下，形成的组文化。每天上午，万泉都有一点小加餐，不管是一盒牛奶，还是一袋小饼干，都透着体贴、温暖。妇女节这天，万泉的男士们或备好早点，或早早打扫好办公室，或赋诗一首……各种各样的表达让你感觉是那么温馨、和谐又富有新意。

在校长的办公室里，总会看到不断变换的由教师和学生送来的各式各样让人心动的小礼物——有学生制作的创意小手工，有教师送来的毕业纪念册……景小霞校长谈起自己的学生、教师，总是那么自豪、兴奋，一脸幸福。

教师节的下午，你会发现通往万泉小学的路被堵得水泄不通，那是因为刚刚毕业的万泉学子不约而同地从各个中学赶回来，聚集在校门口，仅仅就是为了在放学时，能亲手将自己制作的礼物送到自己敬爱的老师手里，或仅仅为了再多看一眼自己的老师。教师节这天，你会发现，万泉小学的校门口就是一道幸福的风景线。

在万泉，这种传递幸福的文化不是刻意营造的，而是由内而外自然散发的。学生们、教师们创造出一个个佳绩，报喜的信息也会时不时地出现在你的短信里、微信里。

万泉的幸福文化也在深深地影响和改变着我的生活方式和生命状态。我时常想，这就是教育的幸福啊！幸福地享受教育的过程；幸福地享受生命花开有声与无声的变奏；幸福地享受因自身生命成长与创造所带来的惊喜、泪水与欢乐……作为教育研究者，我也应该像万泉人那样去幸福地生活，同时也要像万泉人那样去“做幸福的传递者”，让更多的人体会到因教育本身而带来的幸福与欢乐。

(三)万泉，一眼教育的灵泉

“时时带来惊喜，处处带来感动”是万泉倡导的理念。万泉人的灵动与创新，也时时带给我惊喜和感动，总能让我从万泉——这一潭教育的活水中获得源源不断的教育灵感和动力。

大型活动的组织策划是万泉的拿手好戏。无论是筹备50周年的校庆活动，还是组织到国家大剧院的演出；无论是策划美轮美奂的体育节，还是组织开学第一课，万泉的教师们都创新不断，各路人马极尽创新之能事，让每次活动都能欢乐不断、感动不断、精彩不断。

万泉的综合实践活动“环保创意灯笼”尤其精彩。活动提倡学生们用环保、可回收、废旧物品制作环保创意灯笼，制作时要突出“环保、节约、创新、美观、有内涵”，号召学生们怎么“任性”怎么来，不同年级有不同标准，不同学科有不同要求。活动中，万泉的学生们发挥了前所未有的想象力和创造力：雨伞灯、宫廷灯、几何图形灯、动物灯应有尽有；书法灯、古诗词灯、数字灯、中英文猜谜灯各显特色；电子闪光灯、风力运转灯、机器人灯五花八门。整个学校真可谓创意灯笼博物馆，让人大开眼界。这次活动打破了时间界限、学科界限，从启动、制作到展示、评价、总结，贯穿于整个学期之中，学生在活动中感受到了创造的魅力、学习的乐趣。活动培养了学生的动手能力、创意思维、环保意识，还弘扬了中华优秀传统文化。可以说，这是一个承载着多元价值目标的实践活动，也是一个充满了探索和创造的活动。

最让人感动的是科任组教师根据歌曲《北京欢迎你》，自发改编录制《万泉欢迎你》MTV(音乐电视)。他们把校长、干部都编进镜头里，成了万泉接待来宾的迎宾曲。每每听着、看着这个教师自制的MTV，我都情不自禁地为万泉感到骄傲。

创新也时时出现在他们追求幸福的点点滴滴之中。

每次到万泉食堂吃饭，每天变换的“谭爷爷语录”或撰写人生警句或提示生活常识，总会让你眼前一亮，感觉校园无小事，处处是教育。工会组织大家“健康大步走”，硬是把一次常规、简单的工会活动，策划成既有家属参与，又有团体竞赛，还有定点寻宝、签章的全员欢乐总动员。

可以说在万泉，创新无处不在，灵动无处不在。这是一所被创造的激情点燃的学校。记得我参加完英国政府支持的“西部地区基础教育发展”项目培训，感受到了教育戏剧的魅力，我激动地将自己的感受告诉了景校长。于是，在2008年暑期校本培训上，万泉历史上第一届教育戏剧节开幕了。那一次，教师们的创作热情被点燃了，一个个生动的教育故事，被教师们在极短的时间里表现、演绎、升华，教师们演得那么投入、开心，而收获又那么意想不到。活动结束以后，我和景校长紧紧拥抱在一起……

随着信息技术的发展，数字故事成为分享教育经验，表现教育理念的新载体。我在万泉行政会上有所提及。很快，管立主任就从网上下载了相关的文献和案例。不久，“如何做数字故事”校本培训就在全校展开了。接着，在之后的家长开放日中，很多年级和班级都开始用数字故事的方式向家长介绍宝贝的成长……

其实，最富有创新精神的还是景小霞校长本人。她就是一个永不满足，“既不重复自己，也不重复他人”的典型的创新型校长。2008年期末，在信息技术刚刚在学校渗透之际，景校长以演示文稿的形式总结了学校方方面面的工作。图文并茂的展示，给教师以强烈的震撼，推动了干部和教师们运用信息技术的热情。2009年期末，在干部们都采用演示文稿的形式总结工作的时候，景校长考虑到教师们聆听各部门总结时会产生疲劳感的现实，再一次进行了变革，她将学校方方面面的工作做成了一个“演示文稿短片”，在《幸福是什么》音乐的伴奏下，将全校一学期的工作一一做了盘点，让教师们在轻松愉悦中，感受着一年来的工作成绩，体会着作为万泉人的幸福感和自豪感。

为了让干部们学会管理之道，景校长富有创意地策划了干部们“海底捞的三顿饭”的特殊学习。

看着万泉点点滴滴的创新，我时常激动地想：工作原来还可以这样做！生活原来可以这样过！教育原来可以这样幸福和精彩！

于是，“生活因策划而精彩”“今年我们这样做总结”等学校发展主题和专项发展行动诞生了！策划成为UDS项目学校干部教师主体主动发展、享受工作、创造愉悦的有效抓手。“今年我们这样做总结”也成为优化学校自主发展、实现闭环发展螺旋的重要环节。

这就是我眼中的万泉——一所充满温暖、充满幸福的学校，一所充满激情、充满活力、“时时带来惊喜，处处带来感动”的学校，一所在创新中发展、在自我挑战中前行、不断追求幸福和创造幸福的学校。

二、感悟万泉，探寻学校发展的秘密

与万泉携手这么多年，我总在想，什么才能让一所学校充满活力、充满激情，什么才能让一所学校不断地自主发展、可持续发展，学校发展的秘密是什么。今天，当万泉的书稿新鲜出炉，再次回味和品读万泉的时候，答案就出现在了我的面前。

(一)追逐幸福让万泉有了办学的灵魂

“做幸福的传递者”是万泉最响的口号，也是我感受最深的文化。那么，一所学校将发展聚焦到幸福上，其意义究竟是什么？当我回到教育的目的本身来思考这个问题的时候，我愈发觉得“做幸福的传递者”理念的意义是那样的深远，体现本质。

作为教育者，我们首先想到的是要把学生培养成什么样的人。在很多学校的培养目标中，都会有如充满爱心、心地善良、独立思考、宽容他人、热爱生活、身心健康、学会生活等核心素养的表述。然而这一切核心素养的终极归宿又是什么呢？我想，这一切的一切归结起来还是要让学生成为一个身心和谐幸福发展的人。

德国著名文学家赫尔曼·黑塞曾写过这样的诗句：人生的义务并无其他，仅有的义务就是幸福，我们都是为幸福而来。

是的，人活着的目的其实不是外在于人本身的，教育的目的也必然要回到人本身，幸福才是人生的目的。但是，实践表明，幸福并不全是一种天然的美好体验，幸福更多地还需要学习和体悟才能获得。因此，教会和帮助每位学生学会幸福就成为教育的使命。而教育的过程在本质上来说不是传授，而是传递和感染。因此，“做幸福的传递者”不仅回答了教育的根本目的和使命——让学生学会幸福，也回答了学校教育的根本方式——每个教师都要成为一个幸福的人，并通过自己的以身示范，将这种幸福的能力传递给学生——一朵云推动一朵云，一棵树摇动一棵树。

然而，多年来，职业倦怠已经成为一个普遍的教育现象。让不幸福的人去传递幸福这岂不是笑谈？因此，作为学校，不仅要帮助学生掌握获得幸福的能力，还要帮助处于职业迷茫和倦怠中的教师学会幸福。于是，“帮助教师过一种幸福完整的教育生活”也就成为学校教育必不可少的组成部分。

可见，“做幸福的传递者”办学理念的背后还回答了学校办学的基本思路：通过教师幸福文化的营造，提升教师感受幸福和创造幸福的能力；通过教师幸福能力的提升，让学生在受教育过程中潜移默化地获得理解幸福、感受幸福、传递幸福的能力，由此为将来的幸福人生奠定基础。

可以说，对幸福的捕捉和把握，让万泉抓住了育人的本质，让万泉办学有了灵魂。而对于幸福文化的营造，让万泉发展有了依托。

幸福需要学习，如何学习？万泉给出了自己的答案。苏霍姆林斯基说：校长的领导首先是教育思想的领导，其次才是行政领导。景小霞校长正是这样去做的。

多年来，景校长非常重视办学思想的引领。她说：“我经常在想：普通校和品牌校到底区别在哪里？是硬件之差？是教师之别？还是没有机遇？仔细分析，原因多多，但我认为更多的是观念上的差距。有句话这样说‘不是办不到，而是想不到’。由于观念的‘近视’往往导致我们意识的‘淡漠’和行为上的‘远视’。”为此，她提出“方向比行动更重要”“要做有思想的提问者和实践者”。景校长经常做的一件事就是不断向干部和教师传递鲜明的教育理念和办学思想。以下是我日常记录下的景校长话语：

- 幸福不是去做自己喜欢的事，而是喜欢自己所做的事。
- 幸福的人不是得到的多，而是计较的少。
- 让教育在幸福中行走。
- 幸福教育简单地说就是“幸福地教，幸福地学”。
- 学会思考，就会有幸福感；学会工作，就会有成就感；享受工作，就会有幸福感；创造工作就会有愉悦感！
- 卓越并不需要多做许多；失败也不过做的就差那么一点罢了。
- 每个人都努力成为思想提问者和行动者。
- 要带着思想去工作：巧干、会干、能干。

可以说，不断地向教师进行幸福理念的解读和传递，成为景校长日常做得最多的工作。同时，不断地根据学校干部教师的发展状态，进行适时的理念和思想引领，也成为景校长最核心的工作。

近些年，由于绩效工资政策的仓促推行，导致一部分教师低化、矮化、窄化了学校幸福理念的深刻长远内涵，满足个人小安逸，忽略了人生大追求，越来越自我，经常怨天尤人，把没有做好工作的责任推给他人，却不会反思自己。有一部分中年教师没有更新知识的动力，出现了发展的“高原”“瓶颈”“停滞”现象，成为学校发展的阻碍。

面对这些情况，景校长适时提出淡化个人“小幸福”，树立“大教育”“大幸福”的观念，提出“超越平庸，做行动上的巨人”“心怀大爱做小事，把日常工作做得更有品质、更精彩”等理念，努力引导帮助教师通过促进学生的进步与发展，实现自身的成长与发展，在自我成长的过程中，体味教师特有的职业价值和欢乐。

叶澜教授说：“教师，是一种使人类和自己都会变得更加美好的职业。教师以其创造性的劳动去实现自己的生命价值，并在创造性的劳动中，享受因过程本身带来的自身生命力焕发的欢乐。”的确，教师的教育幸福并不简单地来自于“家文化”的幸福营造，而是更多地来自教师职业社会价值和自我价值实现的深层满足感以及主体意识、主体能力与主体人格内外统一的状态激发。

鉴于对教师发展的深度理解，万泉开始建立了“玉兰奖”奖励机制，让奖励向实干者倾斜，让荣誉向创新者靠近。每年教师节，学校都会对优秀的教师进行“玉兰奖”表彰，以鼓励为促进学校发展而忘我工作的精神，激发教师投入工作的热情和创新动力。

于是，“既不重复自己，也不重复他人”“鼓励失败，欢迎创新”又成为万泉新的文化追求。万泉人的幸福开始迈向了更高的阶段——营造创造文化，享受职业大幸福。正是在这样的理念引领下，万泉逐渐形成了“时时带来惊喜，处处带来感动”的创新文化和万泉教育特色。也正是因为这些不断带来惊喜和感动的工作创造和教育创新，让万泉人的工作激情被一次次点燃，教育的幸福感也在不断地延伸、扩大。

雅斯贝尔斯说："人的回归才是教育改革的真正条件。"①追根溯源，人的主体性是人性之精华所在，人的发展离不开人的主体价值的发挥。在万泉，我看到，幸福因创新而强大，创新因幸福而强化，幸福与创新两者交相辉映，引发了教育者自身主体性的觉醒与生命力的勃发。正是因为这种主体生命力的勃发，让万泉走出了一条"幸福、创新与发展"互动创生的独特发展之路。

(二)追求卓越让万泉充满了动力

我感觉万泉的创新还源自于这是一所充满了教育理想与追求的学校。志存高远让万泉的创新与发展有了持续不断的动力。

景校长经常说："没有理想的教育也许是高效的，但绝对不可能具备精神的高度。"为此，万泉在办学上努力追求"卓越"与"大气"，坚定不移地走内涵发展之路。"做人、做中国人、做现代中国人、做现代世界人"是万泉多年一以贯之的学生培养目标，把学校建成一所具有"绿色教育生态"特征的"开放式、国际化、高品位的魅力学校"是万泉人的理想。

有了理想，就有了奋斗的目标，万泉走上了超越平庸、追求卓越的发展道路。清晰地记得"十五"期间，万泉想发展、愿发展，但不会发展，忙着借势、造势，急于争金夺银，吸引眼球。那时的万泉还处于外塑形象、内练硬功阶段。"十一五"期间，万泉参与了北京市学校规范化建设项目和教育部"学校教育创新"项目，"营造绿色教育生态，传递教育幸福"办学理念及核心价值体系开始形成，这让万泉办学有了方向灵魂，学校开始进入内涵发展阶段。"十二五"期间，借助 UDS 项目，万泉开始着手学校日常文化变革，强调"改进在日常"，开始注重学习反思，注重闭环管理。连续三年，景校长都把"扎实、务实"写到了学期工作计划的指导思想中。现在他们笃信"日常高水平才是好教育"。三个五年，三个台阶，成长、超越的路径清晰可见。作为局内人和局外人，我深知这种成长和超越来之不易。

俗话说，"最难的改变是自我的改变"。万泉的超越首先来自于校长的自我超越。新课程改革启动之初，教师们对于如何进行课堂变革深陷迷茫。我曾尖锐地向景校长提出："万泉的校本教研推进，不是让你去支持，而是要让你参与。"没有想到的是，没过多久，已经多年不上讲台的她，主动给教师

---

① 雅斯贝尔斯. 什么是教育[M]. 北京：生活·读书·新知三联书店，1991.

们上了示范课。教师们的研究热情一下子被点燃了。在与教师们共同探索研究中，景校长的角色开始从上级领导、教师研究的保驾护航者，转变为教师研究的平等参与者和教学改革的践行者。此后，自主、开放、民主、对话的新型教研文化逐渐在万泉蔚然成风，校本研究成为学校促进教师发展的重要武器。之后，海淀区、北京市乃至全国的校本教研现场会不断在万泉召开。

超越始终来自于万泉对自己的清醒认识和不满足于现状的办学追求。平时，景校长邀我一起探讨最多的话题也是：万泉还有哪些问题？万泉还需要怎样发展？正是这种不断承认不足、反思差距、迎头改进的精神，让万泉能敏锐地捕捉到一个个发展契机，依托一个个外来发展项目，不断助推自己，发展自己。

“改进在日常”是UDS项目倡导的最核心理念。万泉高度认同，积极践行，并将其作为推动学校发展的重要理念和抓手。

在UDS项目的推进中，他们从培训时的心动到立即的行动，让我感受到这是一所真正在追求卓越、永不满足的学校。2010年暑假，刚刚结束干部的UDS项目培训，他们就利用暑假精心策划了一次全员的校本培训。其中一个培训模块就是“说出我们的‘病症’”。在会上，景校长对教师们说：“发现问题不可怕，关键是我们要以怎样的心胸去面对它，如果我们连面对的勇气都没有的话，根本就不可能改变，我也希望我们每一位教师不要回避我们自身班级中的问题，我们共同努力，共同面对我们学校发展中的问题，然后我们团结协作。”①

于是，万泉开始了面对“问题”的调研，进行了全校390个关于发展问题的梳理，有了面对问题的自我日常行为改进：他们改变了学校工作计划的制订，改变了行政会的习惯，改变了干部总结的方式，改变了教师大会的模式，改变了开学典礼的流程，改变了妇女节、“六一”国际儿童节、教师节的过法，改变了家长会、运动会的开法，改变了日常工作的状态……教师们也从“反思”到“行动”，语文“大雁团队”重新起航，数学团队从内打破，一起携手走向教研深处。“基于日常，改进在日常”逐渐成了万泉新的文化基因。

于是，我又听到了景校长如是说：“好的教育不是挂在口头上喊几个口号就完事，不是写在文章中阐述自己的观点就了结，不是搞几次轰轰烈烈的

① 引自万泉小学2010年暑假校本培训校长发言稿。

活动，开几次现场会就能说明问题，好的教育需要功在日常、贵在坚持，日常高水平才是好教育!”干部们如是说：“把平凡的事情做好就是不平凡。真的做教育就是把简单的事情做好，这才是教育的真谛!”教师们如是说：“‘改进在日常’就是不断地研究新问题、解决新问题，改进我们的工作。‘改进在日常’就是教育的创新!”

的确，日常改进让万泉在不知不觉中脱胎换骨，破茧成蝶。在日常不断微改进中不断创新，在不断创新中持续发展。于是，万泉又走上了因追求卓越而引发的日常反思改进与创新发展互动创生的发展之路，这让万泉更具有了可持续发展的动力源泉和创新机制。

(三)不断学习让万泉充满生机

对组织的寿命周期研究认为，所有的组织除非它处于快速增长或内部动荡的时期，否则其年龄越长或越成熟，它就变得越加保守。这里有既得利益者的恐惧，有对创新风险的担心等。要让组织不断更新发展、保持活力，就要不断引入新鲜的刺激，让组织成为学习型组织。万泉的发展也是如此。万泉的生命活力源自幸福和创新相互交织带来的生命力的勃发，源自永不满足、追求卓越、反思改进的持久动力，也源自学校多年来不断对于组织学习文化的营造与能量聚集。

不断的学习文化首先来自于景校长孜孜不倦的学习精神和学习引领。

在校本培训的大会上，景校长曾这样对教师说：“现今社会知识更新实在太快，对学生发展来说，我们最大的心病是一不小心就成了‘文盲’，就‘out’(落后)了。身为人师的我们懂得不多、底子不厚不丢人，可是如果安于现状、不思进取、不知学习可就真丢人了，甚至让人瞧不起了。教师真正的尊严来自于社会的根本认同，来自于家长和学生内心深处的信任。这需要我们做长久而且坚定的追求、修炼。”为此，她号召大家读书，让读书成为最好的备课，让读书成为最高级的精神美容师。

景校长是这样说的，也是这样做的。到景校长的办公室，她会时常将近期的读书心得与教育感悟与我分享。《思维与智慧》是景校长最爱读的刊物。她总是喜欢从中选择富有启发的故事和句子进行圈点批注，并在讲话时加以引用。常听有人说特别爱听景校长讲话，我也是。因为那讲话不仅充满激情，而且充满哲理，既打动人心，又耐人寻味。她撰写的《执着教学改革 推进学校持续发展》《让校本教研走向纵深》《超越平庸 做行动上的巨人》《创建学习型学校 促进教师专业化发展》等文章，也在《北京教育》等刊物上发表。可以说，景校长是万泉学习的带头人。

教师是学校发展的核心竞争力，要想成为名副其实的优质学校，就要有一支素质过硬的高水平的教师队伍。为此，万泉给自己订立了不同一般的教师队伍发展目标——“努力超越平庸，让优秀的更优秀，让平凡的不再平凡”。

然而这样高远的目标，仅靠教师的自觉是不可能实现的，因此，万泉紧紧抓住了校本培训这一学校自主发展的内生机制。

景校长曾在一次给山东校长的培训上自豪地说：“从 2001 年 6 月到如今，我已来到万泉小学十多年了。要问身为书记、校长的我这些年都干了哪些事，哪些事令我感到有成就感，我想说投入激情最多，干得最倾心、最有成效的就是一件事，那就是万泉小学的队伍建设。校本培训是我们长盛不衰的王牌。”①

的确，连续多年，万泉都在寒、暑假对全体教师进行高质量的校本培训。他们把假期的校本培训当作教师成长的加油站、学校发展的助推器。

作为校长，景校长一直自觉践行校本培训“第一责任人”的角色。无论是目标的制定，内容、方式的策划，抑或是机制的保障、条件的满足，景校长都亲力亲为，以确保培训能“让教师成长有收获，让问题突破有抓手，让新学期工作有奔头”。

每次培训，万泉都有明确的主题。多年来，“发展才是硬道理”“明确发展方向，营造赏识文化，解决真实问题”“在务实求真中，实现学校的持续发展”“超越平庸，做行动上的巨人”“回归教育原点”“营造绿色教育生态，传递教育幸福”“学校发展从我做起，质量提高从我做起”“树立‘计划与规划’意识，促进学校教育稳步发展”“明明白白做教师”等一个个发展主题代表了万泉发展的足迹。目前，这种假期全员性的集中学习已经成了万泉的一种制度、一种文化、一种学校自主发展反思和改进的机制。

在校本培训过程中，景校长不是居高临下地以领导者、教育者的姿态进行说教，而是努力用学校的办学目标、美好愿景，用学校日新月异的变化，激发教师对学校、对事业的热爱，用学校获得的优异成绩，增强教师的成就

① 引自 2013 年景校长在山东潍坊的报告发言。

感和自豪感，增强学校的凝聚力，用最新的教育理念，丰富教师的精神世界。可以说，一次次高水平的校本培训，不仅成为万泉特有的学习文化，也为万泉的组织机体不断注入新鲜的养料和能量补给。

(四)“绿色教育生态”让万泉生机勃勃

什么是最好的教育？不同的人有不同的解读，不同的解读背后有对教育的不同理解，不同的理解会导致不同的教育价值、行为和结果。非常可喜的是，万泉把“营造绿色教育生态”作为自己的发展理念，其背后隐含了对教育本质的深刻理解——教育是农业而不是工业，教育是培根而不是摘果，教育需要涵养而不是塑造。教育需要关注人、尊重人、涵养人的文化，需要营造一种自然、绿色、有机、和谐的生态环境。

在万泉，少有刻板的管理与教育，这是一所宽松而富有人情味的学校。早在2003年新课程改革刚刚启动之初，景校长就提出了“允许异步同行”“关注绿叶教师”“让每一个教师都绽放”的教师发展理念。为此，万泉构建了多彩的教师幸福生活，启动了“玉兰工程”，从多个层面激发教师，让大家干着有奔头，干着有喜悦，干着有收获。学校也评选出“最美学生”，让更多的学生成为“万泉的明星”，用学生们成功的笑脸铺设万泉小学的“星光大道”。

从2011年开始，万泉又开始了“学生在我心中”的主题引领。于是“老朱”低头了，贝贝转变了，日常备受冷落的男孩们也得到了应有的重视和发展，开始争做“万泉好男儿”。

为了万泉的花儿朵朵都能绽放，学校为有潜能的学生一路开绿灯。他们利用丰富的校外资源，组织丰富的活动，让学生们与“神舟”八号一起去遨游；他们把名家引进校园，目的是开阔学生们的视野，让学生从小贴近优秀，感受“大家”风范，帮他们树立高远的人生目标与人生榜样。为了给学生提供多样的发展平台，万泉的“午间秀场”秀起来了，大讲堂变成小讲堂了，每一个学生都能争当升旗手、护旗手了，一个个精彩的社团成了万泉学子展示风采的闪亮舞台……于是，万泉也成了学生幸福成长的学校。

学生的成长才是最终的归宿，学生的幸福才奠定了学校最深厚的幸福。万泉从干部幸福到教师幸福再到学生幸福，进而又带动了家长和家庭的幸福，一步步走出了自己特有的“幸福、创新与发展”之路。

三、理性思考，一同走向教育的明天

多年来，与万泉携手共同走过了“幸福、创新与发展”的旅程，我也在这样的发展中，得到深深的滋养，不断成长、成熟。透过万泉的发展，也让我对教育有了更多的思考与体悟。

(一)立足根本，守正创新

当前，我们的社会、我们的教育都一直在期盼创新、呼唤创新。但是，教育的创新从何而来？教育的创新有何特点？在日常的教育实践中如何创新？这些问题的回答其实都需要通过实践去获得。万泉的实践告诉我们，教育要创新，就要立足根本，守正出新。

所谓立足根本，就是回到人本身，回归到教育的根本目的上，将发展人、追求人生的幸福、学会幸福作为学校教育的使命与目标。只有立足这个根本，学校教育才会有灵魂。而在此过程中，促进教师发展又是关键。为此，学校应努力创设教师发展环境，激发每个教师生命主体的创造潜能，使每一个教师都能在自己的职业生活中享受到因创造而带来的职业“大幸福”。万泉的实践证明，只有当教师幸福了，学校教育才能有坚实之基，学校发展才能有生长之根。

所谓“正”就是要遵循教育的发展规律，深刻认识和理解教育是什么、学校是什么、发展是什么。当我们认识到教育就是促进人的自我生长、获得人生幸福的能力，学校的使命就是为教育服务的时候，我们就不会去拔苗助长、去塑造加工，而是会在现有的条件下，不断为学生松土、施肥、灌溉，营造出一个良好的绿色教育生态。因此，守正是创新的前提，也是创新的保障。

所谓“新”就是学校教育的创新之“新”，是学校自我发展、自我完善、自我提升之“新”，是“苟日新，日日新，又日新”之“新”。这是内在与外在、共性与个性相互交融之“新”，是从继承中走来、从量变到质变的飞跃之“新”。这种“新”不是另起炉灶，不是刻意求“新”，而是要守住教育根本，把握教育本质，遵循教育规律，在日常的教育实践中，通过不断自我超越和日常改进获得的“新”。只有这种“新”才会有持久的生命力，才是学校教育创新的根本之道。

(二)关注日常，文化引领

与制度、校园硬件相比，学校日常文化似乎最不容易捕捉，但是，它却又在时时刻刻影响着学校发展与生活。学校日常文化之所以会产生如此巨大的效力，就在于学校日常文化的核心是学校在长期实践过程中逐渐形成的，是全体成员共同遵循和信奉的价值观念和行为准则，一经形成，就会体现为稳定的主流价值观，无形地约束和规范制约着学校成员的活动、行为。因此，学校日常文化变革和主流文化的营造是学校发展的核心。万泉的经验告诉我们，在促进学校变革与发展的过程中，应充分发挥学校的组织功能，尤其是校长的角色作用，关注文化的价值引导，通过建立起反思性的学研文化，直抵学校日常文化的核心地带，通过不断的反思与追问，让习以为常得到改变，让改变成为常态。只有在“不断改变，追求卓越”的文化中，发展和创新才会成为可能。

(三)知行合一，静心笃行

地上本没有路，走的人多了，也便成了路。我想，学校的发展道路也是人走出来的，关键在于是否能知行合一，静心笃行。

当前，教育领域的理论可谓繁多，不仅有大量的西方理论，还有丰厚的传统教育思想，认准了任何一条加以践行，都会有不错的效果。然而，受制于太多的顾虑牵绊，教育的变革举步维艰。而万泉能够将心动化为行动，在笃行善思中，坚守自己的信念和理想，在不断地自我反思与改进中坚持走自己的路，渐渐地，在这种坚定的笃行中，也就走出了一条属于自己的特色发展之路。

当前社会发展突飞猛进，教育被多元价值观所冲击。作为教育者，如何心平气和，保持定力，享受教育过程本身带来的幸福与快乐，的确不是一件容易做到的事。

现在，我感觉万泉人的心更静了。2016 年寒假，景校长又约我一起筹划“十三五”规划的制定。我相信，在未来的“十三五”，万泉又会踏上一个新的台阶，成为引领教育发展进步的新种子、新基地。

最后，我也衷心地感谢万泉，感谢成长路上，一直有你相伴，我真的很幸福！

后 记

《在日常变革中追寻最好的教育——北京市万泉小学绿色教育生态实践之路》一书，终于完稿了。它是万泉小学全体干部教师五年来辛勤工作的写照，更是推进学校绿色教育生态建设的真实足迹。我们在祝贺自己的同时，对多年以来关心和支持万泉小学发展的北京市教委张凤华处长，海淀区教委张彦祥副主任、吴谨科长等领导，UDS项目的杨朝晖教授、李文华教授等专家深表感激，是你们给予了万泉小学政策的支撑和技术运作的指导，是你们给予了万泉小学不断变革的勇气和信心。

这里，要特别感谢首都师范大学杨朝晖教授。正是因为有了她的支持与帮助，万泉小学才一路走来，不断更新自己的思想，改变自己的行为，不断超越自我，超越平庸，不断迈向新的发展台阶。

杨朝晖教授与万泉小学相识已久。早在2002年，杨朝晖教授就与万泉小学结下了不解之缘。这一年万泉小学刚刚从企业管理回归到教委管理，面对学校新的发展机遇与契机，杨朝晖教授和她的导师北京大学陈向明教授走进了万泉小学，并以万泉小学为研究基地开展了教师专业发展的研究。由于学校自主发展势头强劲，两位专家倾心帮助，特别是她们严谨的工作作风和深入学校教研组亲力亲为的工作态度，激发了基层教师的发展欲望，学校的教学水平、家长的认可度以及社会影响力与日俱增。

2010年6月杨朝晖教授又将我们纳入到"UDS合作学校发展共同体建设"项目中来，自此万泉小学开始了新的征程。学校进入了自我变革，不断发展的快速期。在这五年中，杨朝晖教授一有时间就沉浸在学校里，不断关心、引领、陪伴着万泉小学的成长，使学校在各个方面发生了深刻的变化。如今，万泉小学已经成为京城百所特色校中的"办学理念影响北京教育的品牌小学""师生成长最具幸福感的品牌中小学""引领京城教育的品牌小学""京城最具幸福感领军小学”①和海淀区十所学校之一的“办学理念最深厚的学校”。这是推进UDS项目建设成果的最好见证！

本书的出版是继《追寻绿色教育生态梦想》一书之后，描述学校发展的又一部作品，它的出版将更加明确万泉小学的发展方向，引领学校继续走向现代化、走向未来。

本书是全体干部教师辛勤劳动的结晶。参加各章节编写的有：第一章，景小霞、王吉根、郭立军；第二章，景小霞、王吉根、刘莉、李迎、张旭、孙飞、杜英民、高剑、赵蕊、张明磊；第三章，王吉根、管立、王志林、王亚喆、任建颖、周欣然、杜英民；第四章，金毅、王芳(小)、刘莉、胡益红、郭立军、王吉根、刘伟；第五章，王吉根、孙燕、王芳、张彦、许春玲、刘丹娜、杨秀侠、李寒；第六章，王吉根、李春洁、王珅、于海平、于晓桓、蒋琳、崔静；第七章，景小霞、李伟、王吉根、路红梅。

另外，为本书提供稿件并被采用的教师有：谭栋之、边勇、关欣、张晓静、董志琼、陈宏、蔡志玲、王秀琴、李聪璐、张纯静、陈昊、李莉、安颖、崔冬莲、李莉红、魏志勇、付占江、张丽萍、郭爱莲、刘宏伟、徐晶、柴东杰、林波、张丽萍等。

在本书撰写过程中为本书提供帮助的教师有：赵慧娟、郑英杰、高凡、王文革、吴玉平、康占平、魏全慧、梁燕霞、张敏、杨明、曾萍、胡彬、佟建华、张旸、高丽华、刘峥、闫玉芳等。

在本书即将出版之际，让我们向所有为万泉小学做出贡献的教师们表达深深的敬意，向在本书编写过程中付出辛勤劳动的教师们表达诚挚的谢意，向所有为万泉小学发展做出贡献的人们表示感谢！因为正是你们的付出，才使得我们的学校充满魅力，永放光彩，才使万泉小学走进一片绿色生态教育的新天地！

著者

2016年3月

① 在由北京晨报(微博)与新浪教育频道、晨报官方网站联合评选推介的“京城教育百所特色校”评选活动中，万泉小学2012年被评为“学生成长最具幸福感的品牌校”“学生培养最具增值力的品牌小学”“北京教育‘常青树’品牌校”，2013年被评为“办学理念影响北京教育的品牌小学”“师生成长最具幸福感的品牌中小学”，2015年被评为“引领京城教育的品牌小学”“京城最具幸福感领军小学”。

图书在版编目（CIP）数据

在日常变革中追寻最好的教育：北京市万泉小学绿色教育生态实践之路／景小霞等著.—北京：北京师范大学出版社，2016.7
（2017.3重印）
（学校改进叙事丛书/杨朝晖主编）
ISBN 978-7-303-20628-5

Ⅰ. ①在…　Ⅱ. ①景…　Ⅲ. ①小学教育－研究　Ⅳ. ①G62

中国版本图书馆 CIP 数据核字（2016）第 116022 号

营　销　中　心　电　话　010-58805072 58807651
北师大出版社学术著作与大众读物分社　http://xueda.bnup.com

ZAI RICHANG BIANGE ZHONG ZHUIXUN ZUIHAO DE JIAOYU

出版发行：北京师范大学出版社 www.bnup.com
北京市海淀区新街口外大街 19 号
邮政编码：100875
印　　刷：北京京师印务有限公司
经　　销：全国新华书店
开　　本：787mm×1092mm　1/16
印　　张：17.75
字　　数：298 千字
版　　次：2016 年 7 月第 1 版
印　　次：2017 年 3 月第 2 次印刷
定　　价：56.00 元

策划编辑：周益群　　　　责任编辑：齐　琳　张静洁
美术编辑：王齐云　　　　装帧设计：宋　涛
责任校对：陈　民　　　　责任印制：马　洁